LANGUES ET APPRENTISSAGE DES LANGUES

Collection dirigée par H. Besse et E. Papo

École normale supérieure de Fontenay - Saint-Cloud
CREDIF

PAROLE D'ORDINATEUR

Informatique et pédagogie

C. de MARGERIE - A. PELFRÊNE

HATIER-CREDIF

Sommaire

Préambule 3

I. Introduction 7

La lettre, un défi 8
L'image, un second défi 13
Pédagogie et ordinateur, une mésalliance ? 17
L'image et la pédagogie, une fuite en avant ? 20
Et si la machine voyait 25
Intelligence artificielle, des illusions ? 29

II. Traitements et données 33

L'ordinateur, première appréhension 34
Les aventures d'Anselme Lanturlu 41
Un peu de logique, que diable ! 43
Un drôle de caractère 45
Numériser l'image 53
Ranger, par principes 57
L'interactivité, ça va, ça vient 63
L'enseignement programmé, un bien triste phénix 69
Logo, des espoirs ? 75
L'image numérique, traitements et pratiques 82
Langage formel et grammaire 92
Une chaîne de traduction 99

III. Logiques et applications 103

Classer, ranger, trier, en un mot gérer 104
La pédagogie et le grand nombre 107
Le beau jouet nouveau est arrivé : le vidéodisque 112
Traduire, une application assistée 117
Armorique et armoiries 126
Qu'est-ce qu'une phrase ? 130
Géométrie et finesse, hommage à Blaise Pascal 134
Eliza, l'incomprise 136
SHRDLU, la référence en CALN 142
L'image en règles, la VAO 148
« L'ordinateur à sa place » 154
Interactivité et informatique pédagogique 158
Heuristique et algorithmique 164
Vers une nouvelle conception de la compréhension 170
Comprendre, un traître mot 180

Index des notions 187
Bibliographie 190

ISBN 2-218-2585-X

Préambule

« Parole d'ordinateur » est un essai qui se propose d'emmener l'informatique, sa logique et certaines de ses applications, aux frontières de trois domaines qui relèvent de la communication : le langage naturel, l'image et la connaissance. C'est l'ouvrage de deux auteurs qui, depuis bientôt dix ans, ont eu à régler de nombreuses questions dans cette zone frontalière. Ils ont eu à apprendre des savoirs plutôt inexplorés, à enseigner dans cette zone de la connaissance où tout s'entrecroise, à mener des recherches dans ces lieux profondément interdisciplinaires. « Parole d'ordinateur » se propose d'apporter au lecteur des connaissances, élémentaires pour certaines, pointues pour d'autres, afin qu'il comprenne pourquoi ces aires de la communication humaine sont, pour l'ordinateur, de véritables sables mouvants où il risque sinon de s'enliser, du moins de perdre de sa superbe.

Si nous ne nous adressons pas directement au professeur de langue, c'est que les questions soulevées ici ne nous paraissent pas devoir être traitées avec autant de spécificité. Nous nous sentons solidaires de ceux dont le penchant naturel est humaniste, de ceux qui pensent que la réalité est toujours complexe, qu'elle ne se laisse pas enfermer dans de petites boîtes, de ceux que l'on traite, de manière quelque peu péjorative, de « littéraires », de ceux qui ont en commun d'ancrer fondamentalement leurs pratiques dans la communication naturelle, de ceux pour qui cette communication est non seulement outil (qui en serait exclu ?), mais surtout matériau et objet d'étude. De ce point de vue, l'enseignant de langue rejoint ses confrères des autres disciplines humaines. En outre, notre lecteur a généralement peur de la chose mathématique, *a fortiori* de l'informatique... Le monde de l'informatique le tient pour rêveur, amateur du flou et de l'émotion. S'il y a du cœur à cet ouvrage, il est dans la volonté de lui expliquer, avec ménagement, certains rouages essentiels de l'informatique, de lui démontrer qu'il ne faut en aucun cas rester muet face à la technologie, que nombre des solutions de demain passent par la collaboration des « émotifs ».

Aucune application informatique ne peut se passer aujourd'hui du spécialiste du domaine concerné : l'informatique réclame des linguistes, des historiens, des graphistes, des sémioticiens, des psychologues, des pédagogues, etc.

Mais nous n'avons pas renoncé à nous adresser, dans le même temps, à l'amateur, éclairé ou non, le passionné, ou tout simplement celui qui a besoin d'être à l'heure de son époque (parce qu'il est étudiant ou parent). Il nous suivra aussi bien que le spécialiste d'un quelconque territoire humain. Ce lecteur-là découvrira non seulement l'informatique, mais aussi la linguistique, la sémiotique, la représentation des connaissances, etc.

Le spécialiste doit donc s'y retrouver également : spécialiste du langage, de la communication, étudiant, enseignant de langue, étrangère ou maternelle, qui assiste, le plus souvent passif et désarmé, à l'arrivée de diverses machines dans son bureau, dans son laboratoire, dans sa classe, ou tout simplement chez lui. A celui-là, cet ouvrage voudrait donner les moyens de peser le poids réel de l'ordinateur, et permettre de faire des choix argumentés et sereins, de cerner les lieux de recherches qui s'imposent, de prévoir l'investissement intellectuel que cela représente.

On parle beaucoup aujourd'hui de communication et les métiers qui gravitent autour de ce terme se multiplient en même temps que les lieux où l'on en traite. Ce livre voudrait aider ces professionnels à mesurer l'énorme difficulté, voire le défi, que représente l'intégration d'une machine, aussi performante soit-elle, dans ces pratiques que l'homme fréquente au quotidien avec une habileté merveilleuse. Dès lors, avec eux, il s'agit de rester prudent et de s'entendre sur la place et les rôles que l'on doit réserver à cet outil.

Plus généralement, « Parole d'ordinateur » s'adresse à qui est curieux ou à qui sent que des enjeux considérables se profilent à l'horizon. Cependant, il leur manque une représentation claire de la dimension informatique, une culture minimum qui ne soit ni un vernis, ni un pur réflexe opportuniste.

Nous avons accumulé, durant près de dix ans, une réelle expérience de ces problèmes : l'informatique dans l'enseignement des langues, l'informatique à l'école, l'informatique dans un laboratoire de recherche, l'informatique comme outil bureautique. Nous avons fréquenté ces questions à la fois comme utilisateurs, comme formateurs, comme responsables de formation, comme coordinateurs de service informatique, comme chercheurs, enfin, comme experts. Le temps était venu de faire le point. Nous avons le très net sentiment que nous avons à dire des choses originales, que notre position de fond l'est. Il ne s'agit pas d'une polémique superficielle. Il ne s'agit pas d'un débat purement théorique. Notre expérience d'acteurs et de responsables nous autorise, nous fait devoir de recentrer le débat actuel sur l'informatique et ses applications. Il est également original parce qu'il se situe hors du manichéisme ambiant : ni la religion informatique, ni le rejet de principe. Nous avions beaucoup de choses à dire touchant à des domaines nombreux et variés. Il y a là aussi une démonstration : arriver à expliquer le plus simplement possible la grande complexité d'un domaine si important, socialement et culturellement. Le réductionnisme, que l'on constate trop souvent, est dangereux, il caricature les situations et contribue à jeter de la poudre aux yeux fragiles des moins avertis. Ainsi, tout est langage dans un ordinateur.

Chercher à découvrir de quelle manière ou bien, tout simplement, chercher à le maîtriser, c'est comprendre ce qui est possible et ce qui ne l'est pas, ce qu'est une pensée algorithmique, ce qu'est une communication formelle, savoir faire la différence avec une communication ou une pensée humaine. Pour cela, il faut parler d'ordinateur, de logique, de linguistique, de sémiotique, d'intelligence artificielle. Vaste programme, certes, mais tout à fait nécessaire et maîtrisable dès lors qu'il garde une fonction introductive.

Dans le monde des publications, « Parole d'ordinateur » a, bien sûr des amis d'idées, mais nous ne pensons pas qu'il ait de frères, *a fortiori* de jumeau. « Parole d'ordinateur » n'est

— pas un cours d'informatique générale,
— pas une initiation à un langage de programmation,
— ni même une initiation à l'informatique appliquée,
— ni un glossaire des notions clés du domaine,
— ni un panorama des applications connues,
— ni un plaidoyer pour l'ordinateur,
— ni un hymne à l'informatisation du futur,
— ni, à l'inverse, un cri contre les horreurs que nous réservent les machines.

C'est un essai argumenté, puisant ses sources aussi bien dans la théorie que dans l'expérience. Son objectif est de contribuer à comprendre les enjeux de l'utilisation de l'informatique d'aujourd'hui et de demain.

I. Introduction

La lettre, un défi

L'univers dans lequel nous vivons est complexe, les informations qui servent de matériau à notre travail et à notre vie sociale en général sont multiformes. Nos communications, nos langages, nos données (disent les informaticiens), ce sont : parfois des nombres (mais si rarement) ; en permanence, du langage naturel écrit ou oral ; très souvent, des codes intermédiaires (mi-linguistiques, mathématiques et graphiques) ; beaucoup d'images, du visuel ; et beaucoup de sons, enfin (des sons non verbaux, du bruit signifiant, de la musique).

Finalement, au regard de ces divers codes, on constate que l'on se livre aux mêmes fonctions de base : on produit et on reçoit, on exprime et on comprend, on émet et on interprète.

Mais ces codes ne sont pas équivalents, ni même comparables. Quand on les compare, c'est par abus de... langage. Si nous voulons un jour comprendre ce que sait faire ou ce que pourra faire un ordinateur dans notre univers quotidien, il faut commencer par se rendre compte que ces divers langages (qui nous sont tellement familiers) sont autant de poids et autant de mesures pour une machine. Bruno Lussato (1981) propose une image tout à fait éclairante. Il définit une sorte d'échelle de mesure de la qualité des langages multiples que l'homme utilise (l'échelle de l'information synthétique). Elle se caractérise, d'une part, en fonction de la fiabilité de la transmission de l'information que permettent ces langages, et, d'autre part, en fonction de leur richesse d'expression, de leur expressivité.

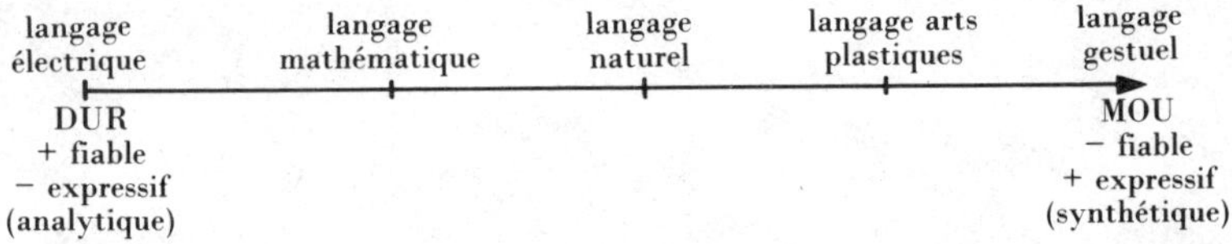

En fait, ces phénomènes ne nous apparaissent pas si nettement dans la réalité. Tout simplement parce que beaucoup d'entre eux semblent aller d'eux-mêmes. Nombreux sont ceux qui pensent que certaines choses ne s'expliquent pas : qu'il n'y a pas de mots pour les dire. C'est que nous faisons preuve d'une faculté d'adaptation peu commune. Dans chaque situation, nous trouvons les « instructions » qui conviennent. Elles ont besoin d'être très élémentaires lorsque la situation nous y contraint. Au jeune enfant dont l'expérience des lois du monde social est encore réduite, il semble qu'il faille tout dire (faire le moins d'implicites possible). N'est-il pas toujours en quête d'explications ? Au vieux compagnon de route, celui avec qui on a fait toutes les guerres, il suffit bien souvent d'un clin d'œil.

C'est aussi ce que dit à sa manière Roger Schank (l'un des grands spécialistes actuels de l'intelligence artificielle, que nous retrouverons dans cet ouvrage), lorsqu'il développe l'exemple suivant : soit un individu X qui raconte une histoire drôle à un individu Y. Si Y rit (ah, ah !), il manifeste une compréhension minimale, ordinaire : il semble avoir compris. Si, non content de s'esclaffer, Y explique ce qui est drôle, il a manifestement compris et il peut produire une explication. Il a atteint un degré supérieur de la compréhension. Si, enfin, Y rit aux éclats et raconte immédiatement une autre histoire où le trait d'humour est de même nature, il a non seulement compris, mais il a en outre posé un rapport de complicité qui transcende cette compréhension. Finalement, Roger Schank propose une échelle de mesure de la compréhension : une échelle graduée, qui va de 0 à 8. Ces propos ont été tenus lors d'une conférence qu'il fit à Paris, dans le courant de l'année 1986.

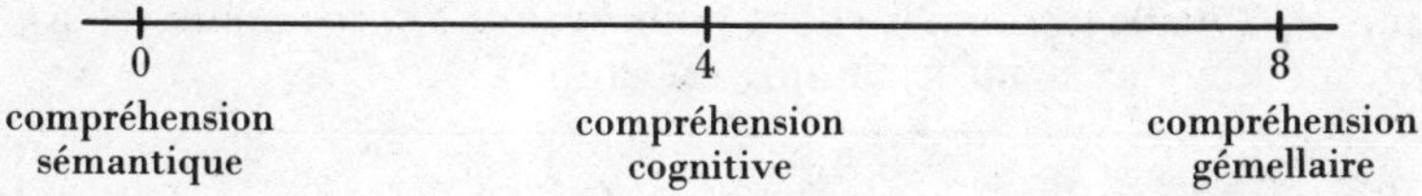

Convenons que les actions primitives qui caractérisent une communication donnée, dans une situation donnée, sont d'ordre qualitatif extraordinairement différent selon que l'on se met au niveau de la machine ou au niveau des jumeaux. Pourtant, la condition pour qu'un ordinateur accomplisse une tâche quelconque, c'est que les différents ordres de primitives puissent entrer en contact. Il est souhaitable que ce travail soit épargné à l'utilisateur humain, mais il faut savoir qu'il devra être fait.

Parmi les langages humains, il en est un qui, de toute évidence, domine les autres : c'est la langue naturelle. Il se situe au centre de l'échelle de l'information synthétique de Bruno Lussato. Si l'on regarde cet endroit à la loupe, on peut apercevoir plusieurs régions linguistiques. Elles s'étagent de la phonologie à la pragmatique, en passant par la morphologie, la syntaxe, le lexique et la sémantique (vision bien traditionnelle) :

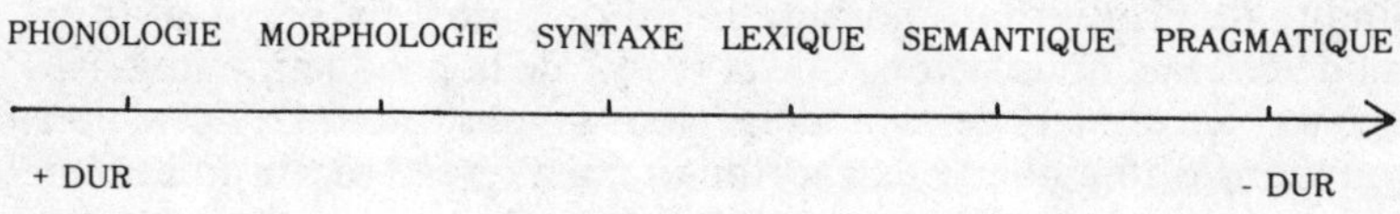

Les différents niveaux d'interprétation du langage semblent déjà porter un indice quant à la qualité de l'information. Il est plus que probable que le système phonologique présente des garanties de rigueur et de dureté. Le nombre des phonèmes est limité. Ils permettent, certes, une grande variété de réalisations phonologiques, mais ils ne sauraient dépasser certaines limites. Il y a bien des façons de prononcer le « a » et le « i » de Paris (on doit même, dans certains cas, s'approcher de « peiré »), mais il n'est pas envisageable de dire « porai ». Finalement, le système phonologique est tout à fait contraint par des règles strictes et formelles. Et les linguistes le savent bien, qui ont réussi à décrire, de ce point de vue, les langues, alors qu'ils sont bien en peine de les décrire exhaustivement d'un point de vue morpho-syntaxique.

Les notions de dureté et de mollesse sont finalement très relatives. Parler du langage, c'est aussi bien aborder du dur que du mou, du fiable que du peu fiable, du peu expressif que du très expressif. En même temps, au niveau de chacun des constituants linguistiques, on se heurte à des paradoxes de « moudurité ». Réfléchissons parenthétiquement sur un exemple comme la théorie de Noam Chomsky (une déjà vieille grammaire dont nous aurons l'occasion de reparler tant son succès informatique est grand).

Règle 1	E	→	Pr + Mo
Règle 2	Pr	→	SN + SV + (SPrep)
Règle 3	SN	→	Det + (Adj) + (Nom) + (SPrep)
Règle 4	SV	→	GV + (SN)
Règle 5	GV	→	(Aux) + V
. . .			
			(Aff)
Règle n	Mo	→	(Int) + (Neg) + (Emp) + (Pas)
			(Imp)

Pour les non-initiés, de telles règles de réécriture se comprennent de la manière suivante (pour les autres, il est conseillé de passer au paragraphe suivant) : règle 1, un Enoncé se compose d'une Proposition et d'un constituant Modal ; règle 2, la Proposition est constituée d'un Syntagme Nominal et d'un Syntagme Verbal obligatoires, auxquels un Syntagme Prépositionnel peut s'adjoindre, etc. ; règle n, le constituant Modal recouvre une série de traits qui précisent si la phrase est affirmative, interrogative ou impérative, négative ou non, emphatique ou non, et, enfin, passive ou non.

Il s'agit d'une théorie formelle. Tellement formelle que les informaticiens de la fin des années cinquante s'en sont emparés pour mettre au point les premiers langages de programmation. Cela dit, Noam Chomsky a proposé la fameuse notion de créativité : la possibilité de produire un nombre infini de phrases à partir d'un tel modèle. Mais nous savons que la réalité de la production linguistique va bien au-delà de ce modèle. Nous savons tous qu'à l'oral nous jouissons d'une liberté extraordinairement étendue, du fait même de l'imprévisibilité des situations dans lesquelles nous pouvons nous trouver. En fait, nous pouvons jouer avec nombre des règles du langage sans mettre en péril la communication, c'est-à-dire en continuant de nous faire comprendre. La notion de faute devient tout à fait relative. La notion de règle, elle-même, est plus complexe qu'on ne l'imagine. Tout cela a une influence sur les possibilités de recours à l'ordinateur dans ce domaine. Le matériau avec lequel nous communiquons, la lettre par exemple, ne se réduit pas à un simple élément d'alphabet. Il ne suffit pas d'associer un code numérique à un caractère alphabétique (A = 65) pour que l'on puisse prétendre résoudre de véritables problèmes linguistiques.

Dans les rapports de l'homme et de la machine, il est largement question de communication, mais il s'agit d'une communication qui n'a pas grand-chose à voir avec celle que pratiquent les hommes entre eux. Pour agir, une machine doit recevoir des ordres. Au début de l'histoire des ordinateurs (que l'on fera remonter aux années quarante), ces ordres étaient particulièrement réduits, banals : multiplier deux par deux ! Et la complexité mathématique ne changeait rien à la pauvreté de la communication. Mais, petit à petit, les ordres sont devenus de plus en plus complexes.

Pour exécuter un ordre, la machine doit le comprendre. Le terme « comprendre » est bien entendu parfaitement déplacé : « interpréter » ou « décoder » conviennent peut-être mieux. Il n'était, au départ, dans l'intention de personne de mettre au point une communication naturelle entre l'homme et l'ordinateur. Il fallait, toutefois, disposer d'un moyen de communiquer. Les linguistes ont toujours appelé cela un langage.

Dans l'encadré suivant, on trouve, à droite, une version améliorée du langage informatique, une sorte d'adaptation-traduction (qu'aucune machine ne saurait réellement interpréter), et à gauche, une version plus prosaïque et plus proche de la réalité informatique. Ce que l'on peut retenir pour le moment, c'est que cette langue a ceci de commun avec n'importe quelle autre langue, qu'elle possède un vocabulaire (des termes pivots tels que let, input, print et stop) et une syntaxe (qui fait obligation, par exemple, de séparer les variables x et y par une virgule et de faire en sorte qu'elles suivent le terme pivot). Mais il lui manque une chose essentielle : une sémantique véritable qui ferait qu'une « langue » informatique irait au-delà de la monosémie, par exemple. Les mots de son vocabulaire ont un sens et un seul et, quels que soient les contextes d'apparition de ces mots, ce sens ne varie jamais.

let X, Y	soit 2 nombres, X et Y
input X	attends une information, ce sera la valeur de X
input Y	puis une autre, ce sera la valeur de Y
Z = X × Y	Z sera le produit de X par Y
print Z	affiche Z
stop	c'est terminé

Il faut d'abord se convaincre que rien n'est jamais simple en matière de communication naturelle. Les choses les plus courantes vont tellement d'elles-mêmes qu'il ne nous est jamais venu à l'esprit d'y réfléchir. Pourtant, tout se complique dès que l'on y regarde de plus près : où commence et où finit la notion de mot composé (cadre supérieur, main-d'œuvre et échelle des salaires) ? ne compte-t-on pas une multitude de graphies différentes du son « an » (vent, paon, hareng, plan, camp, hanter, banc, etc.) ? ne trouve-t-on pas mille sous-entendus derrière une locution adverbiale comme « de toute façon » ? quel degré de synonymie existe-t-il entre Baudelaire, Charles Baudelaire, l'auteur des « Fleurs du mal » et un (ou le) grand poète du XIXe siècle ?

Comment la machine fera-t-elle pour digérer ce genre d'informations ? La question doit être formulée autrement : comment arriverons-nous à rendre compte de ces phénomènes de façon suffisamment formelle pour que la machine puisse, au moins, en interpréter des bribes ? L'interrogation complémentaire étant : que signifie « rendre compte de façon suffisamment formelle » ?

L'image, un second défi

Les problèmes seraient-ils plus simples du côté de l'image ? Pourquoi le seraient-ils ? Parce que l'ordinateur accepterait plus spontanément l'expression visuelle des choses de la vie ? Rien n'est moins sûr. Une impression réductrice, sans doute liée à la consommation boulimique de photographies et d'images de télévision, a tendance à minimiser l'extrême variété de l'image et sa complexité.

Des images, il y en a de toutes sortes, à ce point différentes les unes des autres dans leur support (imprimé, chimique, électronique, numérique, etc.), dans leur facture (le dessin au trait, l'aquarelle, le cadrage, la couleur, etc.), dans leur fonction (mémoriser l'instant privilégié, expliquer, donner à voir l'invisible, etc.) pour que l'on se demande si apprendre à un ordinateur à traiter l'un de ces types d'images, c'est du même coup lui permettre de les traiter tous. On peut singulièrement en douter.

Les difficultés, pour l'ordinateur, commencent avec la saisie de l'image. On sait que cette machine n'accepte que des données codées. Aussi, tout ce qui repose sur le chiffre et la lettre, tout ce qui, en somme, est naturellement ordonné, lui est *a priori* possible pâture. Mais quel est le code de l'image, quel en est l'alphabet ? Y en a-t-il seulement un ? Comment faire assimiler à la machine ces informations qui naissent des jeux de lumière, des arabesques et des rythmes sensibles ? Un prétraitement s'impose qui ne va pas simplifier les choses.

Que penser enfin si, délaissant l'image unique, on se tourne vers ces images qui s'enchaînent en séquences, tirent leur signification de celles qui les précèdent et qui les suivent, ou qui fonctionnent en profondeur (l'image dans l'image), celles qui mélangent plusieurs systèmes de communication (le texte dans l'image, l'image et le son, etc.), sinon que tout risque de se compliquer à l'envi.

Mais la difficulté ne réside pas seulement dans la prolixité du visuel. A reprendre l'échelle de l'information de B. Lussato, on sait que les données les plus propices à traitement informatique se trouvent vers la gauche, du côté du dur. Or l'image a bien des raisons d'être située vers la droite de cette échelle, autrement dit vers le mou. Et ce n'est pas par son esthétisme que l'image acquiert cette position d'extrême mollesse ou de fluidité. Il y a des raisons plus intrinsèques.

L'image est molle parce qu'elle repose d'abord sur le semblable, la ressemblance. On la dit analogique. Si nous pouvons interpréter une photographie c'est qu'elle offre des éléments qui renvoient peu ou prou à une manière, qui est la nôtre, de voir les choses, à notre expérience visuelle du monde. Pourquoi les images livrées par le microscope paraissent incompréhensibles au non-spécialiste ? Tout simplement parce qu'il ne peut prendre appui sur une quelconque ressemblance avec sa propre vision du monde. La même difficulté se rencontre quand l'image volontairement quitte l'analogique au profit d'une abstraction qui repose sur un arbitraire. Et c'est encore ce principe de ressemblance qui nous joue un mauvais tour devant ces images que nous tenons pour impossibles. Pourquoi seraient-elles impossibles, sinon qu'elles le sont au regard de notre propre construction visuelle de la réalité. Dès lors on imagine mal comment confier à une machine un signe dont la signification est largement attachée à l'expérience individuelle. Quoi de plus instable, de moins fiable que le vécu de chacun ?

Cependant, paradoxalement, l'analogie, source de mollesse, est en même temps grosse de dureté. Elle porte en elle-même un principe d'équivalence entre l'objet et sa représentation. Si l'échelle en est modifiée, les proportions en sont respectées : il y a homothétie. Il y a du théorème de Thalès dans l'image et par conséquent du mesurable, du quantifiable, donc du dur.

Aussi, plus la signification de l'image est à trouver dans ces rapports de grandeurs entre les parties, plus l'image se prête aux traitements informatiques. Et l'on voit donc tout un pan de l'iconographie contemporaine s'ouvrir sur des applications informatisées : tout ce qui relève de courbes mathématiques, statistiques, de la cartographie ainsi que des plans, des images scientifiques, en un mot toutes les images qui sont des nombres ou des quantités visualisés. Elles sont une manne inespérée pour l'ordinateur. A l'inverse, quand le trait n'est plus segment, que les plages ne sont plus des surfaces, quand l'homothétie cède la place à des correspondances, à la métaphore, alors l'image quittant les sphères du semblable, paraît s'éloigner à jamais des rouages de la machine.

Il est une autre raison qui situe l'image vers la droite de l'échelle de l'information synthétique. Elle se laisse difficilement désarticuler (ou structurer) en unités discrètes auxquelles on pourrait attacher une valeur lexicale ou une fonction syntaxique. La caractéristique de l'image, à la différence du texte, est d'être globale et continue. Dans le langage, il y a de l'isolable : le mot, la phrase, le paragraphe. Du même coup, il y a contexte. Avec l'image, où finit l'unité (si unité il y a), où commence l'entour ? Paradoxalement la signification des détails n'est cernable qu'une fois percée celle de leur environnement proche. Sans l'intelligence de la totalité, le détail ne peut être révélateur. L'image a, au moins, deux dimensions. Elle peut avoir un avant et un après. Mais elle donne beaucoup simultanément : détails et contextes. L'image est une « scène ». L'activité linguistique ne peut offrir l'équivalent que sur l'axe du temps. Cette primauté du tout interdit le recours à des outils extérieurs tels que des dictionnaires ou des grammaires. L'ordinateur a également beaucoup de peine face aux phénomènes linguistiques, mais il peut quand même se livrer à quelques opérations de base comme compter des mots, les comparer, repérer des masses d'écriture, etc. Il paraît difficile de concevoir des opérations élémentaires analogues pour l'étude de l'image.

Curieusement, cette globalité de l'image peut parfois la faire basculer vers la gauche de l'échelle de Lussato. Prise dans son unité, l'image se fige alors en une figure type. Elle devient ce que les anglo-saxons dénomment un « pattern », sorte de référence autorisant des comparaisons, des rapprochements, des pondérations de similitude. Peuvent alors se mettre en place des familles d'images, des variations sur un même modèle.

Mais ces comparaisons ne reposent que sur des proximités de formes, de luminosités, de couleurs. Elles ne donnent nullement la signification de ces écarts.

Enfin, il est une dernière raison, non des moindres, qui vient de la dimension fantasmatique de l'image. En plongeant ses racines dans l'expérience visuelle de celui qui la regarde, en s'inscrivant dans une autoréférence (l'image renvoie à d'autres images), l'image se laisse progressivement et imperceptiblement habiter par des signes qui n'y sont pas. C'est le fait de la lecture, de l'action du sujet qui regarde. Cela s'applique à toutes les formes de communication. D'une certaine manière, le lecteur réécrit un roman en le lisant. Il agit sur la matière linguistique. Nous ne parlons pas ici de l'imaginaire qui est provoqué en lui, de ses rêves, mais du prolongement qu'il opère des signes qu'il voit. Parce que l'image a une grammaire nettement moins stable que la langue naturelle, elle outre sa fonction fantasmatique. Des lignes fictives zèbrent le dessin, des frontières inexistantes partagent la surface, des formes fantomatiques peuplent le tableau. Ce n'est pas trop dire qu'alors l'image vit précisément par ce qu'elle ne montre pas. Elle n'est qu'une étincelle qui met le feu à la logique qui la sous-tend : la logique de l'association, de la contiguïté. Moins qu'ailleurs la logique de l'analytique, du déductif, ne peut raisonnablement s'appliquer à l'image.

Et pourtant la rencontre de l'image et de l'ordinateur a eu lieu. Historiquement, on peut faire remonter les premières amours aux années cinquante. C'est alors un exploit de visualiser sur un écran de télévision le rebond d'une balle ou la trajectoire d'un missile.

Puis, dans les années soixante, on voit naître les premières esquisses d'une utilisation de l'ordinateur à des fins esthétiques (c'est ce qu'on a appelé le « computer art »). Une célèbre exposition à Londres réunissait des œuvres dites artistiques et produites à l'aide de l'ordinateur, sous le titre de « Cybernetic Serendipity ». Dès cette époque, apparaissent les premiers systèmes de conception assistée par ordinateur (CAO). Les années soixante-dix voient naître l'animation des graphismes. Puis, les années quatre-vingts la naissance de l'interactivité graphique grand public.

On pourrait faire une histoire plus détaillée de cette rencontre, avec ses étapes décisives, sur le plan technologique, scientifique ou esthétique. Scientifiquement, on noterait le lien qu'il y a eu entre les progrès faits dans la connaissance de la neurologie de la vision, dans les performances techniques des ordinateurs et dans l'intelligence artificielle — en particulier, dans la reconnaissance des formes.

Ici, nous allons surtout essayer de comprendre pourquoi et comment l'ordinateur s'est intéressé à l'image. Il est une raison tout à fait évidente : l'informatique, science du traitement de l'information, ne pouvait pas négliger plus longtemps un support d'information de plus en plus sollicité dans nos sociétés contemporaines. Dans le domaine scientifique, l'informatique se serait sans doute déconsidérée si elle n'avait pas été en mesure ou bien de traiter certains champs pour lesquels l'image constitue à elle seule le recueil de données (nous pensons à la radiographie en médecine, à la cartographie, à la météorologie, etc.), ou bien de restituer, sous une forme visuelle, certains calculs qui ne peuvent être clairement interprétés autrement (statistiques, courbes mathématiques, simulations physiques, etc.). Il en allait un peu de sa crédibilité et de son « image » de marque. Pas étonnant, dans ces conditions, qu'informaticiens, électroniciens, mathématiciens se soient acharnés à doter l'ordinateur des capacités qui lui étaient nécessaires pour traiter visuellement l'information et pour traiter de l'information visuelle. Dans le même temps, on assistait à l'arrivée et à l'épanouissement de la vidéo, qui préparait sérieusement le terrain de la rencontre en transformant l'image en une suite de signaux électriques. Or, l'électricité, c'est la nourriture de l'ordinateur, il ne consomme que cette denrée !

Du côté de l'image, il est clair que la demande exprimée par les différents marchés (les sciences, le commerce, la presse) a certainement grandement joué. La nécessité de produire de plus en plus d'images (l'exemple de la météorologie est significatif), mais aussi de pouvoir les produire plus facilement, a beaucoup compté pour l'idée de l'automatisation. Avec cet accroissement de la production, se fait sentir la nécessité de mieux la stocker et de mieux la gérer. Or, là aussi, les progrès technologiques (la miniaturisation, principalement) ont permis de répondre à la demande.

Enfin, idéologiquement, ne rêvait-on pas d'un mariage spectaculaire : n'a-t-on pas parlé des épousailles du siècle : sorte de révolution culturelle. Là encore, les pressions ont été à la mesure des enjeux politiques et le restent encore.

Pédagogie et ordinateur, une mésalliance ?

Il y a une trentaine d'années que l'on essaie de faire entrer la machine dans les lieux d'éducation. Elle a changé. De « gros » ordinateur elle est devenue « mini », puis « micro ». Le micro-ordinateur a d'abord été autonome, puis relié à d'autres, aussi micro que lui. Il n'est pas rare qu'on lui demande de redevenir le « terminal » d'un gros lointain et centralisateur. D'un strict point de vue informatique, on peut donc avoir le sentiment que les choses n'ont cessé d'évoluer.

Après avoir investi les laboratoires, les bureaux, l'informatique a cherché à conquérir l'univers pédagogique. Cette phrase pourrait être reformulée de la manière suivante : les industries informatiques ont cherché à conquérir le marché pédagogique. Nous ne pensons pas que la manœuvre soit si nouvelle que nous soyons obligés de pousser des cris d'orfraie et d'indignation. Il y a bien longtemps que l'école appartient aux marchands de toutes sortes (éditeurs, promoteurs, architectes, politiciens et traiteurs, pour ne citer que les plus connus). Alors on se met à imaginer une union raisonnable, où les partenaires trouvent quelque utilité ou nécessité à se fréquenter.

L'intérêt du commerce informatique nous échappe. Celui de la pédagogie nous est cher. Voilà la question : que peut réellement faire une machine (serait-elle programmable) qui corresponde aux usages et aux efficacités de la pratique pédagogique ? On répond généralement à cette question de la façon la plus évasive qui soit, « l'ordinateur peut tout faire ». Parfois, on précise que cela dépend de notre aptitude à le programmer correctement. Cela ne paraît pas très sérieux.

L'ordinateur n'est pas une machine « géniale » attendant que l'être humain le devienne. A prendre le problème par ce biais, on ne sort pas d'une opposition grossière entre ceux qui en attendent tout et le reste, et ceux qui désespèrent. Demandons-nous plutôt quelles sont les opérations qui nous sont familières et nécessaires lorsque nous cherchons à apprendre. Quelque chose comme, on a besoin de COMPRENDRE certaines notions, D'ACQUÉRIR des connaissances ou des méthodes, de RENFORCER certains acquis, de S'INFORMER sur certaines questions, de CONCEVOIR son travail, D'ANALYSER certains phénomènes, de GÉRER ses tâches, de PRÉSENTER son œuvre. Ce sont des opérations évidentes et « éternelles » de l'acte pédagogique. Jamais l'ordinateur, aussi intelligent soit-il, ne les assumera à notre place. En revanche, nous pensons qu'il peut y aider dans une mesure qui reste à déterminer.

Quels sont les outils que l'ordinateur peut mettre à notre disposition pour nous épauler dans ces diverses opérations ? A regarder ce qu'on en fait aujourd'hui, de façon dominante ou marginale (dans certains lieux expérimentaux), et à considérer ce que l'on pourrait raisonnablement en faire dans un avenir proche, on aboutit au tableau suivant :

OBJECTIF	MOYEN	RÉALISATION INFORMATIQUE
inculquer	tutorat	ENSEIGNEMENT PROGRAMMÉ
	entraînement	EXERCICE PROGRAMMÉ
provoquer	conceptualisation	PROGRAMMATION PÉDAGOGIQUE
	expérimentation	SIMULATION PÉDAGOGIQUE
réaliser	information	BASE DE DONNÉES
	production	AIDE A L'EXPRESSION
	organisation	AIDE A LA GESTION
	analyse	AIDE A LA MÉTHODE
		AIDE AU CALCUL

La rubrique OBJECTIF présente de façon très synthétique les opérations pédagogiques. La trichotomie que nous proposons n'est pas nouvelle. Nous l'empruntons à R. Taylor (*The Computer in the School*, Teachers College Press, New York, 1980) : en anglais, cela donne « tutor », « tutee », « tool ». Certains s'interrogeront peut-être sur la traduction que nous en proposons. Disons pour l'instant que dans la mesure où nous ne sommes pas arrivés à « faire travailler le signifiant » avec le même bonheur, nous avons considéré que nous pouvions ajuster les notions auxquelles renvoie cette trichotomie.

« Inculquer », c'est considérer la relation d'apprentissage comme une relation univoque, unilatérale : du maître vers l'élève. Ce dernier est une sorte de réceptacle (auquel on ne dénie pas une certaine intelligence), prêt à recevoir des connaissances. Tantôt il découvre des choses nouvelles, tantôt on lui demande de s'entraîner afin de mieux fixer des connaissances récentes ou plus anciennes : par le tutorat, l'élève est brillamment guidé à tous les instants ; par l'entraînement, l'élève fait ses gammes, il s'entretient ou se conditionne (la différence étant très ténue).

« Provoquer » est un raccourci, et signifie plutôt : provoquer une construction délibérée du savoir. On est en plein univers piagétien. En démarche de conceptualisation, l'élève est un apprenti théoricien. Il est « théorisateur », toujours en train de conceptualiser le monde qui l'entoure ou les situations qu'on lui présente. La démarche expérimentale le met en situation de praticien et de chercheur.

Son but n'est pas forcément de travailler la théorie elle-même, c'est de la pratiquer en vue de mieux comprendre les phénomènes environnants (et, accessoirement, d'améliorer la théorie).

Enfin, sous l'étiquette « réaliser », nous plaçons toutes ces tâches qui entrent dans la conception et le développement d'un travail particulier (tantôt individuel, tantôt collectif) : on cherche des informations, on organise son travail (on met un peu d'ordre dans ses données), on rédige (on dessine, on produit des graphiques, des tableaux, on illustre), on analyse le problème que l'on traite, on se penche sur ses propres méthodes de travail.

Précisons que ce panorama serait trompeur si on en restait là. Si chacun de ces rôles est plausible, il n'en est pas moins vrai qu'il peut être problématique. Ainsi, en ce qui concerne L'AIDE A L'EXPRESSION, il est vrai que les traitements de texte existent, et qu'ils sont de plus en plus souvent de bonne qualité. Mais ils demeurent la plupart du temps déterminés par des besoins qui n'ont rien à voir avec ceux de la pédagogie. Ils ont été mis au point pour répondre aux exigences des secrétariats, du secteur tertiaire. Le traitement de texte adapté à la pédagogie reste à concevoir. Il en va de même pour les aides à la gestion, à la méthode et au calcul. Pour d'autres utilisations, telles que la SIMULATION PÉDAGOGIQUE ou la PROGRAMMATION PÉDAGOGIQUE, les restrictions viennent d'ailleurs. On ne peut pas, ou on ne sait pas, tout simuler ou programmer. De ce point de vue, les diverses disciplines ne sont pas égales : simuler l'alunissage d'une navette spatiale, c'est notoirement plus simple que simuler une conversation (d'un côté, des calculs, peut-être nombreux et complexes, de l'autre, des hypothèses linguistiques difficiles à formuler). *A fortiori*, s'il s'agit de simuler un raisonnement. Enfin, il y a des résistances d'une autre nature : le poids de la tradition pédagogique. Une certaine idéologie dominante fait que l'on a privilégié de façon nette (c'est un euphémisme !) les utilisations de type ENSEIGNEMENT PROGRAMMÉ (dans le principe) et EXERCICE PROGRAMMÉ (dans la réalité).

Autrement dit, si les réalisations informatiques de la colonne de droite du tableau sont, en général, « plausibles », elles n'en restent pas moins « rares ».

L'image et la pédagogie, une fuite en avant ?

L'image est censée jouer un rôle essentiel dans la pédagogie. C'est un rôle à coup sûr ambigu : d'un côté, elle dirait tout et plus, elle résumerait le monde; de l'autre, on ne la ferait pratiquement jamais parler. Cherche-t-on à abuser le monde ou serait-on incapable de lire des images et d'en comprendre le langage ? Cet état de fait est antérieur à l'informatique et autres technologies nouvelles. L'infirmité est ancienne. Mais les dites technologies nouvelles de l'image n'allaient pas se priver de cette opportunité de faire vitrine, d'en jeter plein la vue ! Les technologies nouvelles qui investissent l'image se multiplient : l'infographie, le vidéodisque, la vidéo-communication produisent, gèrent, diffusent des milliers, des millions d'images. Tel est le fruit du couplage de l'audiovisuel et de l'informatique.

On avance qu'en matière d'éducation se préparent ainsi des jours nouveaux, que naissent enfin les outils d'une pédagogie totale. Toutefois, à l'enseignant qui demande à voir les potentialités éducatives de ces technologies de pointe, il est facilement répondu (en l'absence d'applications disponibles ou pour masquer la pauvreté de celles qui existent) qu'il lui revient de les imaginer. Dans le même temps, on s'empresse de le convaincre qu'en ces domaines de haute technicité, tout est possible.

Renvoyer ainsi l'enseignant à son imaginaire pédagogique est, *a priori*, fort louable et l'on doit s'en féliciter. Cette démarche comporte pourtant quelques risques. D'abord, le risque d'une certaine pauvreté : l'imaginaire est souvent facteur de reproduction. Il suffit, pour s'en convaincre, de constater que l'informatique pédagogique hérite massivement des contenus et des pratiques d'un enseignement qui, pour avoir été « programmé », n'était pas informatisé. Ensuite, cet autre danger de voir fleurir, sous l'emprise de la fascination technologique, des applications éducatives faisant aveuglément appel à ces technologies de pointe. On connaît déjà, en informatique pédagogique, ces programmes qui ne justifient nullement l'utilisation d'un ordinateur. Ne risque-t-on pas de voir ces technologies nouvelles de l'image accoucher d'une souris ?

Les quelques lignes qui suivent voudraient rappeler un questionnement permettant d'entourer l'arrivée de ces technologies d'un minimum de garanties. Ce questionnement n'est pas nouveau puisqu'il s'appliquait, en partie, lors de l'introduction de l'audiovisuel dans l'enseignement.

Au départ, il importe de repérer, aussi finement que possible, pour chacun des domaines couverts par telle matière à enseigner, les lieux où le visuel occupe le terrain, soit en tant qu'objet, soit en tant qu'outil. Il s'agit, en somme, d'identifier, au sein des disciplines, les aires ICONOPHILES. L'intuition et les habitudes se chargent d'en désigner aussitôt certaines : la géométrie, la géographie physique, les sciences naturelles, la technologie. Est-ce suffisant pour s'embarquer sur ces voies nouvelles ? Il faut fouiller davantage l'enquête, remonter aux pratiques des chercheurs.

Ainsi, dans le domaine des lettres ou, plus généralement, des sciences humaines, doit-on au moins aller jusqu'à cerner les aires suivantes : la gestuelle, la mimique, la proxémique, la représentation des lieux et des conditions de production d'énoncés, etc., pour l'oral. Pour l'écrit, on peut penser : à la lettre et à l'image (typographie, mise en page, illustration, etc.); au texte et à l'image (schémas, plans, affiches, dictionnaires, encyclopédies, etc.); au décor langagier (l'écrit dans la rue, sur les murs, etc.). En littérature, on songe bien sûr au cinéma, à la bande dessinée. Et pourquoi pas au théâtre, à la littérature pour enfants, aux fables, etc. Et encore n'a-t-on, à ce stade, que grossièrement défriché.

Ce faisant, on prend conscience que ces lieux ne sont pas égaux. Ils sont plus ou moins porteurs d'IMAGERIE et le travail de fond consiste à en évaluer la richesse iconographique. Prenons le cas du théâtre. Est-ce important de donner à voir le théâtre et, si oui, que donner à voir ? Pour une pièce particulière, ne peut-on envisager : par personnage, des images de chacune des scènes où il intervient; par scène, des images des « moments » de mise en scène; par décor, des images par changement de décor, ou par changement d'éclairage. On peut aussi constituer une histoire en images des mises en scène, des décors, des costumes pour différentes pièces du répertoire. Et par auteur dramatique, pourquoi ne pas dresser une galerie de portraits de ses personnages, un panorama des lieux dramatiques qu'il fréquente, un inventaire des événements qu'il exploite.

Cette richesse visuelle évidente fait du théâtre l'une de ces aires iconophiles recherchées, d'autant plus que, compte tenu de l'ampleur du répertoire dramatique et de sa continuelle production, la masse d'images est assurée d'un constant enrichissement. Or c'est là un critère d'importance dans la décision d'un recours aux nouvelles technologies. Parce qu'elles sont informatiques en même temps qu'audiovisuelles, elles réclament le grand nombre qui justifie l'automatisation.

Sans doute présupposait-on cette inégalité des disciplines devant l'image. Encore faut-il pouvoir la vérifier et en tirer les conclusions appropriées : l'image ne peut être partout; elle ne saurait tout faire quand bien même elle serait parée d'informatique. Il va sans dire que pour mener à bien cette étape initiale, il convient d'être accompagné de spécialistes de la ou des disciplines concernées et de documentalistes iconographes. C'est l'historien qui peut indiquer l'importance d'une approche iconographique pour la compréhension de telle période historique. C'est le géographe qui aura à signaler le poids de la cartographie dans la description de tel paysage. C'est le documentaliste qui pourra dire si les fonds d'images sont disponibles et où se les procurer. C'est encore lui qui aidera à leur constitution.

Ce repérage opéré, il faut alors s'interroger sur la place et le rôle de l'image dans ces différents lieux identifiés. Rappelons que l'image peut être source d'information. Elle est alors une DONNÉE qui doit faire l'objet d'un traitement : les photosatellites pour le météorologue, les plans d'occupation des sols pour l'urbaniste, certains films pour l'ethnologue servent de base aux analyses que ces scientifiques développent. L'image peut aussi être le résultat de ces traitements : une carte, une courbe statistique visualisent les relations qui unissent un ensemble de nombres. Elle est alors un produit.

On peut donc s'attendre à rencontrer des aires qui font plutôt appel à l'image-donnée : appelons-les ICONOPHAGES, parce qu'elles consomment de l'image. D'autres seront ICONOGÈNES, parce qu'elles produisent de l'image. Certaines auront la double propriété. Une étude sur la gestuelle est iconophage : la fugacité du geste demande qu'on l'arrête sur images. La graphique, cette science de la visualisation de l'information, est essentiellement iconogène. Dans l'état présent des technologies, certaines sont plutôt iconophages. On pense, bien sûr, au vidéodisque. D'autres sont entièrement dédiées au caractère iconogène : l'infographie.

Parallèlement à cette première quête, il convient d'en mener une autre visant à préciser, si besoin est, les rapports de l'image et de la didactique. Il est, en effet, indispensable, au nom de la même pertinence recherchée, de cerner celles des stratégies pédagogiques qui autorisent de réelles pratiques de l'image. Il est possible, par commodité, de ramener l'enseignement à une liste d'objectifs majeurs : faire acquérir, mémoriser, renforcer, évaluer, réaliser, etc. Chacun de ces objectifs s'accompagne de modalités pédagogiques. Prenons pour exemple le premier d'entre eux : faire acquérir. Cet objectif peut être atteint : par le discours (c'est alors une notion, un modèle, une loi qui sont directement exposés, oralement ou par écrit); par l'observation (un ensemble de données est fourni à l'apprenant, à partir duquel il construit sa propre représentation de l'objet étudié); par l'expérimentation (l'accès à un savoir, à un modèle donné, se fait par la mise en œuvre d'une pratique manipulatoire).

Le discours, en général, n'a que peu à voir avec l'image. Il peut cependant s'appuyer sur des illustrations : le cours sur la Renaissance que l'on accompagne d'une série de diapositives sur l'art de cette époque. Est-ce suffisant pour parler de pédagogie iconophile ? Cela paraît difficile tant que ce discours s'en tient au même petit nombre d'images, immuables quel que soit le public visé. Mais s'il bascule vers un réel discours en images, alors la réponse change. On pense, ici, aux émissions de télévision sur l'histoire du pétrole ou à celles qui ont été consacrées à l'histoire des transports. En présence de ces authentiques « écrits audiovisuels », on est en droit de s'interroger sur l'apport des technologies nouvelles. Offrent-elles, par exemple, au niveau de cette écriture en images, les aides qu'elles apportent à l'écriture graphique : les traitements de texte ?

L'observation implique la vision et/ou l'audition. Implique-t-elle l'image ? Oui, quand l'observation indirecte des phénomènes se substitue à la réalité. Devient-elle pour autant pratique d'images ? Elle le sera si elle multiplie les points de vue ; si l'image, loin de seulement se substituer à la réalité, laisse précisément apparaître ce que cette dernière était dans l'incapacité de donner à voir. Or, cette condition essentielle, l'informatique audiovisuelle est-elle en mesure de la satisfaire, et à quel prix ?

De plus en plus, à l'expérimentation sur le terrain se substitue la simulation : mettre effectivement un objet en apesanteur est difficilement réalisable dans le cadre scolaire. Simuler cette opération est réalisable assez facilement grâce à l'informatique. Qui dit simulation, dit, bien sûr, visualisation : le propre de cette démarche est de donner à voir les effets d'un geste, d'une accélération, d'un calcul. Est-ce à dire que la simulation est par nature iconophile ? Tout dépend, semble-t-il, du poids conceptuel de la visualisation. Si ce qui est montré n'est qu'un lointain reflet des conséquences d'une action, on doit s'interroger sur la validité d'une telle visualisation. Si l'utilisateur ne peut inférer de réelles conclusions, à partir du montré, à quoi bon cette mise en image ? L'expérimentation exige donc une complexité de l'image souvent difficile à atteindre. Il faut savoir, dans bien des cas, renoncer.

De notre double analyse que faut-il attendre ? Que, pour l'enseignement d'une matière, se dessinent des aires propices à la mise en œuvre du vidéodisque, du magnétoscope adressable, de programmes infographiques. Certaines d'entre elles seront peut-être à même de les utiliser immédiatement, parce que les conditions sont déjà remplies : des images en nombre suffisant existent, des outils répondent aux fonctionnalités requises. D'autres, au contraire, n'en seront qu'à un état de virtualité : les collections d'images restent à constituer, les outils sont à définir. Dans un cas comme dans l'autre, il n'en reste pas moins qu'il faut faire preuve d'une extrême prudence, d'une très grande rigueur.

Une première question, concernant sa qualité informative porte sur l'originalité de l'information véhiculée. Loin de suivre au pied de la lettre le conseil, « une image en dit plus qu'un long discours », il faut se méfier de l'inflation visuelle et se demander en quoi l'image se distingue des autres supports de l'information. Aucune image ne peut exprimer une règle de grammaire. La densité d'une formule mathématique ($y = ax + b$) dépasse largement le graphe correspondant. Il faut également pouvoir évaluer l'ampleur de l'information apportée. Par information, il s'agit à la fois de l'information visible (montrée) et de l'information implicite (induite). Certaines images graphiquement denses, mais peu chargées d'implicite se révèlent pauvres en informations. Il importe encore de vérifier en quoi l'information visuellement disponible couvre l'information nécessaire. En d'autres termes, quel niveau d'information une collection d'images permet-elle d'atteindre ? Quelle complexité autorise-t-elle ?

Au regard de l'information, la règle que l'on est en droit de voir appliquer est qu'en matière d'enseignement, on tende vers l'usage d'une image prégnante. Un tel critère devrait, enfin, éliminer quantité de ces images parasites qui interdisent un réel travail de l'œil, qui font écran à la pensée visuelle. Il est à craindre, malheureusement, que certaines technologies dans l'obligation où elles sont, pour être rentables, de multiplier le nombre d'images (le vidéodisque), ne tiennent pas assez compte de cette règle d'or. Elles ne récolteront, si l'on n'y prend garde, que fatigue de l'œil, lassitude et désintérêt pour l'image : « Il ne suffit pas d'accumuler, il n'importe pas moins d'intensifier et surtout de dramatiser, c'est-à-dire, d'électriser tout ce qu'on vient de collecter » (F. Dagognet, 1984, p. 241). Cet effort devrait, au moins, porter sur la lisibilité. Ce terme renvoie à la double caractéristique d'une image : être d'une perception aisée (de la même façon que certaines écritures manuscrites sont illisibles, bien des images le sont), et d'une signification accessible (bien des images sont aussi incompréhensibles que certaines formules mathématiques pour le littéraire). Sur le premier point, il faut donc s'assurer de la qualité d'écriture de l'image, veiller à sa cohérence, à sa dynamique. Sur le second, il s'agit de s'assurer du poids culturel, affectif des images.

Ces points ne vont pas sans poser problème aux technologies nouvelles. Sauf à espérer des écrans à très haute définition et des logiciels graphiques particulièrement performants, il faut s'attendre à des images souvent schématiques, bien en-deçà de ce à quoi l'imprimerie ou la diapositive nous ont habitués : la taille de l'écran de télévision est un sérieux handicap au niveau de la lisibilité.

Quand au poids des images, leur multiplicité les ramène sur un plan d'équivalence. A trop offrir, tout se vaut. Le plaisir et la curiosité s'émoussent. On peut donc prévoir quelque difficulté pour le vidéodisque à atteindre cette dramatisation nécessaire.

Et si la machine voyait !

Par rapport à ces différents défis, est-ce que la solution n'est pas de rêver d'un ordinateur doué de compréhension ? Pour ce qui est de l'image, pourquoi ne pas le doter d'un œil ? A quoi un tel organe pourrait-il lui servir, en quoi contribuerait-il à un progrès dans les rapports homme-machine ?

De quel œil, d'abord, veut-on la doter ? A coup sûr, d'un œil intelligent à l'instar de l'œil humain dont on sait qu'en nous renseignant sur le monde environnant, il nous permet d'agir sur lui. En rien d'un œil photographique qui se borne à reproduire la réalité sans avoir la moindre emprise sur elle (l'objectif d'un appareil de photo ne permet pas à ce dernier d'agir sur la réalité qu'il fixe). En posant cette exigence d'un œil intelligent, on postule que la vision artificielle a bien davantage affaire à l'intelligence (artificielle) de la vision qu'à la mise au point de capteurs optiques.

Supposons cernée et mise au point cette vision artificielle intelligente, qu'apporte-t-elle à la machine, à l'homme ? A cette question la robotique répond. Pour elle, un ordinateur doté de vision artificielle (VA) couplé à des prothèses (bras, mains, etc.) peut alors reconnaître des formes, des objets, et les manipuler. Ainsi la machine peut se substituer à l'homme dans l'accomplissement de tâches répétitives, pénibles, dangereuses ou expérimentales (les robots de l'espace), ou simplement se montrer plus docile et profitable qu'une masse ouvrière (bien de gros industriels vous le diront).

De son côté, le développement des banques de données face à la quantité toujours croissante des informations à saisir (à entrer dans la mémoire de la machine) exige que cette saisie se fasse le plus automatiquement possible. La lecture intelligente de données visuelles éviterait donc des heures et des heures de dactylographie.

Dans le champ du traitement des images, c'est encore pour l'instant l'utilisateur de ces programmes qui décide de la sélection et de l'ordre des manipulations à faire sur une image pour en extraire les informations. On peut imaginer ce qu'un brin d'intelligence dans sa vision apporterait à la machine : cela lui permettrait d'aboutir à de véritables reconnaissances d'images (lecture automatique de clichés météorologiques, par exemple).

Les applications ne manquent pas. Même *a priori*, une recherche dans le domaine de la VA se trouve pleinement justifiée. Doter la machine d'un œil intelligent, c'est permettre à l'ordinateur de passer des mondes à une ou deux dimensions (où il est encore enfermé), à la réalité tri-dimensionnelle qui est la nôtre. Ce faisant, il devrait être en mesure de la traiter sans pour cela être contraint à des codages visuels réducteurs.

Ce fait est important : capable de percevoir l'environnement où elle est, il devient possible de concevoir que la machine soit susceptible de s'y adapter (comme on le constate déjà pour les robots marcheurs ou, encore, les courses de voiture électroniques — à la différence près que dans ce dernier cas l'environnement est des plus réduits). N'est-ce pas l'objectif essentiel à atteindre dans le rapport homme-machine : que ce soit cette dernière qui s'adapte au monde de l'homme, et non l'inverse.

Quant au domaine qui nous intéresse plus particulièrement — l'enseignement — quel avantage trouverait-il à la VA ? Il faut ici mesurer l'importance du rôle joué dans l'apprentissage, par l'œil d'un autre. Les sportifs le savent bien qui font déjà appel au magnétoscope pour mettre au point leurs techniques. Mais un magnétoscope ne dira jamais pourquoi un service de tennis est mauvais. L'œil intelligent d'une machine pourrait, en revanche, aider à comprendre ce qui, dans un geste, un savoir-faire serait à l'origine de l'échec.

Ne serait-ce que parce qu'elle permettrait d'intégrer le visuel comme mode de communication dans l'apprentissage (et non pas seulement l'écriture ou la parole), la VA mérite qu'on s'y intéresse.

Cette richesse évoquée de la VA ne doit pas nous leurrer. Comme le note J. Frisby (1981) : « Un des problèmes les plus insurmontables est de pouvoir construire une machine qui reconnaisse des objets, c'est-à-dire qui soit capable, si l'on y introduit une image de scène, de la restituer en l'imprimant (tout en précisant à la fois la composition de cette scène et les relations entre les objets qui en font partie), soit, pour nous résumer, une machine qui puisse restituer une description globale à partir d'une image entrée » (p. 11).

Et un peu plus loin, « élaborer une machine voyante capable de recevoir l'image lumineuse d'une scène et de s'en servir pour décrire ce qu'est cette scène, est beaucoup plus compliqué, et reste, d'ailleurs, un problème largement irrésolu ».

Augustin Lux (1982), dans un article consacré à la vision artificielle, pose d'emblée la difficulté du problème : « Pour le "cerveau" d'un robot, voir n'est rien s'il ne s'agit que de décoder une image, point par point, par le biais de la vidéo classique et de l'électronique digitale. L'intérêt de la vision artificielle est de permettre à la machine de distinguer un objet dans son environnement et bien entendu dans un espace à trois dimensions. Ce qui suppose beaucoup d'intelligence et donc de logiciel » (p. 88).

Ces extraits nous le laissent entrevoir. La difficulté du problème réside au moins dans les deux aspects fondamentaux suivants : la nature même de la vision et la complexité du monde à voir.

> *« La vision est une chose si familière qu'il nous faut un véritable effort d'imagination pour concevoir qu'elle puisse poser des problèmes », R. L. Gregory (1966, p. 7).*

Nous voilà au cœur de la difficulté : admettre la complexité de la vision. Tout cela est si naturel. Et pour ceux qui auraient quelques doutes sur cette évidence, le sens commun (l'école même) propose l'analogie photographique : « Lorsqu'on décrit l'œil on le compare souvent à un appareil de photographie », R. L. Gregory, *ibid.*

De là naît l'idée, fortement ancrée dans les esprits, d'une sorte d'écran intérieur sur lequel viennent se projeter les images de la réalité, répliques fidèles bien que réduites du monde qui nous entoure, qui sont ensuite engrangées dans notre mémoire. A cette approche, R. L. Gregory répond : « Les aspects les plus intéressants de la perception sont justement ceux qui diffèrent radicalement de ceux de l'appareil photographique », *ibid.*

Nous y reviendrons mais dès à présent, et de manière sans doute grossière, situons en quoi la vision se différencie du processus photographique. D'abord au plan des résultats, l'appareil de photographie produit une image analogique, en tous points identique à l'original. « L'œil, quant à lui, fournit au cerveau des informations codées en activité neurale — chaîne d'impulsions électriques qui, par leur code et les modalités de l'activité cérébrale, représentent des objets... Lorsque nous regardons quelque chose, les modalités de l'activité représentent l'objet et pour le cerveau c'est l'objet », *ibid.* En d'autres termes, la vision fournit des descriptions du monde, elle le crée. Elle ne fournit pas des images.

Imaginons la situation suivante. Une scène quelconque et fixe (des objets sur une table), deux types d'observateurs : un œil humain, un œil photographique doté d'un système de prise de vue automatique et très rapide. Au bout d'un certain temps d'observation, l'œil photographique aura enregistré « n » clichés qui auront la propriété d'être tous identiques. L'œil humain au contraire, après une séquence initiale d'observation, aura procédé à un début d'interprétation de la scène. Cela aura eu pour effet de le conduire à une seconde séquence, différente de la première, et ainsi de suite. A la fin de l'observation, l'œil dispose d'un ensemble de perceptions qui lui permettront d'aboutir à une description globale de la scène.

L'appareil photographique ne s'adapte pas à ce qu'il voit. L'œil humain utilise ce qu'il voit pour l'organiser et le structurer. Et c'est bien là qu'est la différence essentielle : la vision est un processus où l'on pressent que plutôt qu'à des automatismes il est fait appel à de l'expérience, des savoirs, des décisions, en un mot à de l'intelligence. Dès lors, prétendre à la vision artificielle c'est nécessairement doter la machine d'une expérience, de savoirs, de capacités à raisonner. Et de fait, cela réclame beaucoup de logiciel.

Cette intelligence de la vision serait sans doute facile à cerner s'il s'agissait, comme pour certains yeux primitifs (cellulaires), de ne voir qu'un type et un seul d'environnement : si cet œil, en somme, était spécialisé comme celui que l'on utilise pour lire les codes barres sur des étiquettes. Or ce n'est pas ce type d'environnement réduit que l'on désire traiter avec un ordinateur.

Comment se présente donc notre environnement ? On peut le découper en un nombre pour ainsi dire infini de scènes plus ou moins mobiles, créant des successions de milliers d'images. Quand on sait la difficulté, pour un ordinateur actuel, de traiter ne serait-ce qu'une séquence télévisuelle, où il n'y a que 25 images par seconde, on mesure l'ampleur et la complexité de notre objectif.

Au sein d'une même scène qu'est-ce qui la rend lisible et donc visible ? Déjà sa profondeur, mais aussi ses zones d'éclairement, son échelle (son contexte), son éventuelle transformation, en tout cas son organisation. Et si l'on se penche sur les détails de la scène, ce sont alors les couleurs, les volumes, les lignes de contour, les surfaces, la texture, les relations organiques qui sont à leur tour des surfaces d'information. Voir un environnement non artificiel, c'est être capable de prendre en compte l'ensemble des informations fournies par l'ensemble des sources et les traiter, toutes simultanément, de manière à obtenir une information globale sur la scène. La fausse évidence de la vision humaine et la méconnaissance de la complexité du processus et du matériau à traiter font dire, à juste titre, à J. Frisby (1981, p. 25) : « La plupart des gens seront beaucoup plus impressionnés par un ordinateur bon joueur d'échecs que par un bon processeur d'images, en dépit du fait que le premier est incomparablement plus simple à réaliser que le second. »

Intelligence artificielle, des illusions ?

Pour de nombreuses raisons, le champ informatique développe un ensemble de représentations relevant plus du mythe que de la réalité. On le craint, on l'adule, on le redoute. Mais, s'il est un univers qui focalise encore davantage les points de vue passionnés (et passionnants), les symboliques fictionnelles, c'est bien celui de l'intelligence artificielle : sorte de « milieu » où quelques initiés joueraient aux apprentis-sorciers. En même temps, on les imagine évoluant dans les zones les plus éthérées de la connaissance, jonglant avec les circuits aux plus hautes intégrations, avec les plus fines structures de la pensée, avec les robots, les méthodes, la philosophie, voire la « pansophie », pour certains. Il n'est pas rare qu'un spécialiste en IA ait ou puisse avoir un avis sur tout.

Il n'est peut-être pourtant rien de plus fastidieux qu'une problématique d'intelligence artificielle. Mettre au point un logiciel qui permette à un ordinateur de jouer convenablement aux échecs prend des milliers et des milliers d'heures, des milliers de tâtonnements, d'essais, d'erreurs. Imaginer un robot capable de saisir quelques blocs géométriques sur ordre exprimé en langue naturelle représente, au jour le jour, un travail surprenant de banalité (sorte de redécouverte permanente de la roue).

L'IA (puisque c'est ainsi qu'il convient de s'exprimer) se vulgarise petit à petit : domaine où, pourtant, le vulgaire était *a priori* exclu. Des ouvrages clairs et démonstratifs sont publiés. Nous n'en citerons que quelques-uns qui ont particulièrement retenu notre intérêt : Feigenbaum et McCorduck (1984), Bonnet (1984), Weizenbaum (1981), Dreyfus (1984), Rose (1986). Pour les ouvrages étrangers, nous indiquons les dates de parution en France. Ces ouvrages ont mis, parfois, des années avant d'être traduits. Cela fait aussi partie du débat qui entoure l'IA (dans notre pays, du moins). Nous vivons encore, de ce point de vue, à retardement. La polémique autour des thèses de Dreyfus nous est parvenue plus de dix ans après.

Cette mode de la vulgarisation plus ou moins subite nous paraît salutaire. Nous pensons qu'il est important d'écrire sur l'IA pour d'autres que les spécialistes. Il ne s'agit pas seulement d'élargir sa culture générale. La plupart des obstacles sérieux que rencontre l'informatique dans ses développements actuels sont de nature idéologique ou philosophique. Nombre d'informaticiens estiment que l'aspect matériel, la quincaillerie, a atteint des degrés de performance significatifs. Cela n'empêche évidemment pas la poursuite des recherches dans ce domaine. Mais ils pensent, assez généralement, que les progrès les plus importants sont à attendre du côté des logiciels, de « l'intelligence » des machines.

De ce point de vue, le débat est mal engagé, du moins pour ce qui transpire sur la place publique. Y a-t-il un problème autour de l'IA, et si oui, lequel ? Est-ce le fait que certains osent parler d'intelligence ? Est-ce parce que d'autres essaient d'introspecter le cerveau humain pour développer celui de la machine ? Est-ce finalement parce que l'on jouerait un peu trop un remake de Frankenstein ? Est-ce parce qu'il est stupide et dispendieux de se livrer à certaines recherches, vouées, pour le plus grand nombre, à l'échec, du moins à l'impasse ?

Notre point de vue n'est reflété par aucune de ces questions. Cela ne nous choque pas que l'on parle d'intelligence; cela nous fait sourire d'y voir accolé le mot artifice. Les recherches sur le cerveau humain nous rassurent, elles sont nécessaires, indépendamment même de l'avenir de l'IA. Ce qui est plus attristant, c'est de voir avec quelle facilité parfois, les modèles théoriques se renversent, comment le cerveau humain finit par être considéré comme l'image d'un microprocesseur. L'idée que ces recherches puissent être stupides et dispendieuses ne nous effleure pas trop. La stupidité est évidemment gênante. Mais nous constatons déjà, nous-mêmes, dans notre propre recherche, les vertus heuristiques de la cohabitation d'une problématique des sciences humaines et de l'ordinateur. L'absence de machine fait parfois développer des thèses stupides, sans qu'il soit réellement possible de détecter la stupidité. Elle reste bien protégée par le caparaçon de l'esprit de synthèse. La machine, de ce point de vue, ne pardonne pas. Elle révèle une bonne partie de nos à-peu-près. Enfin, le savant fou ne porte de responsabilités que vis-à-vis de lui-même. Il y a eu des visionnaires de l'IA. Aujourd'hui, ils doivent regretter un certain nombre de leurs nostradamies (lire Dreyfus, 1984).

C'est finalement la dimension idéologique de cette recherche qui nous agace le plus. Le fait que son objet n'arrive pas à se détacher du niveau des opinions spontanées. L'IA n'est manifestement pas encore un domaine réellement scientifique.

D'abord parce que chaque chercheur prétend en donner une définition particulière et exclusive. La plus surprenante étant certainement celle de Roger Schank : pour lui, relève de l'IA ce qui, à un moment donné, n'est pas formellement dominé (i.e. qu'on n'arrive pas encore à simuler informatiquement). Dès qu'une solution satisfaisante est trouvée, ce n'est plus une question relevant de l'intelligence artificielle. Au-delà du goût du paradoxe, il y a une définition intéressante de l'intelligence artificielle : salle de transit pour problèmes non résolus. Mais, si cela définit des champs de recherche, cela ne contribue en rien à définir une science.

Ensuite, parce que les spécialistes passent une bonne partie de leur temps à des querelles sans intérêt : « l'ordinateur peut ou pourra tout faire », « à la fin du siècle, l'ordinateur aura domestiqué l'homme », « il ne pourra jamais faire que ce qu'on lui aura appris à faire », « il ne dépassera jamais le stade d'un calculateur rapide et sophistiqué ». Débat contradictoire, stérile, et qui n'éclaire pas beaucoup notre lanterne. On est trop dans le domaine de la croyance, et point assez dans celui de la démonstration. N'est-ce pas J. Pitrat qui prétend qu'il y a deux types de comportement face à l'IA : croire en son avenir, ou ne pas y croire (cf. sa réponse à Dreyfus, in Dreyfus, 1984). Laissons ce genre d'acte de foi à la tranquillité des havres romans ou gothiques, à la compilation mystique des moines d'antan. Qu'il nous soit permis d'exiger quelque esprit de démonstration ou de réclamer quelques preuves.

Toutes ces prises de position manifestent une même ignorance, une même incapacité à poser quelques repères raisonnables. L'IA ne fait que rendre le problème plus aigu. Sorte de passerelle entre la science-fiction et le savant génial, elle semblerait prouver en permanence au vulgaire, qu'il est petit. Non seulement parce qu'il n'y entend rien, en soi, mais surtout, parce qu'elle désigne des activités généralement si naturelles de l'homme que, ce dernier, ne peut comprendre pourquoi il ne les comprend pas.

A ce piège, certains vulgaires de talent se font prendre. Le linguiste distingué se rendant compte qu'il lui est impossible d'imaginer le modèle formel de telle ou telle question linguistique, risquerait bel et bien d'en venir à douter de ses capacités. Cette idée s'ancre de plus en plus fermement. On a trop répété que les chercheurs de toutes disciplines tireraient profit de la rigueur des algorithmes informatiques. En est-on persuadé ?

Nous parlons des vertus heuristiques de l'informatique. Elles ne disent rien d'autre qu'un constat d'échec ou de réussite. Un échec à produire un modèle formel signifie autant que l'on a été incapable de le définir, qu'inversement il n'était pas possible de le produire. Alain Bonnet (1984) ouvre son livre sur le propos suivant : « L'IA est la discipline visant à comprendre la nature de l'intelligence en construisant des programmes d'ordinateur imitant l'intelligence humaine. » De tels propos, ou plutôt de telles formulations font toujours planer le doute et le scepticisme. Il y a un peu trop d'approximations dans une définition de ce genre. L'IA est-elle une science ? Sait-on vraiment ce que veut dire « comprendre » ? Qu'est-ce que l'intelligence ? A-t-on réellement le désir ou le besoin d'imiter ? Cette dernière remarque est lourde de conséquences : on pourrait tout aussi bien imaginer que le moteur de l'IA soit la nécessité de trouver des solutions à des problèmes, et que la question de savoir si ces solutions sont comparables à celles qu'aurait envisagées un être humain, soit nulle et non avenue (ou du moins laissée de côté pour quelque machinocentriste ayant du temps à perdre). Le même auteur aurait pu tout aussi bien dire : « L'IA est une méthode fondamentalement algorithmique de réduction grossière, de simplification outrée de certaines activités humaines telles que l'activité langagière. »

Les recherches particulières qui sont menées, ici ou là, au nom de l'intelligence artificielle ne présentent en elles-mêmes aucune caractéristique néfaste. C'est une certaine irresponsabilité idéologique de nombre de ses chercheurs, ou de ses adeptes qui est ici en cause. N'est-ce pas véritablement le cas de Simon et Newell lorsqu'ils déclarent : « L'intuition, l'inspiration, la perspicacité, la faculté d'apprendre ne sont désormais plus l'apanage des humains : n'importe quel gros ordinateur puissant et rapide peut également en faire preuve lui aussi » (cité par Dreyfus, 1984).

Pardonnons-leur (bien qu'ils aient compté parmi les premiers spécialistes, donc parmi les premiers responsables) ces divagations qui n'ont d'autre intérêt que proclamer un acte de foi. C'était en 1958, dans l'euphorie des débuts. Certaines outrances servaient autant à attendrir les portefeuilles, qu'à en imposer à un monde scientifique peu enclin à élargir son cercle.

Dix ans plus tard, Marvin Minsky (le spécialiste) prétendait encore qu'il se pouvait, « qu'avant longtemps nous sachions comment les [les machines] mettre au travail sur ce problème très spécial qui consisterait à trouver le moyen d'améliorer elles-mêmes leur propre capacité à résoudre des problèmes ». Il ajoutait, « une fois franchi un certain seuil, cela pourrait conduire à une accélération en spirale de tout le processus, et la difficulté pourrait même devenir de l'équiper d'un dispositif de freinage » (toujours cité par Dreyfus, 1984, p. 21). On a compris : Marvin Minsky craint véritablement que la « créature » ne se retourne contre lui. Seymour Papert a pu, à l'occasion, apporter sa voix à ce concert.

La polémique est loin d'être achevée. En ce qui nous concerne, nous allons la suspendre et essayer de voir de plus près les relations qui peuvent exister entre l'IA et l'activité linguistique. L'IA est, en effet, une branche d'activités plus large. Elle recouvre aussi bien la reconnaissance des formes, la vision artificielle, la robotique, que la traduction automatique, la compréhension automatique des langues naturelles (encore désignée CALN), ou les systèmes experts.

II. Traitements et données

L'ordinateur, première appréhension

Il importe que se mette en place une représentation de la machine. Certains problèmes d'analyse linguistique, pédagogique et sémiologique (que nous aborderons) requièrent une représentation « efficace » de l'outil et de sa logique. Une représentation est une sorte de théorie. Elle a ceci de particulier que le spécialiste en sourit, mais peut être en peine de la rejeter : « c'est un peu simpliste », dira-t-il. Combien de gens savent réellement ce qu'est une mémoire centrale ? Peu, très peu au regard du nombre d'utilisateurs avertis d'ordinateurs. La masse d'entre ces derniers n'a qu'une représentation plus ou moins personnelle de la chose : il y a des cases vides ou non qui se suivent, elles sont numérotées, l'unité de commande peut retrouver n'importe laquelle de ces cases, certaines sont inaccessibles à l'utilisateur, dans une case on ne met qu'un caractère, etc. Tout cela est à la fois faux et vrai. Regardons les diverses explications suivantes :

a) dans une case de la mémoire centrale on peut mettre un caractère (un mot comme dur occuperait 3 cases) ;
b) ce ne sont pas les caractères eux-mêmes qui se rangent dans les cases, mais un code numérique qui les représente (en général, A est traduit par le code décimal 65);
c) dans la case, ce n'est pourtant pas du décimal qui se range, c'est du binaire (quelque chose comme 1000001);
d) pour être plus précis, ce sera 01000001 dans un ordinateur de type « 8 bits »;
e) tout ça, ce sont encore des images, il n'y a pas de 0 et de 1 dans la mémoire, on trouve des configurations d'impulsions électriques provisoirement conservées grâce aux qualités semi-conductrices de certaines matières telles que le silicium.

On doit arriver à une rigueur scientifique et technique beaucoup plus grande encore. Ce qui nous intéresse, c'est de constater qu'aucune des propositions antérieures n'est véritablement fausse. Ce qui serait faux, ce serait de déclarer : sachez que dans une case mémoire, on peut ranger plusieurs caractères, par exemple. Faux et dangereux, compte tenu des objectifs que nous nous fixons. On perdrait alors toute possibilité d'apprécier avec précision les capacités de la machine.

Comment ça marche ?

Avant d'entrer dans l'ordinateur et de voir de quoi il est structurellement constitué, il est possible de faire quelques hypothèses de bon sens sur les fonctions *a priori* nécessaires à son fonctionnement. Partons de l'idée simple selon laquelle un ordinateur est une machine qui sert à résoudre des problèmes (au sens mathématique du terme). Imaginons maintenant la situation suivante. Je vous interpelle,

MOI
Je vais vous donner un problème à traiter. Pour le traiter, je vous enseigne un « truc ». Entre nous, on l'appellera DEMON. *Quand on vous demandera d'exécuter* DEMON, *vous solliciterez de votre voisin le plus proche un premier nombre, vous l'appellerez A. Puis un deuxième nombre que vous appellerez B. Vous baptiserez C le nombre qui résultera de la multiplication de A par B. J'ajoute que vous ne proclamerez le résultat, à haute et intelligible voix, que lorsqu'on vous le demandera. C'est compris ?*

VOUS
A peu près.

MOI
Alors, allons-y ! ... Commençons.

VOUS
Commençons quoi ?

MOI
Démarrons DEMON, *par Onomase !*

VOUS
J'ai besoin d'un nombre.

LUI (le voisin)
Trente-deux.

VOUS
Il m'en faut un autre

LUI (le voisin)
Treize.

VOUS
Cela fait...

MOI (vous interrompant sèchement)
Je ne vous ai rien demandé, que je sache ! Obéissez, c'est tout ce qu'on vous demande. Maintenant, vous pouvez nous dire combien vaut C.

VOUS (penaud et marri)
Quatre cent-seize.

MOI
Merci. C'est terminé.

Avouez que, dans cette situation, je ne vous ai pas donné le beau rôle. J'ai définitivement abusé de vous. J'attendais de vous un comportement soumis, tout à fait machinal, parce que si l'on veut imaginer le processus et les moyens de traitement automatique, il faut se soumettre.

Alors, que constate-t-on ? D'un point de vue fonctionnel, vous avez eu besoin d'un magasin cérébral, d'un quartier général, d'une calculette hautement performante, d'une oreille et d'une bouche.

Le magasin cérébral, c'est la MÉMOIRE. Elle vous a servi à ranger un premier nombre, puis un second, puis un troisième (le résultat de la multiplication de A par B). Et tout cela n'a été possible que parce que vous vous souveniez de la marche à suivre, c'est-à-dire du PROGRAMME que nous avions appelé « démon ». Ainsi le programme était-il rangé, lui aussi, dans votre mémoire.

Le quartier général, c'est L'UNITÉ DE COMMANDE. Elle vous a permis de comprendre chacun de mes ordres et, ensuite, elle les a fait exécuter. Ainsi, c'est votre unité de commande qui a su interpréter l'ordre 1 : « vous solliciterez un premier nombre ». Elle a ordonné à votre bouche de proférer quelques mots, « j'ai besoin d'un nombre », et à votre oreille d'acheminer le nombre jusqu'à la mémoire. Et ainsi de suite.

La calculette hautement performante, c'est un autre endroit de votre cerveau, l'UNITÉ DE CALCUL. Ici, manifestement on sait faire des multiplications et quelques autres opérations. J'aurais pu vous demander de comparer deux mots et de me dire lequel venait alphabétiquement le premier.

Votre oreille, c'est l'organe par lequel sont entrées les informations (vous remarquerez qu'il est particulièrement périlleux de lui faire jouer le rôle inverse !). C'est elle qui a permis l'entrée des deux nombres. Elle n'a été efficace que sur ordre du quartier général.

La bouche a joué le rôle d'organe de sortie. Elle a servi à plusieurs reprises : elle a émis deux petites phrases incitatives, « j'ai besoin d'un nombre » et « il m'en faut un autre », ainsi que le résultat final. Elle aussi n'a agi que sur ordre du quartier général. Tout ceci peut se schématiser.

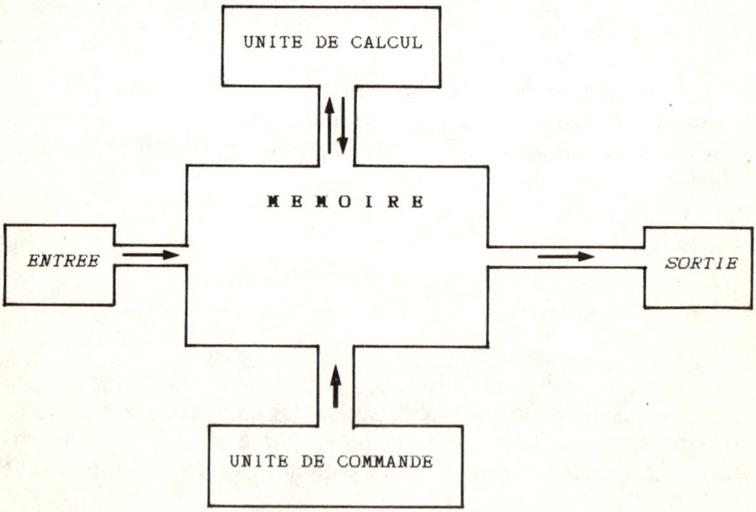

La mémoire y est CENTRALE parce qu'elle est une plaque tournante, par où tout doit passer (des informations qui entrent à celles qui sortent, des messages affichés au programme lui-même).

Les organes d'entrée et de sortie, encore appelés PÉRIPHÉRIQUES, sont finalement les objets les plus visibles des ordinateurs. Vous les connaissez sans les connaître. En voici une liste désordonnée : clavier, lecteur de cartes perforées, lecteur de disquettes, imprimante, lecteur de cassettes, table traçante, écran, table à digitaliser, modem, écran tactile, crayon lumineux, manettes de jeu, souris. En reprenant l'analogie avec l'oreille et la bouche, vous admettrez que certains périphériques ne peuvent qu'amener des informations à l'ordinateur, que d'autres ne peuvent qu'en recevoir et que d'autres, enfin, peuvent jouer les deux rôles. Réfléchissez et classez-les donc.

entrée	entrée et sortie	sortie

(réponses en fin de chapitre)

Nous avons eu recours à une simulation humaine : utile, peut-être, mais dangereuse si l'on en vient à imaginer que cela se passe ainsi dans notre cerveau.

Plus avant dans la machine

On se demande ce qui est activé lorsque l'unité de commande reçoit des ordres tels que

AFFICHER A
X ← Y + 2
ENTRER N
F ← G

Nous avons vu que l'ordinateur se compose de cinq organes, que certains sont centraux, que les autres sont périphériques, que la mémoire est centrale parce qu'aucun mouvement ne peut se faire en dehors d'elle, que tous les chemins de l'information y mènent.

Il est bien entendu que l'organe de commande supervise en permanence ce qui se passe. Alors, « AFFICHER A » met en relation privilégiée la mémoire et la sortie. Cet ordre signifie en fait : localiser la variable A, prendre son contenu et l'envoyer sur la voie de sortie.

« X ← Y + 2 » peut se réécrire : mémoire, centre de calcul et mémoire. Localiser la variable numérique Y, prendre son contenu, l'envoyer au centre de calcul, y ajouter 2, ramener le résultat dans la mémoire, appeler X la case où est rangée cette information. Autrement dit, la case X reçoit le contenu de la case Y additionné de la constante 2.

« ENTRER N » relie l'entrée à la mémoire. Une information est souhaitée par le programme. Elle va venir de l'extérieur. On l'attend sur un périphérique d'entrée. Une fois introduite, elle sera conduite dans la mémoire et rangée dans une case appelée N.

« F ← G » est une sorte de recopie du contenu d'une case dans une autre : localiser la variable G, prendre ce qui s'y trouve, le mettre dans une autre case que l'on appellera F.

En fait, l'une des tâches essentielles de l'unité de commande est d'agir sur les « chemins » qui relient les divers organes. Tout se passe comme si ceux-ci étaient, ordinairement, coupés ou interdits. Il faut une décision de l'unité de commande pour les rendre actifs (« passants », dit-on). Autrement dit, ENTRER N, par exemple, signifie que la voie d'entrée est ouverte. Tout ce qui sera tapé au clavier (tant qu'un signal de fin de message ne sera pas envoyé) entrera.

Plus loin encore, dans la mémoire

Imaginons qu'à l'occasion de l'exécution d'un programme quelconque, ce dernier ait prévu l'entrée d'un mot sous l'étiquette « M ». On peut facilement imaginer l'ordre qui fut à l'origine de l'action. Sa formulation dépendra du langage utilisé : ENTRER M, LIRE M, INPUT M, PRENDRE M, etc. Pour l'exemple, le mot, pourtant aussi ferme que les autres, était « mou ». Imaginons encore que la première case mémoire disponible pour l'ordinateur soit la case 15600. Représentons-nous maintenant la suite d'opérations que devra effectuer la machine (aidée d'un programme, bien entendu) pour exécuter un autre ordre tel que AFFICHER M.

Elle localise la variable M, elle prend son contenu, elle l'envoie sur la voie de sortie. Mais tentons d'imaginer comment elle peut localiser cette variable.

Il y a des cases-mémoire. Elles ont un contenu (une information imprévisible et inconnue de la machine; un code renvoyant soit à une lettre, soit à un nombre). Elles portent un numéro (ou presque), sinon on ne voit pas comment l'unité de commande s'y retrouverait. Elles sont, enfin, représentées par des « étiquettes ».

Ici, « mou » occupe trois cases (15600, 15601, 15602) et on a décidé que ces trois cases, dans cet ordre, s'appelleraient « M ». Mais la machine n'a pas de mémoire spontanée, quelque chose du genre : Ah oui, je me souviens d'avoir rangé une petite chose dans un coin, on m'avait demandé de l'appeler M. Alors la question est entière : comment fait-elle ?

Dans la même mémoire, mais dans un coin tranquille, réservé, un programme profond oblige l'unité de commande à ranger certaines informations concernant ces fameuses variables. L'exécution d'un ordre comme « ENTRER M » est donc plus complexe qu'on ne l'imaginait précédemment : ouvrir la voie qui va de l'entrée à la mémoire, ranger l'information qui passera dans la ou les cases vides les premières disponibles, mémoriser d'une part le numéro de la première utilisée et, d'autre part, la longueur de l'information, aller dans la zone mémoire réservée à cet effet (disons, la table des références), inscrire le nom de la variable choisie, suivi de l'adresse de la première case, suivie de la longueur de l'information. Quelque chose comme,

M, 15600, 3

On imagine plus facilement ce qui se passe pour l'exécution de l'ordre « AFFICHER M ». On procèdera en sens inverse. On ira d'abord consulter cette table des références, y repérer la présence d'une variable « M ». On relèvera les renseignements qui y correspondent. On pourra, alors, aller directement à l'adresse indiquée, prendre le contenu des trois cases et sortir le tout.

Afin d'opérer une synthèse sur la logique profonde de l'ordinateur (en particulier, sur l'organisation de sa mémoire), demandez-vous ce que sont les opérations effectuées lors de l'exécution de l'ordre suivant :

$$F \leftarrow G$$

(réponses et commentaires page suivante)

Réponses

Classement des types de périphériques

entrée	entrée et sortie	sortie
clavier lecteur de cartes table à digitaliser écran tactile crayon lumineux manette de jeu souris micro	lecteur disquette lecteur cassette disque dur modem	imprimante table traçante écran haut-parleur

F ← G

Cet ordre ne met en relation que les organes internes de la machine. Aucun périphérique n'est sollicité. Plus précisément, il s'agit d'une opération propre à la mémoire centrale : nous l'avons dit, c'est une recopie du contenu d'une case dans une autre case.

L'opération se décompose, dans le détail, de la manière suivante :
— consulter la table des références,
— s'assurer de l'existence d'une variable G,
— prendre ses coordonnées (son adresse et sa longueur),
— se rendre, dans la mémoire, à cette adresse,
— prendre le contenu de la ou des cases concernées,
— copier ce contenu dans la ou les premières cases disponibles,
— noter l'adresse de la première ainsi que la longueur,
— se rendre de nouveau à la table des références,
— inscrire la variable F, son adresse et sa longueur.

Les aventures d'Anselme Lanturlu

Nous avons eu l'occasion de dire tout l'intérêt que nous portons à la notion de représentation. Sorte de chaînon manquant entre l'ignorance et la théorie du grand spécialiste. Mais nous savons, en même temps, que cette représentation est à surveiller de près : « comparaison n'est pas raison ». Il n'est pas rare qu'une métaphore (se voulant didactique) produise des effets néfastes. Comment en juger ?

Dans la bande dessinée « L'informagique », qui fait partie de la série « Les aventures d'Anselme Lanturlu » publiée aux Editions Belin, Jean-Pierre Petit n'a peur de rien. Une belle jeune fille pleine de vigueur scientifique, un jeune homme farfelu et amoureux, quelques animaux incongrus (un piaf, un pélican, un escargot). Voilà les personnages de ce qui est véritablement une aventure. Anselme pénètre dans un ordinateur (au moyen d'une formule magique). Il va en découvrir le fonctionnement. A l'intérieur, ce sont des diablotins qui servent de rouages à la chose mécanique. La représentation est audacieuse à plus d'un titre. Jean-Pierre Petit nous donne une leçon. Lui, le spécialiste (chargé de recherche au CNRS, astrophysicien, professeur aux Beaux-Arts et responsable d'un service de micro-informatique universitaire), il n'hésite pas à rompre les canons du discours démonstratif pour faire œuvre de vulgarisation : dramatisation, dessin non linéaire, absence de texte autre que celui que justifie l'histoire B.D.

Avec « L'Informagique » (1981), Jean-Pierre Petit donne à imaginer considérablement plus que n'importe qui d'autre. Enfin, n'a-t-il pas osé le même genre d'exercice avec la géométrie dans « Le géométricon », la relativité dans « Tout est relatif », l'astrophysique dans « Le trou noir », l'intelligence artificielle dans « A quoi rêvent les robots » (tous publiés chez Belin).

© Jean-Pierre Petit, *A quoi rêvent les robots ?*

Je ne vous vois pas sur mon programme. Diable, quelle pagaille aujourd'hui
Nous venons de l'extérieur
L'extérieur ? ça doit être un nouveau service
oui, et si vous pouviez nous indiquer un moyen pour sortir...
avec tous ces interfaces qui se créent sans arrêt, je vous dis, je ne m'y retrouve plus.
Je m'occuperai de vous tout à l'heure voilà que j'ai une ENTRÉE
Interquoi ?
DRRRRIIING
allez les gars tout le monde en place !
BASIC SANS PEINE
Maxie, trouve moi une mémoire libre !
mettre dans la mémoire A
3
x
2

Un peu de logique, que diable !

« Je cherche quelqu'un de petit et de costaud »

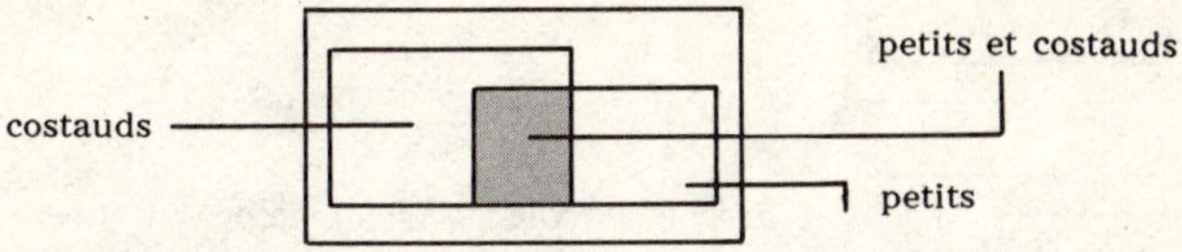

Soit une population de référence : l'ensemble des orpailleurs ayant encore aujourd'hui les pieds dans l'eau. Parmi cette population, nous posons qu'il y a des petits et des costauds. On remarque que ces deux sous-populations se croisent. Le rectangle de gauche représente les costauds. Le rectangle de droite représente les petits. La zone grisée désigne le résultat logique de l'énoncé de départ.

A vous de jouer

Il faut associer la bonne figure au bon énoncé. Vous trouverez les réponses page suivante.

A. Je cherche quelqu'un de petit ou de costaud.
B. Je cherche quelqu'un qui ne soit ni petit, ni costaud.
C. Je cherche quelqu'un de costaud, et qui ne soit pas petit.
D. Je cherche quelqu'un de costaud.
E. Je cherche quelqu'un qui ne soit pas petit et costaud.
F. Je cherche quelqu'un qui ne soit pas petit.

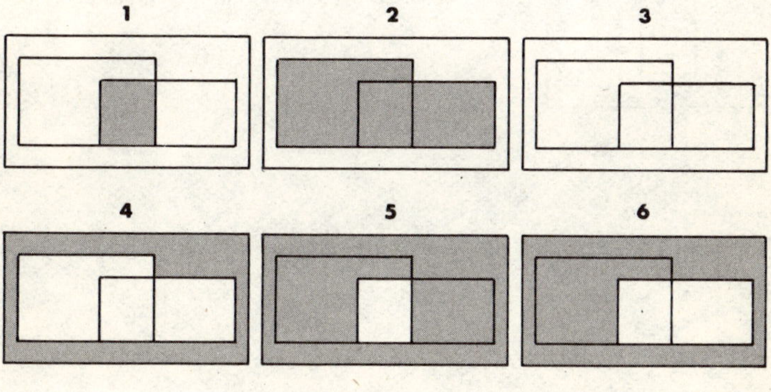

Réponses

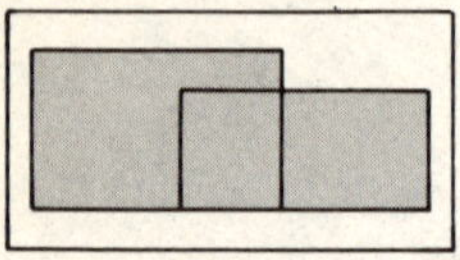

A. Je cherche quelqu'un de petit ou de costaud.

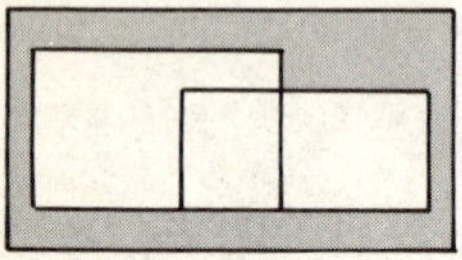

B. Je cherche quelqu'un qui ne soit ni petit, ni costaud.

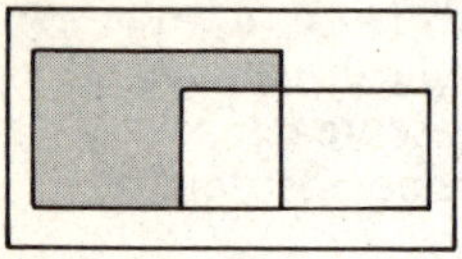

C. Je cherche quelqu'un de costaud et qui ne soit pas petit.

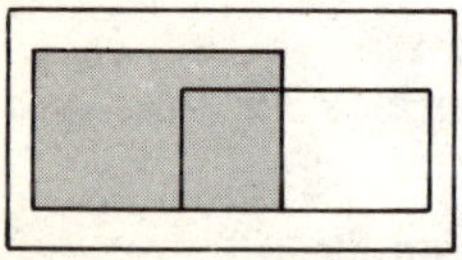

D. Je cherche quelqu'un de costaud

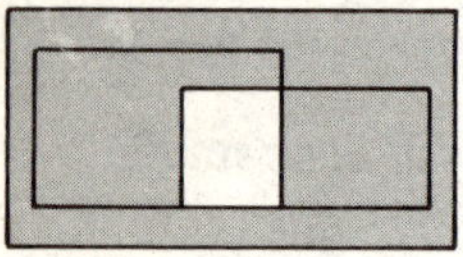

E. Je cherche quelqu'un qui ne soit pas petit et costaud.

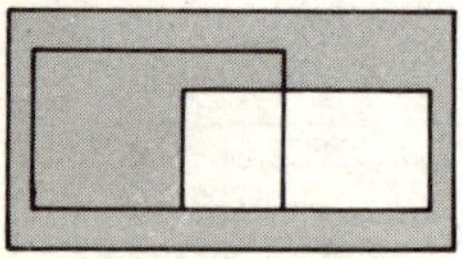

F. Je cherche quelqu'un qui ne soit pas petit.

Un drôle de caractère

A regarder les voies empruntées par l'informatique appliquée depuis quelques années, on constate que le traitement du langage écrit est une préoccupation centrale : traitement de texte, gestion de fichier, interrogation de base de données, programmes d'analyse textuelle, recherches en intelligence artificielle, etc. Il y a donc assez de raisons de se demander comment la machine peut coexister avec la lettre, comment elle peut finalement la digérer. Dans ce domaine, rien n'est évident. Dans l'ensemble des activités que nous menons autour du texte, peu sont susceptibles d'être efficacement prises en charge par l'ordinateur. Ce qui importe, c'est de délimiter ces lieux. L'utilisation que nous en ferons n'en sera que plus pertinente. L'écrit va de sa conception à sa compréhension, en passant par diverses étapes de transformation, modelage, reproduction, diffusion, archivage et consultation. Chacun de ces stades a ses raisons sociales, ses justifications, sa logique. Il s'agit de la chaîne de l'écrit.

La lettre est donc cet objet très particulier, situé au centre de l'échelle de l'information synthétique (cf. l'image de B. Lussato que nous avons développée dans le premier chapitre). En fait, c'est un matériau présent sur à peu près toute l'échelle, mais qui remplit, selon les codes où il est utilisé, des fonctions différentes.

Avant d'en considérer quelques exemples, donnons quelques précisions terminologiques. Nous allons utiliser des notions pour le moins surprenantes et paradoxales, telles que « chiffre numérique ». Cela réclame quelques explications.

Est caractère tout élément physique du texte : de la lettre de l'alphabet (majuscule ou minuscule), aux diverses ponctuations (l'espacement y compris), des chiffres aux effets typographiques. Certains caractères ont une valeur alphanumérique. Ce sont des éléments textuels, alphabétiques. Un nombre peut avoir cette valeur, dans une date, par exemple, ou dans une adresse : le code postal 31800 est une expression du langage naturel, il a une référence comme n'importe quel autre mot ; en outre, il n'est pas calculable. D'autres caractères ont une valeur numérique. Les nombres cardinaux, lorsqu'on les soumet à des opérations algébriques précises : 2 + 2. Mais les lettres de l'alphabet, également, lorsque le mathématicien, par exemple, les utilise comme « variables », c'est-à-dire comme contenants prêts à recevoir une valeur, ou étant déjà chargés d'une valeur numérique. On peut donc rencontrer des caractères alphabétiques à valeur numérique, des chiffres alphanumériques et, par conséquent, des chiffres numériques.

a) Faites les opérations suivantes.

1. $(2 \times 4) + (9 - 3) = ?$
2. $(2A + 4) - (A + 3) = 1$

$$A = ?$$

Il s'agit d'un libellé ordinaire dans la mathématique et d'une codification relativement pauvre. On peut toutefois remarquer deux choses. Tout d'abord, le rôle de « variable » ou « d'inconnue » que joue le grand A. Ensuite, la double nature des chiffres : tantôt, valeur numérique, tantôt valeur alphanumérique. En effet, les chiffres 1 et 2, suivis d'un point, ne sont pas des valeurs calculables. Ce sont tout simplement des valeurs ordinales (de même, sémantiquement parlant, que le petit « a » qui introduit l'exercice). « 1. » et « 2. » signifient « premièrement » et « deuxièmement », mais, oh surprise ! « a) » signifie aussi « premièrement » ou, peut-être, « d'abord ». Nous touchons, alors à une richesse de significations que l'on n'attendait pas dans l'énoncé d'un exercice de calcul.

b)

Résolvez le cryptarithme suivant :

```
  PAUL
+ FORT
------
 POETE
```

où RU = nombre premier

Le libellé de l'exercice (« Résolvez le cryptarithme suivant ») semble bien être écrit en langue naturelle. On admettra cependant que le degré de liberté syntaxique et lexicale dont jouit l'auteur est limité. Imagine-t-on : « Auriez-vous l'extrême bon vouloir de vous livrer à quelque saine et édifiante gymnastique neuronale consistant à faire ici la preuve qu'il s'agit de nombres déguisés et point de lettres confuses ». Les lettres dites « variables » (dans la mathématique) sont, au rebours, terriblement plus signifiantes que dans l'exemple précédent, puisqu'il y a là un énoncé linguistiquement vrai. Paul Fort est bien un poète. Notons que dans le cas d'une lecture littérale, « + » signifie moins l'addition qu'une mise en relation (quelque chose comme « suivi de »), et « ----------- » (le trait) équivaut à « est un ». Reste la petite indication selon laquelle « RU » est nombre premier. Ici, point de gloses comme cela eut dû être le cas si « premier » relevait du langage ordinaire. Dans le langage mathématique, on ne discute pas à perte de vue sur le sens de « premier » : un nombre est premier lorsqu'il n'est divisible que par 1 et par lui-même. Et cela ne lui confère aucune importance particulière.

c) *L'histogramme*

Dans n'importe quel graphique, schéma ou histogramme, les codes sont multiples : on y trouve des nombres numériques, des nombres alphanumériques, des caractères alphabétiques codés (presque numérisés, comme les initiales des mois qui fonctionnent comme des ordinaux), des éléments graphiques numériques (la hauteur des pavés, par exemple) et des éléments graphiques symboliques (les diverses trames ou couleurs qui permettent de distinguer les pavés). La lecture en devient donc difficile. La syntaxe en est complexe : il faut passer et repasser du titre à la légende, au graphique lui-même et aux divers sous-titres. Il faut en outre maîtriser tous les codes utilisés.

C'est le cas de l'histogramme suivant. Pensez aux relations de lecture que l'on doit établir pour découvrir que c'est lors du deuxième trimestre 1982 qu'il y a eu les plus fortes dépenses en alcool ; et que c'est en 1983, qu'il y a eu le moins de variations dans les dépenses.

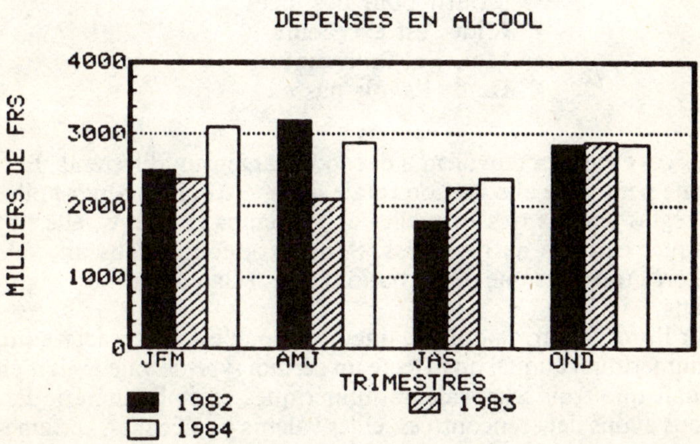

d) *La partition*

Avec la partition musicale on atteint à un étonnant mélange. Il s'agit d'un extrait d'une partition authentique. La lettre y est aussi très présente. L'alphanumérique prend des valeurs très variées.

En haut, on découvre une pure étiquette, un titre, comme dans n'importe quel texte, « Moderato », c'est une interjection qui signifie très impérativement « doucement, les basses ! ». « La m » est une autre étiquette, mais, celle-là, hyper-codée puisqu'il s'agit de la notation de l'accord de LA mineur (on aurait également pu trouver la notation anglaise « Am »).

La portée joue sur des éléments graphiques et numériques. Les lignes et la clef sont indispensables pour l'interprétation de la hauteur des notes. Les chiffres marquent le temps. Le langage ordinaire est présent sous forme d'une chaîne hâchée renvoyant à une chaîne autre, non présente, appelée généralement « poème » :

> Mourir pour des idées
> L'idée est excellente
> Moi, j'ai failli mourir
> De ne l'avoir pas eue
> . . .

Tous ces exemples renvoient à des codes largement différents. Personne ne peut faire abstraction totale de la lettre. Elle peut se plier à des règles parfois très formelles et, de temps en temps, elle sert à masquer certains autres codes. Son introduction dans un code donné crée toujours une perturbation, un « éclatement » des significations.

Pour l'ordinateur, la donnée linguistique, c'est un caractère (un code numérique) auquel on affecte un certain type de valeur. Il n'en reconnaît que trois : les valeurs numériques et alphanumériques, que nous avons déjà rencontrées, et les valeurs booléennes, certaines valeurs logiques à deux états possibles, vrai ou faux (qui n'ont rien à voir avec notre propos). Pour la machine, est alphanumérique tout ce qui n'est pas calculable. « Le 3 mars 1986 », ou toute autre date, utilise des chiffres à valeur alphanumérique. C'est pour cette raison qu'en général on précise par une instruction que ce que l'on va utiliser sera considéré numériquement ou non. C'est le sens des formules : « LET T$ » et « CHAINE T » (respectivement en BASIC et en LSE). Elles signifient quelque chose comme : « Que me soit retenu un nombre, pour l'instant indéterminé, de cases mémoire, globalement étiquetées T, et qui contiendront ultérieurement des caractères à valeur alphanumérique ».

Ce qui suit est une table de transcodage : tableau ASCII. A gauche du signe « = », on trouve la valeur décimale du code qui remplace ce qui est à droite.

32 =	52 = 4	72 = H	92 = ç
33 = !	53 = 5	73 = I	93 = ô
34 = ″	54 = 6	74 = J	94 =
35 = #	55 = 7	75 = K	95 = –
36 = $	56 = 8	76 = L	96 = ù
37 = %	57 = 9	77 = M	97 = a
38 = &	58 = :	78 = N	98 = b
39 = ’	59 = ;	79 = O	99 = c
40 = (	60 = <	80 = P	100 = d
41 =)	61 = =	81 = Q	101 = e
42 = *	62 = >	82 = R	102 = f
43 = +	63 = ?	83 = S	103 = g
44 = ,	64 = à	84 = T	104 = h
45 = –	65 = A	85 = U	105 = i
46 = .	66 = B	86 = V	106 = j
47 = /	67 = C	87 = W	107 = k
48 = 0	68 = D	88 = X	108 = l
49 = 1	69 = E	89 = Y	109 = m
50 = 2	70 = F	90 = Z	110 = n
51 = 3	71 = G	91 = °	111 = o

Tout fait caractère. Tout doit être caractère. Même l'espace qui porte le code numéro 32. Les encadrements de tableau, ces éléments dits « semi-graphiques », sont ramenés à quelques modèles de base : le coin supérieur gauche, inférieur droit, le trait horizontal, etc.

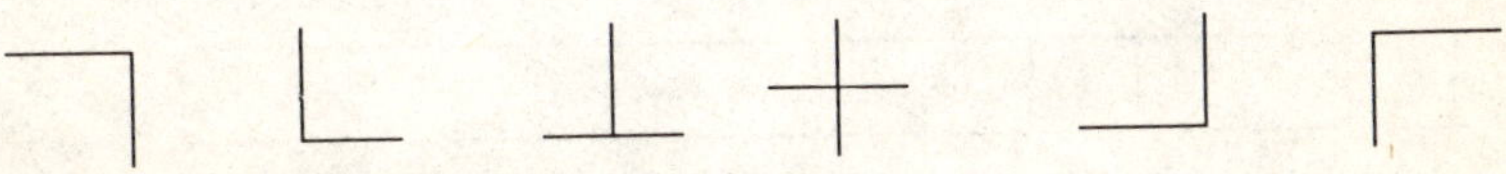

191 192 193 197 217 218

Chacun de ces éléments est en fait un code. Il en ira de même pour toute forme d'intervention que nous souhaiterons faire sur les caractères visibles. On décidera, par exemple, que le code 128 efface l'écran, que le code 130 donne une vision vidéo-inversée des caractères qui le suivent, que le code 131 rétablit la vidéo normale, que le code 132 ouvre la surbrillance ou le gras, que le code 133 la ferme, etc.

Ce qu'il faut donc arriver à imaginer, c'est que la suite de lettres suivante que nous avons pu produire aisément à l'écran avec un traitement de textes,

« mollesse »

ressemble, à l'intérieur de la machine, à la suite de nombres que voilà,

34 32 27 43 27 54 109 111 108 108 101 115 115 101 27 53 27 44 32 34
" m o l l e s s e "

Apparaît, en même temps, l'idée qu'un mot peut être plus long qu'on ne le croit. « mollesse » représente normalement 8 caractères. Ici, bizarrement il en représente 16 (du premier code 27 au code 44). On a dit qu'un caractère entré au clavier allait se loger dans une case de la mémoire centrale. Le mot « mollesse » devrait en occuper 8. Notre décision de le mettre en gras et double largeur aboutit à introduire de nouvelles informations concernant ce mot, qui occupent des cases mémoire autour de lui. Dès lors, pour la machine, elles deviennent caractères. De plus, il fait sûrement partie d'une information plus conséquente : une phrase, un paragraphe, peut-être un texte. C'est la totalité de l'information entrée d'un seul coup qui constitue l'unité, c'est-à-dire une « variable » unique, une « chaîne » de caractères. « mollesse » n'en est qu'un sous-ensemble (une « sous-chaîne »).

Imaginons que nous ayons entré, par le clavier, le court texte que voici :

L'orage,
a déversé sur nous
toute la pluie du ciel...

S'il était en notre pouvoir de faire une photographie de la mémoire centrale, peut-être découvririons-nous l'architecture suivante :

11250	11251	11252	11253	11254	11255	11256	11257	11258	11259	11260	11261
?	?	?	L	'	o	r	a	g	e	,	*
11262	**11263**	**11264**	**11265**	**11266**	**11267**	**11268**	**11269**	**11270**	**11271**	**11272**	**11273**
a		d	é	v	e	r	s	é		s	u
11274	**11275**	**11276**	**11277**	**11278**	**11279**	**11280**	**11281**	**11282**	**11283**	**11284**	**11285**
r		n	o	u	s	*	t	o	u	t	e
11286	**11287**	**11288**	**11289**	**11290**	**11291**	**11292**	**11293**	**11294**	**11295**	**11296**	**11297**
	l	a		p	l	u	i	e		d	u
11298	**11299**	**11300**	**11301**	**11302**	**11303**	**11304**	**11305**	**11306**	**11307**	**11308**	**11309**
	c	i	e	l		.	.	.	?	?	?

Assurément, non ! Toutefois, une certaine représentation logique est respectée : une succession de caractères précédés et suivis par on ne sait trop quoi (les points d'interrogation). Les astérisques sont mis pour les fins de ligne (encore appelées retours-chariot), caractère qui porte généralement le code 13.

Nous suivez-vous ? Pour vous en assurer, nous vous proposons quelques questions tests (dont les réponses sont en fin de chapitre) :

Question 1 : A quoi ressemble cette grille, si au lieu des caractères, on met leur équivalent décimal ?

Question 2 : Que verrons-nous si nous donnons l'ordre d'afficher la sous-chaîne partant de l'adresse 11274 et de longueur 5 ?

Question 3 : Combien mesure informatiquement la chaîne que nous avons entrée ?

On peut maintenant essayer de se représenter, à partir du schéma des grandes fonctions de l'ordinateur, ce qui se passe lorsqu'on traite des données alphanumériques, des chaînes de caractères.

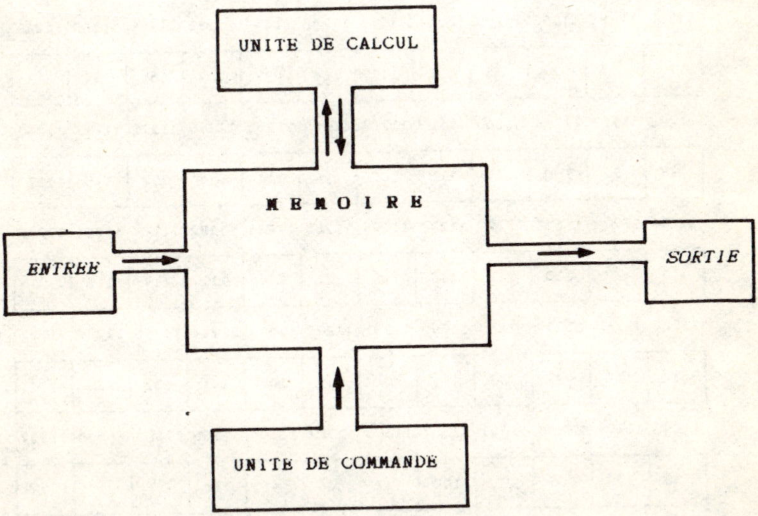

Soit notre texte de quelques lignes, entré au clavier. Il aura été repéré par une variable TEX, par exemple, qui jouera le rôle d'étiquette pour la machine. Le premier caractère de TEX ira se ranger dans la première case libre (en l'occurrence la case qui porte l'adresse 11253) ; les suivants se rangeront derrière. TEX, lorsqu'il est complètement entré, est donc un ensemble de cases-mémoires repérables par une adresse de début et par une longueur (ou une adresse de fin). Il suffit, alors, que la machine range dans un autre coin de sa mémoire des renseignements tels que,

NOM variable	ADRESSE début	LONGUEUR
TEX	11253	?

pour qu'elle puisse, à tout moment, soit ressortir le texte en question, soit le triturer, soit l'afficher, etc. Le mot « ciel » possède alors des coordonnées précises : il s'agit d'une sous-chaîne (ayant elle aussi une adresse de début et une longueur) de la chaîne arbitraitement appelée TEX. Nous n'abordons encore les problèmes textuels que par le plus petit bout de la lorgnette : les caractères. Les linguistes du texte (ceux qui cherchent à mettre au point des « grammaires de texte ») n'en sont pas là : ils travaillent avec des unités bien plus complexes : la construction argumentative, par exemple. Pourtant, l'ordinateur n'a pas fini de régler les questions touchant à la lettre.

Réponses

Question 1

11250	11251	11252	11253	11254	11255	11256	11257	11258	11259	11260	11261
?	?	?	76	39	111	114	97	103	101	44	13

11262	11263	11264	11265	11266	11267	11268	11269	11270	11271	11272	11273
97	32	100	124	118	101	114	115	124	32	115	117

11274	11275	11276	11277	11278	11279	11280	11281	11282	11283	11284	11285
114	32	110	111	117	115	13	116	111	117	116	101

11286	11287	11288	11289	11290	11291	11292	11293	11294	11295	11296	11297
32	108	97	32	112	108	117	105	101	32	100	117

11298	11299	11300	11301	11302	11303	11304	11305	11306	11307	11308	11309
32	99	105	101	108	32	46	46	46	?	?	?

Question 2

Nous demandions d'afficher la sous-chaîne partant de l'adresse 11271 et de longueur 5 :

r nou

Question 3

La chaîne entrée mesure, informatiquement : 54 caractères.

Numériser l'image

L'ordinateur, dans son génial manque d'intelligence et de souplesse, n'accepte de traiter de l'information que si elle se présente sous forme de valeurs numériques (des nombres). Toute information n'ayant pas à l'origine cette qualité devra être transformée — certains diront réduites (ils doivent être contre), certains diront convertie (ils doivent être pour) — en une suite de nombres : on dit qu'il faut numériser ou digitaliser l'information (en anglais, « digit » signifie « chiffre » ; un affichage digital est un affichage numérique).

Qu'est-ce qu'une image, matériellement ? Rien de plus qu'une surface faite de variations continues de gris et/ou de couleurs. Sous cette forme, on dit que l'image est analogique, parce que les variations lumineuses enregistrées par l'image sont analogues à celles qui sont émises par la réalité photographiée.

Quand on fait lire une image par une caméra de télévision, qui doit la transformer en image électronique, l'image obtenue est, elle encore, analogique, comme le montre le schéma suivant. On constate effectivement que le signal varie en fonction de l'intensité lumineuse analysée sur l'image, et que ces variations se font de façon continue. Un signal analogique ne peut être traité par l'ordinateur. Il faut, pour cela, le transformer en un signal numérique.

de ceci

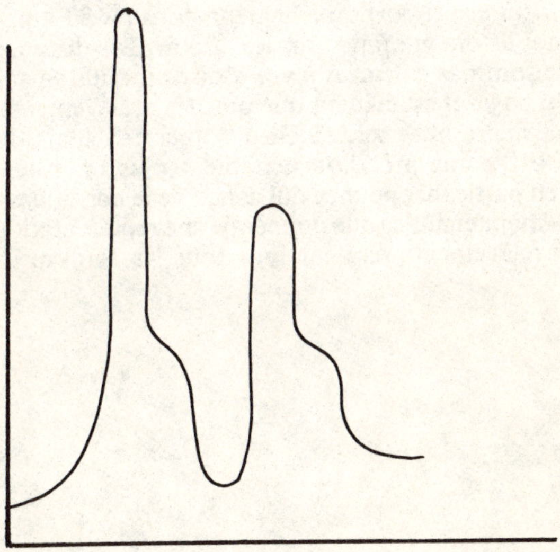

il faut passer à 6 12 82 24 10 52 30 16

La solution à ce problème consiste à ramener les variations sur une échelle non continue, et à transformer le continu en discontinu. Cette opération s'appelle l'échantillonnage, on dit aussi la discrétisation. On décide du nombre de niveaux (des degrés, par exemple) que va comporter l'échelle des variations lumineuses, et du nombre de prélèvements que l'on va faire sur le signal continu.

Pour se faire mieux comprendre, ouvrons une parenthèse cartographique. Voici deux représentations discrétisées d'un même objet initial (une carte de France). L'échelle, dans les deux cas, est de 1/12 000 000.

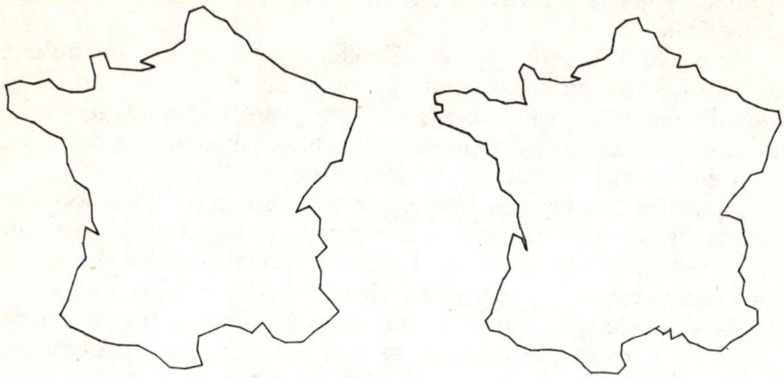

Dans l'image de gauche, les prélèvements ont été faits, approximativement et proportionnellement, tous les 80 km; dans l'image de droite, ils ont été faits tous les 40 km. Les distances de prélèvement ne sont pas calculées à vol d'oiseau, mais en suivant les contours du pays. Il est évident que plus les prélèvements sont rapprochés, plus le résultat sera fidèle à l'objet de départ. Ici, l'image de gauche offre une précision nettement plus marquée que celle de droite, en particulier pour ce qui concerne le nord-ouest de la France.

Voilà maintenant ce que donnerait une représentation de la France où les prélèvements seraient faits tous les 160 km.

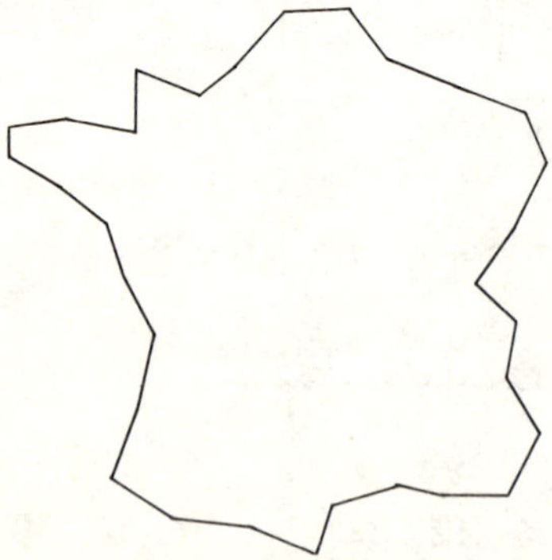

Le problème est analogue pour la numérisation de l'image. Soit l'analyse du signal analogique suivant :

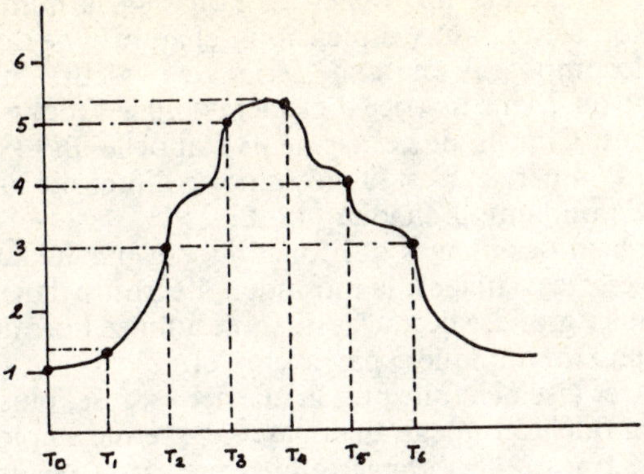

En abscisse, on trouve les prélèvements « T »; en ordonnée, l'échelle des valeurs. Imaginons, en outre, que ces valeurs soient nécessairement entières. Cela donne,

T0 = 1
T1 = 1 (parce qu'elle est plus près de 1 que de 2)
T2 = 3
T3 = 5
T4 = 5 (pour la même raison que T1)
T5 = 4
T6 = 3

Le signal a donc pris les valeurs 1, 1, 3, 5, 5, 4, 3. Il est numérisé. Si l'on cherche, comme pour la carte de France, à représenter graphiquement ces nombres, en les reliant par des traits droits, on obtient :

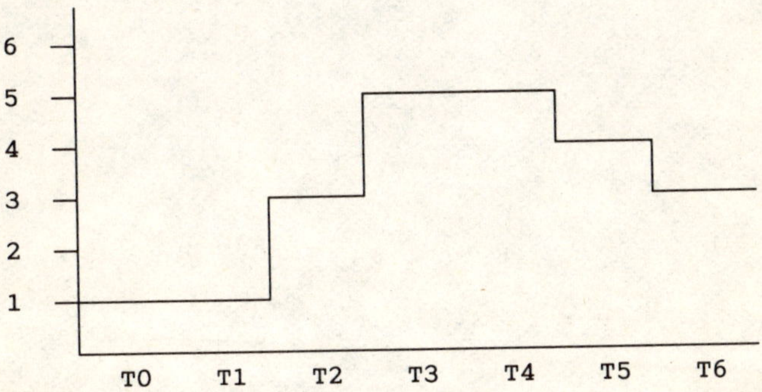

La perte de sensibilité, ou de finesse, qu'occasionne la digitalisation est là encore flagrante.

Revenons à notre image télévisée. Elle était déjà, en quelque sorte, discrétisée sur sa hauteur 625 lignes. Si l'on veut la numériser, il faut la discrétiser selon l'autre dimension : chaque ligne doit, à son tour, être décomposée en une série de valeurs discrètes. Qu'obtiendra-t-on ? Une matrice d'éléments-images (des petits carreaux) ordonnés. Chacun de ces éléments s'appelle un PIXEL. Dès lors, ce qui sera numérisé, c'est la moyenne de l'intensité lumineuse de l'aire correspondante à chaque PIXEL.

On connaît bien des images qui fonctionnent par juxtaposition de petits espaces : les dallages, la mosaïque, l'écriture dans les couloirs du métro, les grands spectacles de foule animée (lors de l'inauguration des jeux olympiques, par exemple).

On conçoit très aisément que plus la matrice est fine, plus l'image numérique sera fidèle à l'image analogique. Le terme employé pour parler de cette finesse de l'image numérique est la résolution de l'image. On distingue la basse résolution (256 × 256), que l'on trouve sur les petits micro-ordinateurs. Il est difficile, dans ce cas, de faire un cercle qui ne ressemble pas aux escaliers de Fontainebleau. Sur des ordinateurs plus gros, on trouve la haute résolution (1024 × 1024), et la très haute résolution dans les systèmes professionnels (6000 × 6000) : les photosatellites, par exemple.

La qualité de l'image numérique dépend donc de sa résolution, mais aussi, du nombre de niveaux retenus pour quantifier la luminosité de chaque PIXEL. S'il n'y a que deux niveaux (0 et 1), on ne pourra exprimer que blanc ou noir, et ramener toutes les nuances moyennes à l'un ou à l'autre. Pour être assez réaliste, on prévoit, en général, 64 niveaux de gris (c'est-à-dire 2 puissance 6).

Une fois que l'image a été numérisée, plus rien ne s'oppose à ce qu'elle soit transmise à un ordinateur. Il peut alors effectuer toutes sortes d'opérations mathématiques sur les données. Il peut, en un mot, traiter l'image.

Ranger, par principes

A chacun sa représentation de l'ordre. Celle des uns n'est que désordre pour les autres. Et, puisque selon Bergson « le désordre n'est qu'un ordre auquel on ne s'attend pas », à quoi bon vouloir disserter sur la prééminence d'un mode de rangement sur un autre ? Cette évidente relativité des pratiques de rangement n'interdit nullement pourtant l'existence, et par conséquent l'étude, de quelques grands modèles.

Parmi ces figures de rangement, citons la plus primitive, peut-être, la plus complexe également : le tas. Tas de sable, tas d'ordures. On reconnaît un tas à l'accumoncellement (mot bizarre, sorte d'accident linguistique entre deux mots distincts : accumuler et amoncellement, pratique enfantine courante). Mais cette accumulation ne reflète rien d'autre que le partage entre une quantité indéterminée d'éléments, d'une propriété commune : c'est du sable, des ordures, du linge à laver, de la monnaie, ou bien encore du courrier. On ne sait rien de précis du contenu d'un tas, et vouloir en extraire un élément particulier — une pièce de cinq centimes dans son porte-monnaie, un boulon dans la boîte à vis — ne peut se faire qu'en fouillant le tas, qu'en le remuant dans tous les sens. Il y a du flou dans un tas, du hasard dans la recherche, et c'est sûrement la raison pour laquelle cette figure pose problème à l'informatique.

Moins fruste que le tas, la liste. Dans sa forme première, la liste n'est qu'un tas linéarisé. Les objets sont rassemblés physiquement, non plus en un agglomérat, mais en une succession, et occupent donc des places affectées d'un rang. Les étagères d'une bibliothèque, les pages d'un cahier, les paniers de diapositives sont des supports qui reçoivent des listes d'objets. Pour autant, la liste ne renseigne pas sur la nature des éléments qui la constituent et l'accès à l'un quelconque de ses éléments ne peut se faire qu'en les parcourant un à un à partir du premier. Le mode d'accès est dit linéaire. Les exemples de listes ne manquent pas : la liste des choses à faire, les inventaires, ... les mots sont des listes de caractères, les phrases sont des listes de mots, les livres des listes de phrases. Il n'existe pas d'autre solution pour savoir si le mot « image » figure dans un roman que de le lire depuis le début.

Pourtant, certaines données portent en elles des critères de rangement : les dates s'inscrivent dans un ordre chronologique, les mots peuvent s'ordonner alphabétiquement. Pour elles, il semble approprié de prévoir une structure de rangement qui reflète cette logique apparemment interne, en réalité liée à des pratiques culturelles. Cette structure, c'est la liste ordonnée. Elle suppose néanmoins qu'ait été préalablement défini un format du support permettant de placer chaque donnée au rang qui lui est destiné dans la liste. L'agenda est un support de liste ordonnée, où chaque jour de l'année se voit affecter une page précise. La liste ordonnée permet à l'utilisateur d'accélérer sa recherche. Sans nécessairement connaître le rang précis de la donnée à laquelle il veut avoir accès, il peut localiser le point de départ de sa recherche : ça se trouve plutôt au début, plutôt au milieu, ou alors en fin de liste. Une fois cette étape franchie, il s'appuie sur des opérateurs simples du genre « avant ou après la zone repérée ». Ainsi, par bonds successifs, resserre-t-il les mailles du filet jusqu'à tomber sur sa prise. C'est comme cela que l'on consulte une liste alphabétique, que l'on part à la recherche d'une citation dans un livre.

Toutefois, pour que ce type de pratique puisse être efficace, il importe qu'il y ait pour ainsi dire correspondance naturelle entre l'ordre de classement des données et la notion de rang, c'est-à-dire que l'on puisse raisonner à l'endroit des données en termes d'ordre croissant ou décroissant. Or, bien des données ne se prêtent pas à cette analogie : un numéro de téléphone n'est pas « plus grand » ou « plus petit » qu'un autre, une notion grammaticale est difficilement « antérieure » ou « postérieure » à une autre.

Par ailleurs, dès lors qu'une liste ordonnée devient trop importante, elle perd de son intérêt au niveau de la recherche. Dans ce cas, comme pour le précédent, mieux vaut alors adopter la logique de la liste indexée. Une liste est dite indexée si sa partition est fonction d'un index préalablement constitué. Le répertoire téléphonique en est un exemple. L'index, constitué de la suite alphabétique des lettres, permet d'isoler immédiatement la zone de la liste regroupant les individus partageant la caractéristique sélectionnée au niveau de l'index. A la lettre C, on ne trouve que des noms commençant par C. Toutefois, au-delà de cette première sélection, on ne peut plus localiser immédiatement un individu sauf à imaginer qu'existe un sous-index, puis un sous-index de sous-index. On aboutit ainsi à une cascade d'index emboîtant des niveaux de sélection qui permettent d'accéder à l'individu recherché. Un tel modèle d'organisation, que l'on appelle structure hiérarchique, et qui se traduit visuellement par une structure d'arbre, est largement utilisé dans la vie courante et, particulièrement, dans le monde informatique. L'annuaire téléphonique départemental s'appuie sur la hiérarchie suivante :

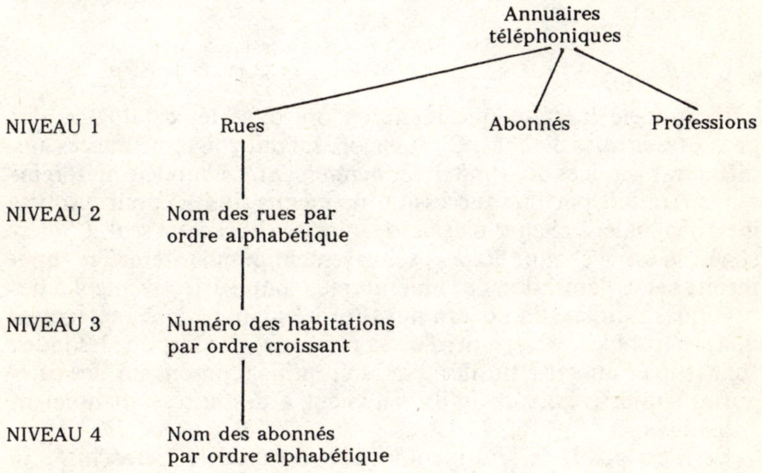

On retrouve cette organisation parfaitement illustrée dans la CDU (la classification décimale universelle).

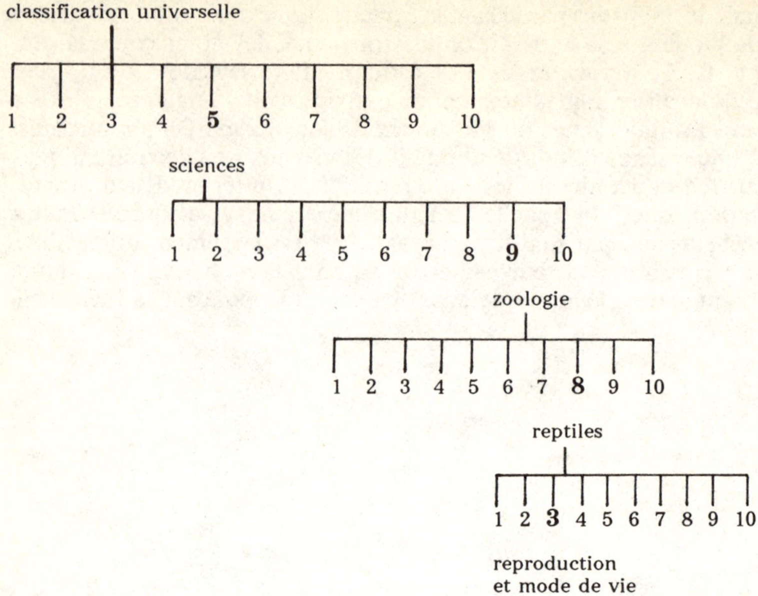

Le modèle hiérarchique règne encore dans les catalogues des grosses centrales d'achat. C'est encore lui qui gouverne l'accès aux différents services du Minitel. Concrètement, un modèle hiérarchique se traduit par une succession de menus (index) pour lesquels il est demandé, à chaque niveau, de faire un choix et un seul. L'interrogation est, à chaque étape, exclusivement monocritère. Très opératoire si l'organisation de la hiérarchie répond effectivement à des pratiques d'indexation courantes (l'ordre alphabétique, catégories quasi-naturelles, etc.), il perd de sa puissance dès lors que les index sont trop étrangers à l'utilisateur, soit qu'ils reposent sur des catégories subjectives, soit qu'ils renvoient à des critères hautement spécialisés.

Ce n'est pas là le seul inconvénient du modèle hiérarchisé. Se tromper lors d'un choix effectué à un niveau quelconque de sélection a pour conséquence, la recherche ne pouvant aboutir, de contraindre à reprendre l'opération depuis le début.

Vous êtes à la recherche d'informations sur la vie sexuelle des phoques. Que choisir dans l'index suivant ?

A - Monotrèmes ou protothériens
B - Thériens, marsupiaux
C - Carnivores fissipèdes
D - Canidés
E - Plantigrades
F - Petits carnivores
G - Félidés
H - Pinnipèdes

Une erreur et vous voilà contraint de tout recommencer ou, du moins, de remonter jusqu'au niveau où l'erreur a été commise pour redescendre le long d'une autre branche, à condition de savoir où se trouve l'erreur.

C'est là l'inconvénient majeur des modèles hiérarchisés : autant il est simple de descendre et de remonter (bien que plus difficile, en informatique) les branches des arbres, autant il est impossible de sauter de branches en branches. Point de Tarzan en ces arbres renversés. Qu'un libraire ait classé hiérarchiquement son fonds de la manière suivante,

GENRE :	ROMAN	historique		
	POÉSIE	aventure		
	ESSAI	policier	Auteurs	Œuvres
	THÉÂTRE	érotique	par ordre	par ordre
	B.D.	...	alphabétique	alphabétique
				des titres
				+ prix
				+ éditeur

il est dans l'incapacité de donner la liste des éditeurs de littérature policière, sauf à répéter son interrogation pour chaque titre. Et s'il souhaite disposer d'une liste générale des éditeurs, il est contraint de parcourir systématiquement l'arbre jusqu'en chacune de ses terminaisons.

Un autre inconvénient tient à l'impossibilité ou à l'extrême difficulté d'insérer, au sein d'un fichier hiérarchisé, un niveau supplémentaire. Une telle opération risque en effet de démanteler complètement la structure initiale et, par conséquent, de contraindre à refaire le fichier. Or, cette absence de dynamique possible condamne ce modèle dès lors que les données que l'on a à traiter sont fluctuantes ou en constante évolution, comme c'est le cas dans les domaines scientifiques en pleine expansion, ou encore dans le champ des technologies nouvelles.

Vouloir contourner ces inconvénients, c'est partir sur l'idée d'un accès direct à l'une quelconque des données quel que soit l'endroit où l'on se trouve dans la base de données. C'est établir des liaisons potentielles entre chacune des données. La figure de rangement correspondant à cette intention est la table. Structure à deux dimensions (lignes et colonnes), la table met les éléments d'une structure hiérarchique sur une même échelle, chaque individu (ligne) est identifié et identifiable par un même ensemble de critères de sélection (colonnes). Corrolairement, chaque critère s'applique à l'ensemble de la population. Une lecture verticale de la table indique, pour chaque critère, les valeurs correspondantes affectées à un critère pour tous les individus. Une lecture horizontale donne, pour un individu, la suite des valeurs correspondant à l'ensemble des critères.

	GENRE	TYPE	AUTEUR	TITRE	EDIT	PRIX
1						
2						
3						
4						
5						
6						
7						

Il est alors possible de retrouver un élément quelconque d'une liste à partir d'un ensemble de critères pertinents. Pour connaître le prix et l'éditeur de tel roman policier, il suffit d'en fournir le titre (s'il est original), ou le titre et l'auteur (s'il y a des risques d'ambiguïté), puis de balayer l'une et l'autre colonnes jusqu'à rencontrer l'égalité entre les valeurs successivement pointées et le titre et l'auteur en question.

Un tel mode d'accès — à plusieurs entrées simultanées et non plus successives — est dit « multicritère ». On en mesure l'intérêt en particulier pour l'utilisateur dont la mémoire est défaillante ou dont la demande est imprécise. Une lacune lui était fatale dans les systèmes hiérarchisés : ici, il peut se raccrocher à d'autres branches. L'avantage incontestable d'un tel modèle tient à la possibilité qu'il offre de fournir plusieurs représentations d'un même ensemble de données. La table, en multipliant les possibilités de mise en ordre (chaque critère permettant de classer l'ensemble des individus selon les valeurs qu'ils prennent pour le critère en question), multiplie les regards. De ces regards peuvent alors naître des interprétations nouvelles puis des significations originales.

C'est enfin la possibilité d'user de langages d'interrogation s'appuyant sur des opérateurs logiques ET, OU, NON, permettant d'effectuer toute une gamme de tris, de sélections dans des ensembles de données de plus en plus importants quantitativement et qualitativement.

N'oublions pas également cette simplification lors de la saisie des données : l'ordre des individus dans la table est l'ordre d'arrivée. Plus besoin d'aller retrouver les zones préalablement affectées.

Mais on vous dira que ce que l'on gagne en souplesse, on le perd en vitesse, car l'accès à une donnée dans une table demande la lecture d'un plus grand nombre de valeurs que dans un modèle hiérarchisé. Peut-être vous dira-t-on également qu'une table occupe beaucoup plus de place. Sur ces deux sujets, on peut toutefois se rassurer : le temps ne se mesure qu'en secondes et la micro-informatique actuelle repousse les limites de la taille des mémoires. On comprend pourquoi, de plus en plus, la table y est de mise : le service y est d'une autre qualité.

L'interactivité, ça va, ça vient

A n'en pas douter, les termes « interactif » et « interactivité » servent, dans le monde des technologies nouvelles de l'information, d'accroche publicitaire. Lors d'une émission de télévision présentant le musée de la Villette, le maître-mot chargé de vanter la modernité et l'originalité du projet n'était autre que celui d'interactivité. Est-ce à dire que l'on a affaire à une mode terminologique relevant de l'argumentaire commercial, ou doit-on, au contraire, accorder crédit et attention à ce terme qui recouvrirait un concept de poids, même s'il reste encore flou ? Tâche malaisée que de se faire une juste opinion, qui se complique pour celui que la langue intéresse du fait du grand cousinage lexical qui existe entre les termes interactivité et interaction.

Devrait-on, sous prétexte d'un certain exhibitionnisme, refuser à ce terme le droit d'être porteur de sens ? Il est des modes d'un moment qui traduisent néanmoins des tendances profondes. On connaît des mots qui, bien que mis à toutes les sauces, renvoient, confusément peut-être mais intuitivement, à des notions préexistantes durables : leur contour mal défini ne reflète vraisemblablement que la complexité du contenu qu'ils véhiculent. Toutefois ce préjugé de bienveillance ne règle nullement la difficulté d'approche de cette notion. Sur quelles pistes se lancer pour explorer ce terrain plus tout à fait vierge, mais encore mouvant ?

Malgré l'instabilité du terrain (il est géologiquement en formation) il peut être utile de s'interroger sur la portée, pour l'apprentissage en général, et en particulier pour celui des langues, d'une notion qui est présentée comme devant être la qualité première d'une informatique dépassant, enfin, les frontières du pur calcul numérique, pour franchir le seuil d'une intelligence, certes artificielle, mais capable d'entamer avec son utilisateur un véritable « dialogue ».

Avant d'aborder le cœur du sujet, peut-être n'est-il pas inutile de rappeler en quelques mots ce que recouvre, dans le domaine des technologies nouvelles, le terme d'interactivité ? Pour cela, deux parcours peuvent être empruntés.

Le premier, plus pragmatique, invite à se tourner vers les applications actuellement qualifiées d'interactives. On est alors amené à se pencher sur la CAO (Conception Assistée par Ordinateur) et autres systèmes d'assistance professionnelle. C'est également du côté des simulations (de vol ou d'autres techniques) qu'il faut porter le regard. Une petite promenade dans les galeries de jeux vidéo est vivement recommandée. Ne pas oublier de s'arrêter devant les bornes interactives de consultation dans les lieux publics (expositions, foires, etc.). Faire un aller-retour au musée de Chantilly pour y goûter la crème du vidéodisque (« Les très riches heures du Duc de Berry »). Traîner enfin ses guêtres à la Villette.

Contrairement à ce que pourrait laisser croire cette énumération, bien incomplète, de lieux interactifs, l'interactivité ne se rencontre pas à tous les coins de rue. Elle semble plutôt se cantonner en des endroits bien spécifiques, pour certains souvent inaccessibles, en tout cas généralement protégés. N'entre pas qui veut à la SNIAS. Ne s'amuse pas avec CATIA le premier venu. C'est que ces applications, à cause de leur coût très élevé, sont les chasses gardées de secteurs industriels puissants (la DGT, l'aéronautique, la SEP, etc.) pour lesquels l'interactivité représente des enjeux économiques notoires. On comprend dès lors que l'accès direct à ces applications soit réservé et que, seul, soit autorisé un contact médiatisé. Les documents vidéo sur l'interactivité offrent l'avantage, certes, de grossir les marques d'interactivité d'un système, mais (envers de la médaille) ils virent trop souvent au discours promotionnel.

On est donc contraint de se rabattre sur des applications plus modestes, plus « grand public » : jeux vidéo, Minitel, lecteurs de vidéodisques, etc. C'est alors au tour des spécialistes de mettre en garde le néophyte contre cette interactivité qualifiée de préhistorique. Ce que donnent à voir ces applications « vulgaires » ne saurait passer pour une préfiguration de l'interactivité de demain. Sans nécessairement prendre au pied de la lettre cette mise en garde qui tient parfois de la fuite en avant, souvent de l'incapacité à maîtriser la notion même, on doit admettre que la valeur démonstrative de ces applications n'est généralement pas criante.

Sans doute permettent-elles d'emblée d'inférer que, dans la mesure où elles mettent en présence un utilisateur humain et un système informatique, l'interactivité a quelque chose à voir avec la relation homme-machine. Mais, dans cette relation, quels sont les éléments porteurs d'interactivité ? Est-ce la machine qui en est la source ? Réside-t-elle dans la possibilité de couplage de plusieurs appareils ouvrant ainsi sur une combinatoire technologique inédite ? L'interactivité, comme le suggèrent certaines applications (banques de données d'images, en particulier) se masque-t-elle derrière la facilité extrême à se mouvoir dans des masses impressionnantes d'informations ? Se confond-elle avec le degré de réalisme d'une simulation qui autorise l'exacte reproduction des comportements humains ? Faut-il la débusquer derrière le chantier permanent qui fait que tout est toujours à faire et se faisant ?

Ne focalisant plus sur le système mais plutôt sur l'utilisateur, faut-il voir l'interactivité dans le fait que ce dernier est de plus en plus sollicité ? Dans la possibilité qui lui est offerte de faire ce que bon lui semble, quand bon lui semble et comme il l'entend ? La jouissance d'être enfin démiurge.

Doit-on, en fin de compte, traquer l'interactivité au niveau même des échanges entre l'utilisateur et la machine ? Elle serait, dans ce cas, à rechercher dans la qualité de ces échanges, dans la complexité qu'ils peuvent atteindre, ou encore dans le naturel et le rythme qui peuvent les caractériser. Passent-ils par des langages hermétiques ou autorisent-ils la souplesse et la spontanéité du dialogue humain ?

Chaque application, malheureusement, semble devoir choisir, de façon exclusive, l'une ou l'autre marque de l'interactivité. Et d'une tournée des applications interactives on ressort souvent avec une sorte de tournis, soit sous l'emprise de l'innovation la plus spectaculaire, soit dans l'impossibilité de synthétiser le plus grand dénominateur commun de toutes les applications observées.

Aussi, quoiqu'il en soit de l'exemplarité de l'observation, appelle-t-elle, à un moment ou à un autre, une approche plus conceptuelle de l'interactivité. Selon quelle démarche mener à bien cette approche ? La plus évidente, la plus simpliste, sans doute, la plus sécurisante *a priori* est de partir à la recherche d'une définition. Les glossaires ne manquent pas et l'instabilité du terme exige de quiconque se propose d'en traiter, qu'il en fournisse sinon une définition urbi et orbi, du moins l'exposé du sens qu'il attache à cette notion.

La liste qui suit est représentative d'un certain nombre d'ouvrages (en français), disponibles pour qui cabote dans les eaux des nouvelles technologies de l'information. Elle dénude, bien sûr, certaines définitions que les auteurs prennent soin de développer et d'expliciter longuement dans le corps de leur ouvrage ou de leur article.

Dans le « Guide des technologies de l'information », on peut lire : « désigne les possibilités offertes par une machine pour que l'homme ou d'autres machines réagissent avec elle ». Voilà qui semble clairement énoncé : l'interactivité est attachée à la machine ; elle en émane. Toutefois, rien n'est dit de la nature de la machine elle-même. L'interactivité peut-elle être l'attribut de n'importe quel système ? Une voiture est-elle interactive ? Un piano l'est-il ?

A ce premier champ de questionnement s'ajoute l'ambiguïté du terme « réagir avec ». On réagit généralement à, contre ou sur. En revanche, on agit avec. Dans ce cas, l'interactivité serait liée à toutes les possibilités qui rendent une machine utilisable par un individu quelconque : les pédales et le volant d'une automobile; les boutons de réglage d'une chaîne haute fidélité. S'il s'agit véritablement de réaction, on doit alors supposer que la machine est dotée d'une certaine autonomie de fonctionnement. L'interactivité consiste à contrôler ce fonctionnement, voire à le modifier. Ces possibilités d'intervention sont-elles d'ordre physique (manettes, leviers, vannes), ou d'ordre logique (opérations, programmes) ? Rien n'est très explicite à ce niveau. Retenons néanmoins de cette définition que l'interactivité est liée à la machine et à sa capacité à prendre en compte des sollicitations ou à être affectée par des actions qui lui sont extérieures.

Autre est la définition tirée du numéro spécial des dossiers du Monde, « La révolution des médias » : « relation à "double sens" entre deux usagers d'un moyen de communication ou entre un utilisateur et une source de programmes ». La référence à une quelconque machine a disparu au profit de la notion de « moyen de communication » et de « source de programmes ». De la technologie on bascule dans le médiatique et, avec lui, au cœur des difficultés. Faut-il, dans ces moyens, inclure la parole, l'écriture ? Recouvrent-ils des services : le téléphone, les PTT, les satellites ou les réseaux câblés ? Cette définition introduit, par ailleurs, une distinction entre usager et utilisateur. Cherche-t-elle ainsi à souligner deux formes d'interactivité ? L'une, exclusivement entre partenaires humains. L'autre, mettant en relation un humain et un service ou une machine, selon que l'on interprète « source de programmes » comme un contenu structuré (programme de télévision, de radio), ou comme une suite d'opérations à effectuer (programme informatique). Reste, enfin, à élucider le « à double sens ». Faut-il s'en tenir à la seule possibilité d'un retour de la part de l'un des partenaires par rapport à un aller, ce qui, notons-le, n'exclut nullement la circularité possible des échanges ? S'agit-il, au contraire, d'une véritable dynamique où les rôles ne sont pas prédéterminés ? Autrement dit, a-t-on affaire à un dialogue militaire (fondamentalement unilatéral), ou à un dialogue amical où les voix auraient le même statut ?

Voyons maintenant une autre définition. Elle est proposée par M. F. Rotenberg (IDATE, 1985) : « Pour nous, l'interactivité désigne la relation subjective qui s'établit entre la personne et le produit qui lui est présenté au travers d'un processus conversationnel connoté de la spécificité du langage audiovisuel ». Ici encore, il est question de relation, mais essentiellement avec un produit présenté au travers d'un processus conversationnel. Est-ce l'accès à ce produit qui est affecté par ce processus, comme l'illustre l'utilisation d'un Minitel ? Pour obtenir un renseignement, il faut préalablement se plier à une succession de choix dont dépend le succès ou l'échec de la relation. Est-ce le produit lui-même qui est concerné, comme le laisse entendre « connoté de la spécificité du langage audiovisuel » ? Dans ce cas, il faut alors imaginer que c'est l'architecture même du produit qui autorise ce processus. L'interactivité se logerait donc au niveau d'une écriture.

Citons enfin la définition que donne le Journal Officiel. « INTERACTIF (adj.) qualifie les matériels, les programmes ou les conditions d'exploitation qui permettent des actions réciproques en mode dialogué avec des utilisateurs ou en temps réel avec des appareils ». L'originalité de cette définition, au regard de celles qui la précèdent, tient à l'introduction de l'expression « conditions d'exploitation ». Au vu du contexte, il semble qu'on puisse y lire l'idée d'environnement, mieux, d'infrastructure propice à l'éclosion de l'interactivité. Seraient donc évoquées les télécommunications et les différentes solutions permettant d'établir des liaisons et d'acheminer des informations en divers points d'un territoire. Or de ces voies de communication, on sait que certaines sont à sens unique, alors que d'autres autorisent des voies de retour. Outre la machine et les programmes, l'interactivité dépendrait par conséquent autant des tuyaux ou des câbles.

Au-delà des variantes propres à chaque définition — elles peuvent être importantes — le dénominateur commun qualifiant l'interactivité semble être cette possibilité pour l'utilisateur de faire faire à la machine une gamme d'opérations aussi étendue que possible et en retour la capacité de cette dernière à renvoyer à l'utilisateur les effets de l'opération qu'il a menée, amorçant ainsi des séquences, des enchaînements d'actions plutôt que ce qu'on appelle, peut-être un peu abusivement, un dialogue.

Notons cependant que, compte tenu de ce noyau sémantique, il convient de parler non pas d'interactivité, mais plus justement de niveaux ou de degrés d'interactivité, puisqu'il apparaît, au travers des applications et des discours, que les paramètres dont elle peut dépendre sont au moins de trois ordres : les OUTILS (écran interactif, terminal interactif), les SYSTÈMES (réseaux, systèmes d'exploitation interactifs), les LOGIQUES ou les MODÈLES (arborescences, matrices, scénarios interactifs, environnements ergonomiques). Chacun de ces ordres offre une gamme de variables dont dépendra la plus ou moins grande interactivité de l'application.

Reste, enfin, un double facteur déterminant en matière d'interactivité : d'une part, la nature des données traitées, d'autre part, l'objectif à atteindre. En effet, s'agissant, par exemple, du graphisme et du son, il est relativement aisé d'imaginer les paramètres sur lesquels l'utilisateur pourrait intervenir, ainsi que les solutions informatiques correspondantes : agir sur l'épaisseur du trait, sur la couleur d'une plage, sur la hauteur ou le timbre d'un son, ne pose guère de problème à l'informaticien. En revanche, la texture d'une matière reste aujourd'hui encore le cauchemar des mathématiciens. S'il est facile de concevoir, comme l'illustrent les différents traitements de texte que l'on trouve sur le marché, une panoplie d'outils pour la saisie et la mise en page d'un texte, force est de constater que l'on reste bien démuni quand l'unité de base à traiter est la phrase.

Toutes les données ne sont pas égales devant l'interactivité. Pas plus que les types d'applications. Une bureautique de la production peut se permettre une interactivité qui frôle parfois la gadgétisation. Ce ne serait plus le cas si l'on se tournait vers une bureautique de la réception centrée sur les problèmes de compréhension du texte. La complexité des questions à résoudre, la difficulté à tenir du formalisable, rendent pour ainsi dire impossible la mise en œuvre d'une interactivité un tant soit peu affinée, qui offre autre chose que la seule possibilité de compter des formes. On conçoit bien les actions à autoriser pour permettre l'observation de l'image d'un objet. Quelles actions imaginer pour laisser observer un texte ? On connaît les langages auteurs, ces outils qui offrent différentes fonctionnalités à l'enseignant pour qu'il construise son cours. On n'a, jusqu'à présent et à notre connaissance, jamais développé de langages élèves leur permettant de mieux gérer leur apprentissage (à moins d'appeler certains programmes de pseudo-notation des « systèmes experts » en formation).

L'erreur serait de croire que l'interactivité viendrait nécessairement avec l'informatisation. Rien n'est plus difficile que de concevoir des formes d'interactivité pertinentes qui ne soient pas de la poudre aux yeux. Corollairement, on peut ajouter : rien n'est moins simple que d'évaluer la qualité interactive d'un produit ou d'un service informatique.

Afin de vérifier que nous nous sommes bien compris, ayez la bonté et la curiosité de mettre le bout de l'un de vos index à l'intérieur du carré énigmatique.

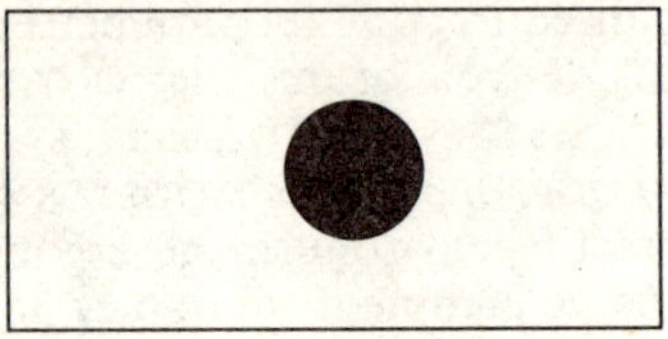

En fonction de ce qui vient de se passer et, normalement, de ce qui vient de passer par ce contact, vous est-il possible de répondre à la question suivante : le carré énigmatique est-il interactif ?

L'enseignement programmé, un bien triste phénix

Il y a vingt-cinq ans, des gens ont prétendu que l'ordinateur pouvait être un merveilleux outil pédagogique. Qui étaient-ils ? ils appartenaient à un certain courant psycho-pédagogique qui avait vu le jour au début des années cinquante et qui commençait à connaître ses heures de gloire : l'enseignement programmé. Enfin, on allait pouvoir apprendre à des élèves un certain nombre de connaissances, de façon automatique et progressive, et avec une surveillance de bon aloi. Jusqu'à cette époque, on n'avait pas trouvé mieux que le livre brouillé. Un livre qu'on ne devait pas lire pagilinéairement (page après page). On l'avait volontairement désorganisé pour que le maudit élève ne soit pas tenté de voler la suite des événements.

Dans un cours de sciences naturelles par exemple, à la page igrec, on lui apprenait que la fécondation se produisait quand le pollen, qui vient des organes mâles de la fleur, parvenait aux organes femelles (il faut donc que le pollen soit transporté depuis les étamines jusque sur le pistil). Puis, afin de s'assurer que l'affreux était concerné, on lui posait une question du genre : quand y a-t-il fécondation ? On lui proposait plusieurs réponses. Quelque chose comme,

(a) quand les étamines rencontrent le pistil,
(b) quand le pollen est transporté des étamines jusque sur le pistil,
(c) quand les éléments mâles rencontrent les éléments femelles.

S'il choisissait la réponse (a), on l'envoyait à la page hics, (b) à la page zède, et (c) de nouveau à la page hics. On s'est donc mis à imaginer que la machine afficherait des formules sentencieuses, poserait les questions, analyserait les réponses des élèves et se brancherait automatiquement sur la suite *ad hoc* du programme.

Dans un domaine plus proche du nôtre, on rêvait (mais rêvait-on vraiment ?) d'un enseignant se posant des problèmes de la manière suivante : « mes élèves ignorent tout du système phonologique du français. Je me propose de le leur faire acquérir progressivement. Je commencerai par leur faire distinguer "son", "bruit", "note", "phonème", "lettre", etc. Puis je leur ferai apprendre les sons vocaliques. Ensuite, j'aborderai les sons consonnantiques. » Il fallait être capable de décomposer le savoir en autant de sous-unités. Mais il fallait aussi prévoir, à chaque étape, les stimuli, les relances, les tests, toutes ces petites choses qui permettent de vérifier que l'élève est toujours derrière soi. Il fallait donc prévoir les étapes intermédiaires, les étapes de soutien efficaces au regard des erreurs que ne manqueraient pas de faire les élèves. Cette démarche était proposée par des gens comme Norman Crowder. Il était psychologue militaire, à l'US Air Force. Il a tout particulièrement étudié les problèmes pédagogiques que posait l'entraînement des techniciens au dépannage d'équipements électroniques. Autrement dit, il a dû faire face à ce que l'on pourrait appeler « l'aide au diagnostic ».

De tels principes supposaient tellement de déterminisme et de prédictibilité que dès que l'ordinateur a été disponible, on y a vu l'instrument idéal pour gérer de tels parcours.

La dimension programmatique

Dans les années soixante, on ne disposait que de langages de programmation compliqués : les FORTRAN, COBOL (pas du tout adaptés à ce genre de question), ou BASIC. Ce dernier, on le disait « universel », parce qu'il n'était adapté à rien de particulier. D'autres langages ont suivi.

Cela s'illustre. Imaginez que je veuille afficher le texte T1 (préalablement introduit dans la machine), à un certain endroit de l'écran, puis poser une question et, enfin, saisir la réponse de l'élève. Si je choisis d'écrire ce programme en BASIC, cela donnera le listing Prog. 1; si je choisis de l'écrire en LSE, cela donnera Prog. 2.

T1

Y avait un fond de petits marles, et puis des bourres pas pressés... des harengs saurs de tous les âges... et qui gagnaient pas ***** aux renseignements de la P.P.

L. F. Céline, Mort à crédit

Prog. 1

```
10      DIM T$ (350); R$ (15); Q$ (50)
15      Q$ = « Quel mot proposez-vous à la place de XXXXX ? »
20      OPEN # O; « TEX »/READ # O
30      PRINT CHR$ (26)
40      X = 3 / GOSUB 1000
50      PRINT T$
60      X = 9 / GOSUB 1000
70      PRINT TAB (25); Q$
80      INPUT R$
..      etc.
1000    FOR L = 1 TO X / PRINT / NEXT L
1010    RETURN
```

Prog. 2

```
1       CHAINE QUEST, REP
10      QUEST « Quel mot proposez-vous à la place de XXXXX ? »
20      CHARGER PHRAS, 1, '#TEX'
30      AFFICHER [.128.]
40      X < -3; &LIG (X)
50      AFFICHER PHRAS
60      X < -9; &LIG (X)
70      AFFICHER [25X, U] QUEST
80      LIRE REP
```

```
..    etc.
1000  PROCEDURE &LIG (X)
1010  FAIRE 1010 POUR L < – 1 JUSQU'A X; AFFICHER [/]
1020  RETOUR
```

Est-ce bien un travail d'enseignant que d'apprendre des choses aussi épouvantables ? Quel gouffre ! On nous dit qu'avec de tels langages, l'auteur du programme peut *a priori* tout faire, mais il est rarement assez compétent pour faire face à cet infini (démarche algorithmique, programmation, maîtrise d'un langage plus ou moins ésotérique, etc.).

L'informatique pédagogique aurait pu, à cette époque, entrer dans une impasse. Qui s'en serait ému ? à part quelques mécaniciens de la pédagogie et quelques avides marchands.

La résurrection de l'enseignement programmé

Il fallait donc donner un second souffle à l'EAO, permettre à des enseignants qui ne se sentaient pas l'âme programmeuse ou qui n'avaient pas reçu la formation *ad hoc* de participer à l'œuvre en cours en apportant leur modeste contribution. C'est afin de faciliter l'accès à l'ordinateur, pour un plus grand nombre de professeurs, qu'on a cherché à disposer de langages spécifiques, adaptés aux besoins de l'auteur pédagogique. L'idée a fait son chemin et IBM a mis au point le langage COURSE WRITER. Control Data suivra rapidement avec le langage TUTOR. Depuis, on ne les compte plus : PILOT, IMG, CAN 8, SELF, ENSPI, PIGE, ARLEQUIN, JANUS, EURIDIS, LOVE, OPE.

Dans les préoccupations de notre auteur, on a bien sûr retrouvé les démons de l'enseignement programmé, de la pédagogie du conditionnement. On les a disséqués, réduits en opérations élémentaires. On s'est ainsi aperçu qu'un cours de ce type était, en fait, une succession d'étapes; que chacune se schématisait de la manière suivante : envoi d'un message du maître; envoi d'un stimulus vers l'apprenant; analyse de cette intervention; et branchement.

Les langages auteurs (ainsi nommés) ont pris en charge cette logique imperturbable. On a même rencontré certaines applications, appelées « systèmes » auteurs, qui arrivaient à pré-digérer totalement ou presque la programmation d'un cours. De façon à peine caricaturale, un système auteur se comporte de la manière suivante (les questions sont posées par le programme, les réponses sont données par le professeur auteur) :

Q - Quel nom donnez-vous au cours ?
R - PROTO
Q - Combien comporte-t-il d'étapes ?
R - 48
Q - Quel est le nom de la première étape ?
R - INTRO

Q - Voulez-vous afficher un message ?
R - Oui
Q - Tapez-le :
R - Le parlement est la réunion des deux assemblées sénatoriale et législative.
Q - Avez-vous une question à poser ?
R - Oui
Q - Posez-la :
R - Est-ce qu'un député siège au Parlement ?
Parfois
Toujours
Jamais
Q - Combien de types de réponses envisagez-vous ?
R - 3
Q - Quelles sont les réponses du 1er type ?
R - Parfois
Q - Quelles sont les réponses du 2e type ?
R - Toujours
Q - Quelles sont les réponses du 3e type ?
R - Jamais
Q - Si la réponse est du type 1, à quel module dois-je aller ?
R - SUITE 1
Q - Si la réponse est du type 2, à quel module dois-je aller ?
R - SOUTIEN 1
.. etc.

Ces systèmes constituent donc ce qui se fait à la fois de plus aisé à manipuler et de plus obtus. Point de salut hors de cette chaîne pédagogique (et l'image est à prendre au maillon de la lettre). Les langages auteurs ont meilleure réputation. Ils laissent plus de liberté à l'auteur, dit-on. Les contraintes pédagogiques sont pourtant du même ordre : message, question, branchement.

Si on est pris par la passion de la programmation, on trouve dans ces langages, une occasion de programmer à moindres frais, tout en faisant, dit-on, œuvre pédagogique utile. Pour ce qui est de la programmation, il est à peu près incontestable qu'elle est plus aisée.

Voici la version arlequine (ARLEQUIN est l'un de ces langages qui a connu un certain succès dans l'éducation nationale française) du programme proposé plus haut (en BASIC et en LSE) :

Arlequin

```
INSTRUCTION DE DÉBUT DE MODULE
I1 : AFFICHER TEXTE R,3,O,S
I2 : AFFICHER
     « Quel mot proposez-vous à la place de XXXXX ? », 19,1,R
```

FIN DE MODULE
BRANCHEMENT : FINIR

Cela dit, dès que l'on veut faire dans la finesse pédagogique (en particulier, si l'on veut obtenir une analyse de réponse « souple »), on se heurte soit à l'impossible (la plupart de ces langages ne le permettent pas), soit à la résurgence d'une programmation très codée.

Mais il y a plus grave. A pratiquer informatiquement de la sorte, on met le doigt dans un engrenage pédagogique dont on ne doit pas ignorer les fins. Afin de s'en convaincre, considérons les conditions d'émergence des thèses qui ont fondé ces démarches. En effet, il ne s'agit pas d'une arrivée inopinée ou détachée d'un contexte de conception de l'éducation. Voici un argumentaire tiré de *L'enseignement Assisté par Ordinateur*, de Guy Barbey (1971). Dans cet ouvrage, Barbey remonte, bien sûr, aux sources. Il explique l'apparition de la notion de technologie d'enseignement, qui deviendra ensuite conception technologique de l'enseignement, et enseignement programmé.

Ce qui se présente comme un constat évident : « Toutes les théories de l'éducation élaborées dans le passé (de Socrate et Platon à Rousseau) se sont, pour l'essentiel, fondées sur une conception « morale » de la pédagogie en se souciant fort peu de son efficacité de masse. Des théories plus récentes (Freinet, Decroly, Montessori...) ou bien n'ont envisagé qu'un aspect du problème (par exemple l'activité de l'enfant), ou bien n'ont concerné qu'une minorité d'éducateurs. Il s'ensuit que la pédagogie a, jusqu'à présent, été considérée comme le domaine privilégié de l'intuition, de la "trouvaille", de la vocation. »

Comme du bon sens en matière économique : « Le haut niveau de technicité atteint par les civilisations avancées réclame un nombre toujours croissant de chercheurs fondamentaux et appliqués, d'ingénieurs, de techniciens supérieurs et qualifiés... et "d'honnêtes hommes", alors que, malgré de fracassantes déclarations sur sa démocratisation, l'enseignement reste pour l'essentiel un enseignement d'élite. »

Comme du bon gros sens, tout court : « Le maître ne peut plus se contenter de transmettre du savoir car le champ du savoir est devenu tellement vaste qu'il ne peut plus être détenu par un maître. »

Alors commencent à poindre les conclusions : « Le savoir, quantités d'appareils directement branchés sur le monde, sont mieux à même que le professeur de "l'émettre" : documents imprimés ou enregistrés, films, émissions de radio ou de télévision, machines à enseigner et ordinateurs, ces derniers étant capables de stocker en mémoire des quantités prodigieuses d'informations de les traiter en un temps record, de les restituer "à la carte", selon le rythme de chacun. Que restera-t-il alors au professeur ? [...] Il peut devenir l'ingénieur en pédagogie qui contrôlera, d'un bout à l'autre, une chaîne dont tous les rouages seront mécaniques (électroniques) mais dont les finalités seront humaines. »

Teintées de curieuses nuances : « On peut tout d'abord admettre que cette optimalisation de l'enseignement n'a été conçue que très tard, pour des raisons religieuses, économiques ou militaires, lorsqu'il a fallu obtenir qu'un grand nombre d'individus participent d'un même savoir doctrinal ou technique. »

De telles déclarations montrent assez bien les bases idéologiques et politiques de l'enseignement programmé. Ses slogans sont : efficacité, réalisme, rentabilité, endoctrinement, conditionnement, etc. Les langages auteurs perpétuent cet idéal avec zèle.

Logo, des espoirs ?

> « *Logo est l'un des rares exemples pédagogiques où l'ordinateur est autre chose qu'un adjuvant de type « répétiteur » ou « censeur », il démonte les mécanismes de l'enseignement assisté par ordinateur. Il en offre une image inversée. Avec le système logo, il s'agit fondamentalement de mettre l'informatique à la disposition de l'utilisateur et, plus particulièrement, de l'enfant. Il ne cherche pas à améliorer l'enseignement tel qu'il existe, à automatiser certaines de ses tâches répétitives, à soulager l'enseignant de telle ou telle activité jugée fastidieuse, mais à utiliser la machine pour transformer l'éducation.* »

Ces propos, nous les tenions il y a quelques années. L'ambition nous semblait grande et louable. On se demande seulement si l'objectif a été ou peut encore être atteint.

L'initiateur de Logo, le chercheur américain Seymour Papert, se réclame des théories de Jean Piaget. Pour l'anecdote, notons que ce mathématicien-informaticien (qui a compté parmi les pionniers de l'intelligence artificielle aux Etats-Unis) a passé plusieurs années en Suisse avec le psychologue.

L'hypothèse de base de Logo est la suivante : les enfants peuvent acquérir, par leur propre expérience, des concepts fondamentaux. L'être humain naît « apprenant ». D'une certaine façon, sa vie n'est qu'apprentissage. Par bonheur, il n'est pas réduit à attendre l'âge de l'instruction officielle (de l'école) pour apprendre à vivre. On parle, alors, d'apprentissage sans instruction (c'est une expression piagétienne). Ces apprentissages en franc-tireur sont, en outre, de première importance : « Les enfants, par exemple, apprennent à parler, ils apprennent la géométrie intuitive nécessaire à leurs déplacements dans l'espace, ils apprennent assez de logique et de rhétorique pour embobiner leurs parents — et tout cela sans que quiconque le leur ait enseigné » (Papert, 1971, p. 17-18).

Un deuxième grand principe anime le système Logo. Ce pouvoir d'acquisition et d'appropriation de l'environnement est d'autant plus marqué que l'environnement est riche. Cela sonne comme une évidence, voire une banalité. On apprécierait que les pédagogues, dans leur majorité, partent de cette banalité pour construire leur enseignement. Combien de fois a-t-on constaté que dans une nouvelle situation, on mettait un certain temps à trouver les « règles » qui la régissaient. Quand on a, enfin, compris, au point de nager comme une tortue dans l'eau, il est souhaitable que la situation évolue, se transforme, s'enrichisse de données nouvelles. C'est la condition d'une progression. Disons, d'un progrès.

En troisième lieu, Papert propose que le moteur de l'apprentissage soit le désir d'être traité en adulte, d'imiter l'adulte. Cet objectif n'est pas démagogique. Il ne s'agit pas que l'enfant joue à la grande personne. Cette imitation doit s'exercer dans une activité authentique : « Ecrire un programme pour obtenir de la musique ou un graphique sur un écran d'ordinateur, ou encore piloter un vaisseau spatial simulé, voilà qui a beaucoup en commun avec de vraies activités d'adultes, et même de ce genre d'adulte qu'un enfant ambitieux peut prendre pour héros et pour modèles » (*ibid.*, p. 224). Autrement dit, la réussite de l'apprentissage dépend de facteurs variés : la richesse de l'environnement, la possibilité de se référer à un modèle, à quelque chose à imiter; ce quelque chose devant faire partie du paysage naturel de l'enfant, mais, en même temps, de l'univers des adultes. Il convient donc que ce modèle soit « objet de désir » (univers de l'adulte) et « objet de plaisir » (univers de l'enfant).

Enfin, et c'est là l'objectif central de ce processus, le modèle doit autoriser une sorte de conceptualisation permanente, de théorisation. Vivre, c'est comprendre, et comprendre, c'est bâtir des systèmes formels. Ce sont ces modèles à trouver que Seymour Papert a appelés les objets-pour-penser-avec. Il fallait donc trouver ou imaginer des objets-pour-penser-avec. En tant qu'informaticien, Papert sait que l'ordinateur peut être une bonne « structure d'accueil » pour de tels objets. Ceux qui programment ont constaté qu'un ordinateur offre, d'une certaine manière, une image fidèle du raisonnement du programmeur. Programmer est une activité complexe. On décide de faire traiter un certain problème par la machine. On analyse à grands traits, d'abord, puis à petits traits le problème en question. Vient un moment où le problème est découpé en une succession d'étapes élémentaires, d'instructions irréductibles. L'algorithme est au point. C'est le temps de l'encodage, de sa traduction dans un langage de programmation. Instant émouvant, s'il en est ! Le programmeur vient d'entrer son programme en machine et il s'apprête à en lancer l'exécution. Le sort en est jeté ! De deux choses l'une, ou bien cela se passe sans anicroche, ou bien, pour une raison qu'il faut déterminer, cela ne se passe pas comme on l'avait prévu. On en arrive à quelques règles d'or du narcissisme informatique :

Règle 1 :

Si, lors de l'exécution d'un programme grand P, le problème petit p est effectivement traité, l'auteur de grand P a toutes les raisons d'être satisfait. Son problème petit p était remarquablement traité.

Règle 2 :

Si, à l'issue de l'exécution, on constate que le problème petit p a été mal traité, l'auteur, 99 fois sur 100, ne peut s'en prendre qu'à lui-même; il doit revoir son analyse.

Règle 3 :
Si, pendant l'exécution de grand P, la machine manifeste des signes de faiblesse, voire de découragement (pouvant aller jusqu'à l'abandon), alors, de deux choses l'une : ou il s'agit d'une erreur de type « linguistique » (l'auteur s'est finalement mal exprimé dans le langage de programmation, il a commis une erreur de syntaxe), et, dans ce cas, il est en droit de maudire ce satané langage ésotérique et énervant ; ou il s'agit d'une erreur logique et l'auteur est renvoyé à la conclusion de la règle 2.

Si l'on excepte les dysfonctionnements qui peuvent être dus au langage de programmation, l'ordinateur donne bien une image du raisonnement que le programmeur avait introduit dans son analyse et que le programme reflète. En ce sens, l'ordinateur est assurément le seul moyen non humain de tester la validité d'un raisonnement, d'un modèle. Il fallait donc passer l'obstacle de la complexité intrinsèque du langage utilisé. Logo est avant tout un langage de programmation, un moyen de transférer à une machine un modèle élaboré par l'utilisateur. Seymour Papert estimait qu'il fallait inventer un langage informatique simple, utilisable par un très jeune enfant, que ce langage devait être disponible dès les premiers contacts avec l'ordinateur.

La « structure d'accueil » est désormais précisée : l'ordinateur et un langage adapté. La machine est perçue pour ce qu'elle est : une machine à programmer. L'enfant sera donc PROGRAMMEUR.

Il convenait d'y installer des objets-pour-penser-avec. Le premier, et le plus connu, a été la tortue. Tantôt robot se déplaçant sur le sol, tantôt petit dessin se mouvant sur l'écran, c'est avec cet automate que se sont développées les premières expériences Logo : en géométrie, d'abord. Il s'agit de piloter la tortue dans le but de lui faire accomplir certaines tâches (décrire un parcours, dessiner) : « La tortue n'a d'autre fonction que d'être bonne à programmer et utile comme objet-pour-penser-avec » (*ibid.*, p. 23).

Logo est un langage impératif ou prédicatif, comme l'on voudra. Et c'est bien normal, puisqu'il ne sert qu'à faire exécuter des ordres. Cette remarque vaut pour tous les langages de programmation de la terre. Ouvrons plus grand la parenthèse. Communiquer avec un ordinateur n'a de véritable sens que si l'on veut bien entendre par là la même chose que ce qui se passe entre un sergent aboyeur et la troupe qu'il veut faire défiler au pas. Tout n'est qu'ordre, salve et volonté :

— « un, deux, un, deux, un, deux, ... »
(devenant : « 0 1 0 1 0 1 ... »)

Que cette parenthèse se ferme ! La structure du langage logo est donc du genre : « r'p'sez armes ! » ou « avance 10 ». Voici quelques ordres de base du langage (on dit des primitives).

en LOGO	signifie	exemple
AVANCE n ou AV n	avance la tortue de n pas	AV 100
RECULE n ou RE n	recule la tortue de n pas	RE 40
TOURNEGAUCHE n ou TG n	tourne la tortue sur elle-même de n degrés	TG 90
TOURNEDROITE n ou TD n	tourne la tortue sur elle-même de n degrés	TD 150
DESCENDPLUME	matérialise le déplacement de la tortue (= écris)	DESCENDPLUME
LEVEPLUME	cesse de laisser une trace	LEVEPLUME
REPETE n	exécute n fois la ou les instructions qui suivent	REPETE 4 (AV 15 TD 15)

Mais Logo est une chimère, un assemblage un peu monstrueux de logiques trop différentes : mathématique, pédagogique, linguistique et informatique. Les ambitions étaient hors de raison. Les micro-mondes dont rêvait Papert sont devenus quelques petits mondes étriqués.

Par le plus petit bout de la lorgnette

On lit souvent, on entend souvent que c'est à partir d'un langage de commande tel que Logo que l'enfant peut piloter un objet cybernétique (la tortue). Sur ordre, elle traverse la pièce où elle se trouve en évitant les obstacles, elle dessine tantôt un paysage, tantôt une figure géométrique. Progressivement, l'enfant lui fait accomplir des actions de plus en plus complexes. Il s'aperçoit, par exemple, qu'un carré s'obtient de telle façon. Précisons que, dans la philosophie logoiste, personne ne lui a demandé de dessiner un carré. Par ailleurs, il peut s'apercevoir, à propos du même carré, qu'il peut l'obtenir de différentes façons :

Formule 1 AV 100 TD 90 AV 100 TD 90 AV 100 TD 90 AV 100 TD 90
Formule 2 REPETE 2 [AV 100 TD 90 AV 100 TD 90]
Formule 3 REPETE 4 [AV 100 TD 90]

Ces trois formules sont, du point de vue du résultat graphique, absolument équivalentes. Il semble important d'aider les enfants à évaluer ces différentes stratégies. Même (surtout) si elles produisent le même effet, elles présentent des caractéristiques très différentes : certaines paraissent plus « économiques » que d'autres (on dira plus « théoriques », ou « conceptuelles », ou encore « synthétiques »). L'enfant qui aura recours à la première formule aura tendance à raisonner de façon plus analytique que celui qui usera de la seconde, ou, *a fortiori*, de la troisième.

Quand un élève domine une figure et qu'il a envie, pour une tâche ultérieure, d'en garder trace, il peut l'introduire dans le système Logo.

APPRENDS QUADRATUREDUCERCLE (nom choisi par l'élève)
1 REPETE 360 [AV 99 TD 91]
2 FIN

Plus tard, il suffira à l'enfant de solliciter l'objet qu'il avait appelé QUADRATUREDUCERCLE pour que celui-ci soit immédiatement produit. Mais, utilisé ainsi, Logo n'est pas à la hauteur de ses ambitions. Il encourage un comportement de type empirique. L'enfant veut-il dessiner ? Si on ne l'invite à une vision holistique (synthétique) de son projet, la tortue n'aura d'autre vertu que celle de prolonger le crayon dans un pas à pas fastidieux (elle monte, elle tourne, elle revient, elle repart, etc.).

Par le plus gros bout de la lorgnette

Il faut au moins trouver les moyens pédagogiques qui contraignent (nous n'avons pas peur des mots) l'enfant à raisonner globalement. Sans caricature, il y a deux façons typiques de procéder pour atteindre un même objectif : une démarche analytique ou une démarche synthétique. Dans le premier cas, on progresse par étapes successives. Veut-on dessiner un paysage ? On dessine un arbre, puis un autre, une maison, de la fumée sortant d'une cheminée (ça fait plaisir au psychologue), un chien, une montagne, une vache, une autre, finalement un troupeau.

On peut vraiment se demander à quoi a servi l'ordinateur. Où y a-t-il eu conceptualisation véritable ? Ce que nous voyons à l'écran, c'est, en général, un dessin très laid et, plus grave encore, tout à fait normalisé. Entre la tortue et les doigts qui tiennent un crayon, il y a toute la différence qui existe entre l'analogique et le digital, entre le sensible et le numérique. Le trait de la tortue est un faux trait continu, une sorte d'illusion. Si vous voulez vous en convaincre, ordonnez-lui de dessiner un cercle.

Que l'enfant soit sénégalais, français, turc ou américain, son imagination chélonisée (prononcez Kélonizé, cf. chéloniens : ordre de reptiles caractérisés par une carapace de plaques cornées) s'aseptise, se pasteurise. Logo a opéré un processus de réduction, non seulement de la pensée, mais encore de la culture.

En revanche, quand l'enfant est amené à pratiquer une démarche synthétique, le système est plus en adéquation avec les hypothèses initiales. De ce point de vue, le paysage est d'abord un tout. Puis il se décompose en plans différents : les vaches ne sont pas des unités posées les unes à côté des autres, elles sont d'abord perçues comme un troupeau. Cette décomposition doit aller jusqu'aux fameuses opérations élémentaires connues par l'ordinateur. Tout se ramènera, à n'en pas douter, à des REPETE, des AVANCE, des TOURNE. Mais, conceptuellement ils auront été mobilisés au bon moment. Ils ne sont pas un point de départ, mais une contrainte, perçue comme légitime et constructive, pour aboutir à un résultat machinal.

DESSINE-MOI UN PAYSAGE
Je ne connais pas paysage
POUR FAIRE PAYSAGE, IL FAUT MONTAGNES, MAISON ET TROUPEAU
ok, mais je ne connais pas montagnes, maison et troupeau
MONTAGNES, C'EST 2 FOIS MONTAGNE
ok, mais je ne connais pas montagne
MONTAGNE, C'EST TD 20 AV 30 TD 100 AV 15 TG 105 AV 30
ok
MAISON, C'EST FAÇADE ET TOIT
ok, mais je ne connais pas façade et toit
FAÇADE, C'EST REPETE 2 [AV 100 TD 90 AV 60 TD 90]
ok
TOIT, C'EST...
ok
DESSINE-MOI UN PAYSAGE
je ne connais pas troupeau
TROUPEAU, C'EST...

Il vient un moment où tout le projet de l'enfant est défini et où le système est capable d'exécuter cet ordre initial complexe : dessiner un paysage. La démarche descendante, allant du tout aux parties, est un acte de théorisation. Il ne s'agit pas d'aller du modèle vers les phénomènes, mais de la vision globale aux mécanismes sous-jacents, de transformer le spontané en construit.

A priori, cette démarche est plus séduisante et justifie le recours à l'ordinateur. Mais, outre qu'elle présente les mêmes inconvénients « culturels » que la première, elle met l'accent sur les limites de la notion d'objet-pour-penser-avec. On a coutume de présenter Logo par le biais de la tortue géométrique. Les choses (entendre, les concepts) y sont carrées. L'univers de la géométrie Logo, c'est un monde abstrait, à deux dimensions. La géométrie y est plane. Les véritables primitives en sont déroutantes de simplicité : AVANCE et TOURNE correspondent aux notions de vecteurs et d'angles, avec lesquelles on peut conceptualiser tout phénomène géométrique (dans les deux dimensions, bien sûr).

Une tortue physique demande que soient déterminées les primitives de l'espace à trois dimensions, du mouvement, de la force, voire de la masse. On y arrive, cependant. Les logoïstes ont prétendu avoir mis au point un logo musical. Les primitives qu'ils mettent à la disposition de l'enfant sont les primitives du son. Il eût été plus naturel de parler de logo-bruit. En effet, les primitives de la musique vont bien au-delà de celles du son. Et, honnêtement, on ne va pas plus loin. Seymour Papert rêvait de nombreux micro-mondes, de multiples objets-pour-penser-avec. Il bute sur un obstacle fondamental : l'extraordinaire difficulté qu'il y a à modéliser des activités non strictement physiques, ou mathématiques. Le logo-langage, on en a parlé, on en parle encore, mais il ne parle pas. Quelles sont les primitives de la communication ? Contrairement à d'autres questions qui ont pu être posées ici ou là, dans cet ouvrage, il ne sera pas répondu à celle-ci.

On a envie de dire que Logo c'est beaucoup de bruit, non pas pour rien, mais pour peu de choses. La démarche pédagogique nous paraît tout à fait exemplaire, le système informatique également. Reste l'éternel problème de la modélisation des « micro-mondes ». Celui-là dépasse, et de loin, l'univers Logo. Aussi, condamne-t-il Logo à l'accessoire.

L'image numérique, traitements et pratiques

Nous connaissons les raisons de numériser l'image. A présent, il serait bon d'en étudier les utilisations possibles. On pourrait se rendre dans les lieux de l'image et observer si l'ordinateur y a pénétré et, si c'est le cas, quels en sont le rôle et la place. Ainsi se rendrait-on dans les ateliers des graphistes, des peintres, chez les photographes et dans leurs laboratoires. Il faudrait faire un détour du côté des gens de cinéma et, surtout, de télévision. Il conviendrait de ne pas oublier les lieux de l'image scientifique.

Nous avons choisi un autre itinéraire, dont les étapes sont, en fait, des « objectifs » (qui deviennent des modes de traitement) que l'on veut atteindre ou réaliser.

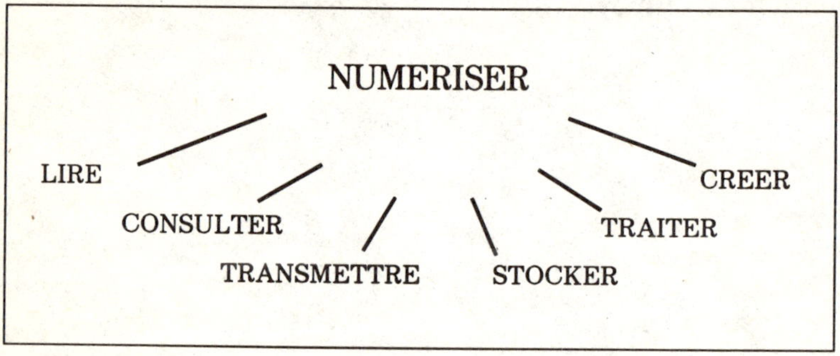

Les frontières entre ces diverses opérations, ne sont pas toujours très rigoureuses, très nettes. Comme on le verra pour TRAITER et CRÉER, il se peut qu'il y ait toujours création lorsqu'on se livre à un travail de transformation. Néanmoins, ces opérations vont nous permettre de répondre à la question posée. Pour chacune de ces actions, nous nous demanderons en quoi l'ordinateur peut aider à le faire (et au prix de quel effort). Voyons donc maintenant quelques-unes des opérations qu'un ordinateur peut effectuer sur une image numérisée.

Traiter

L'ordinateur peut ajouter une valeur constante à chacune des valeurs des pixels. On obtient alors une sorte de surexposition. Si, au départ, l'image était un peu sous-exposée, voilà un excellent moyen de la corriger. On peut aussi faire le contraire : soustraire une valeur constante. Cela permet de corriger des photographies surexposées. En agissant toujours sur chacun des points, on peut augmenter le contraste de l'image. Supposons que l'on ait une image un peu terne. Au niveau de l'image numérique, cela se traduit par un ensemble de nombres rapprochés les uns des autres, par exemple :

10 11 12 10 13 15 12 10 11 12

En soustrayant de chaque pixel la valeur minimale (10), puis en multipliant le résultat par une constante (5, par exemple), on augmente l'écart entre les valeurs de chaque pixel) :

10	11	12	10	13	15	12	10	11	12	
0	1	2	0	3	5	2	0	1	2	(−10)
0	5	10	0	15	25	10	0	5	10	(* 5)

Ce calcul aura pour effet de mieux distinguer les pixels. On obtient ainsi une amélioration du contraste de l'image (les noirs sont plus noirs, les blancs sont plus blancs).

On peut aussi se livrer à une pseudo-coloration. Il suffit d'accorder une couleur distincte pour chaque niveau de gris. Tous les points codés 0 se verront accorder la couleur bleu. Les points codés 15 seront jaunes, etc. Ceci peut être fait automatiquement : l'ordinateur parcourt l'image numérisée et affecte à chaque pixel la couleur retenue. Cela peut être fait manuellement par l'utilisateur. En fait, toutes sortes de calculs peuvent être faits sur une image numérisée : on peut « décolorer » une image, en inverser les couleurs, la solariser, etc.

D'autres effets peuvent être obtenus non plus en travaillant sur les nombres correspondants aux niveaux de luminosité, mais en travaillant sur la résolution. C'est la fonction loupe qui permet alors de grossir des détails difficilement lisibles. A partir du jeu possible sur la matrice de points, c'est une nouvelle série d'effets qui peut être envisagée : les échos, le dédoublement et autres trucages, le zoom, la distorsion, etc. Et toutes les images que l'on voit de plus en plus souvent dans les génériques télévisuels, par exemple.

Une question peut se poser : à qui et à quoi, tout cela peut-il servir ? D'abord aux scientifiques qui, à l'aide de ces différentes opérations, arrivent à extorquer à la réalité, au travers de son image, des informations qu'elle gardait jalousement. En astronomie, c'est grâce aux corrections que peut faire l'ordinateur que l'on peut obtenir une image des astres que l'on ne peut observer tant les sources de perturbations atmosphériques sont nombreuses. C'est par les traitements effectués sur les images numérisées de Vénus que la planète devient de plus en plus familière. C'est avec l'ordinateur qu'est né un champ déterminant pour la médecine : l'imagerie médicale.

Ensuite, cela sert bien évidemment et de plus en plus aux hommes d'images : on a déjà fait allusion à l'arrivée de l'image numérique à la télévision. Pensons également à la restauration d'images fixes ou animées. Un cliché est-il rayé ? Quoi de plus simple pour l'ordinateur que de calculer à partir des pixels avoisinants la valeur des pixels détruits. Le même principe peut être appliqué au cinéma. Un original a été détérioré. Il suffit, alors, d'extrapoler, à partir des images intactes, l'enchaînement numérique qui sera ensuite restitué sous forme d'images et permettra de redonner vie au film.

La multiplication des traitements sur une image numérisée augmente de jour en jour. Ce développement dépend de la mise au point d'algorithmes s'appuyant sur des calculs mathématiques. On ne sait plus très bien si on est en train de traiter une image, ou si on est en train d'en créer une autre. La frontière est aujourd'hui bien élastique.

Créer

L'ordinateur calculerait-il à des vitesses insoupçonnables, à quoi bon lui servirait ce talent s'il n'était pas en mesure de restituer, de communiquer les résultats des opérations qu'il effectue. Il faut donc le doter de cette qualité.

L'impression sur papier, un papier qui se déroule ligne à ligne, puis l'affichage sur écran, plus récemment, constituent les modes de communication privilégiés de la machine. Le principe est de faire correspondre à chacun des signes typographiques utilisés (chiffres, caractères alphabétiques, signes de ponctuation, signes d'opération) un code binaire : le code ASCII, par exemple, permet la traduction de tout message envoyé par l'ordinateur en une suite de caractères typographiques, en faisant correspondre à chaque élément du code une matrice de points. Chaque caractère occupe un espace identique. On découpe alors l'écran en un certain nombre de lignes qui peuvent contenir, chacune, un certain nombre de caractères. Un tel affichage est appelé mode texte. L'écran y est découpé comme une page : on peut disposer, généralement, de 24 lignes de 40 ou de 80 caractères. Mais le mode texte, dans la mesure où il est constitué d'un ensemble fini de signes et qu'il laisse visuellement de l'espace entre les signes, ne convient pas à la communication visuelle (ou graphique) de l'information. On ne se satisfait pas indéfiniment des bonshommes du genre,

```
---------------------------
:                         :
:        --        --     :
:        o         o      :
:            <            :
:           ===           :
:                         :
---------------------------
```

Il faut aboutir à une représentation plus fine et abandonner le mode texte pour passer au mode graphique, dont la trame de base serait non plus de 80 colonnes sur 24 lignes, mais dont la trame de pixels serait de 256×256.

Quelle est la logique du mode graphique ? Chaque pixel peut être allumé ou éteint. Nous raisonnons en noir et blanc pour simplifier les choses. Représenter une courbe, dessiner une figure, faire apparaître une surface revient à indiquer à la machine ceux des points de la matrice qui doivent être allumés et ceux qui resteront éteints. On pourra le signaler (dans un langage donné, BASIC, en l'occurrence) avec une instruction du type PLOT, qui veut dire « allume », suivie des coordonnées du pixel, par exemple (4,5) — 4e colonne, 5e ligne :

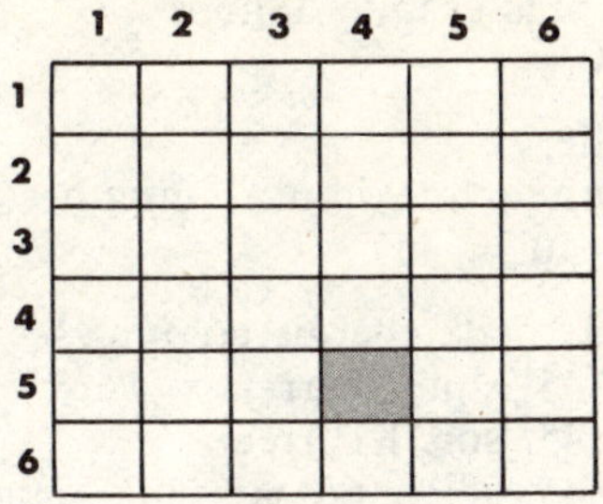

C'est en constituant des enchaînements de PLOT (x,y) que l'on arrivera à faire produire un dessin, par la machine. On peut commencer à lui faire tracer des droites verticales (PLOT 4,2 ; PLOT 4,3 ; PLOT4,4), ou horizontales, des courbes, des diagonales, etc. Mais il faut avouer que c'est un travail qui devient vite fastidieux.

Prenons un problème particulier. Il s'agit de représenter, sous forme d'histogramme, sur une matrice de 11 par 11, les données suivantes qui traduisent la production annuelle de ce que vous voulez dans cinq pays différents :

GB = 90
FR = 45
RFA = 120
USA = 250
JAP = 450

Il faut aboutir à quelque chose comme,

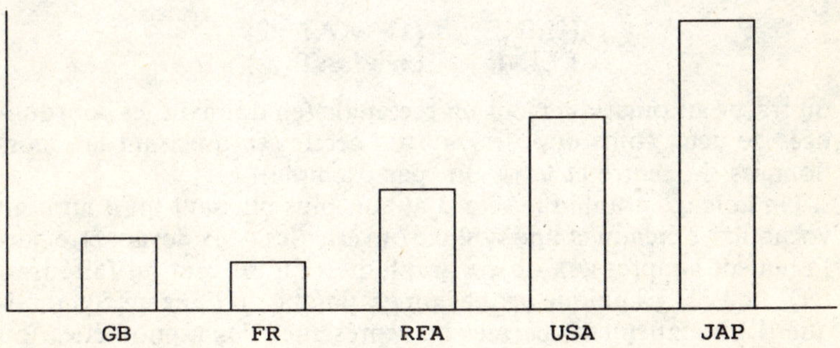

Voici une illustration de l'analyse que l'on peut faire pour arriver à un résultat de ce type.

1) définition du format maximum occupé par le graphique
   — largeur, une colonne par pays
   — hauteur, 10 carreaux

2) recherche de la plus grande donnée
   — Japon = 450

3) calcul de l'échelle
   — échelle = hauteur maximum / nombre de carreaux
   — soit, un carreau = 45

4) calcul de la hauteur de chaque colonne
   — GB = 90/45, soit 2 carreaux
   — FR = 45/45, soit 1 carreau
   — RFA = 120/45, soit 2,66 carreaux, arrondis à 3
   — USA = 250/45, soit 5,55 carreaux, arrondis à 6

5) affichage
   — indiquer les carreaux à allumer

Cet exercice, un peu déroutant, permet de comprendre que toute visualisation devra faire l'objet d'une analyse. On parle de recherche et d'élaboration d'algorithmes de visualisation. On peut imaginer que le problème sera encore plus complexe s'il s'agit de rendre les ombres, le grain d'une matière et la combinaison de ces divers éléments avec le mouvement.

En même temps que ces algorithmes, il faut disposer d'un langage adéquat. Comme tout langage, un langage graphique comporte un vocabulaire et une syntaxe.

```
PLOT     (x,y)
UNPLOT   (x,y)
COLOR    (n)
```

Ces instructions appartiennent à un BASIC graphique. Allumer, éteindre, colorer, tout cela n'est pas suffisant. Il faut pouvoir faire certaines opérations graphiques élémentaires comme tracer une droite horizontale ou verticale.

```
HLINE    (x1, y AT x2)
VLINE    (x, y1 AT y2)
```

ou tracer automatiquement un rectangle (en donnant les coordonnées de deux coins opposés), ou un cercle (en précisant les coordonnées du centre et le rayon, par exemple).

Un langage graphique sera d'autant plus puissant qu'il aura un vocabulaire étendu et une syntaxe ouverte (les deux devant être parfaitement adaptés aux objets graphiques qu'on veut lui faire traiter). Le LSE graphique (extension graphique du Langage Symbolique d'Enseignement) permet de représenter des homothéties (ou reflets), des rotations, des translations, etc. C'est avec de tels langages que des spécialistes écrivent des logiciels graphiques (des programmes) qui sont d'autant plus évolués qu'ils masquent totalement les instructions élémentaires à donner à la machine, ainsi que les calculs, pour offrir à l'utilisateur le choix de fonctions très élaborées : colorier, faire un effet loupe, découper, etc. On conçoit, dès lors, que la tendance soit à la mise au point de logiciels graphiques de plus en plus adaptés aux besoins du marché. Ils se répartissent entre les trois grandes familles suivantes : la bureautique et le business graphics, la CAO (conception assistée par ordinateur) et la CFAO, les industries de l'image.

Le business graphics

Il regroupe tous les logiciels qui permettent de visualiser des données numériques, des résultats quantitatifs sous forme d'histogrammes, de courbes, de schémas. Tous les calculs sont effectués par le logiciel à partir d'indications qui lui sont fournies par l'utilisateur : le type de visualisation (camembert, histogramme vertical ou horizontal, courbe, etc.), le format (échelle, nombre de variables à prendre en compte, choix de l'abscisse, de l'ordonnée), les variables visuelles (grain, fond, etc.).

Certains vont même jusqu'à proposer plusieurs factures d'un même schéma. Il revient à l'utilisateur de choisir celle qui lui semble la plus lisible. La tendance, aujourd'hui, est d'y simuler la troisième dimension ou d'animer ces représentations par un enchaînement de plusieurs schémas.

D'où vient le succès de ces logiciels « d'affaires » ? Peut-être y a-t-il une mode qui veut que désormais on dirige une entreprise avec des schémas ? Mais la rapidité de traitement de ces logiciels permet de visualiser des phénomènes impliquant un très grand nombre de données. De plus, si l'on intègre à ces programmes un certain nombre de fonctions statistiques, ils autorisent ce que l'on appelle l'aide à la décision : on fait varier un paramètre, un facteur économique, et le logiciel en mesure les effets et en visualise les résultats. On s'oriente petit à petit vers une simulation de GAO (gestion assistée par ordinateur).

La CAO et l'industrie

Pour la conception, la mise au point, le développement de ses différents produits, l'industrie a toujours été une grande consommatrice de graphismes : esquisses, plans, projections, coupes servent à décrire une pièce, une machine en vue de sa fabrication. Chaque nouvelle étape de la conception appelle un jeu de plans et chaque modification ou adaptation nouvelle requiert de réajuster ces plans. A chaque étape, il convient de réaliser de nouvelles séries de documents graphiques. On conçoit l'intérêt d'un système qui permet de garder en mémoire les différentes étapes de la conception d'un produit et qui autorise des réalisations diverses et immédiates de plans, à la demande et en fonction de choix particuliers de paramètres : point de vue, nature du plan, échelle, etc. Au cœur de ces systèmes graphiques on trouve la notion de modélisation : tout point d'un dessin doit être calculable, il doit être intégré à un ensemble de relations qui permette de déduire immédiatement (par calcul) la position et les valeurs qui le définissent.

Ces différents modèles visent tous à construire des images dites 3D, à trois dimensions. En réalité, le plus souvent, on a de la fausse 3D, dite 2D1/2 ou pseudo 3D.

A la surface de ces systèmes, du côté de l'utilisateur il y a généralement une table traçante, une souris et souvent deux écrans (l'un de visualisation, l'autre de présentation des menus de fonctions disponibles, ou de la bibliothèque de formes). On imagine que, comme pour le graphisme d'affaires, de tels systèmes gagneraient à être dotés de programmes permettant d'obtenir des enchaînements de visualisations. La porte est alors ouverte à la simulation. Mais avec elle il faut quitter le monde de la micro-informatique pour rejoindre l'univers des gros ordinateurs. L'importance des calculs, la quantité des données à traiter change l'échelle.

Les industries de l'image

Sous cette appellation, on trouve une gamme de logiciels allant des produits modestes de dessin à « main levée » (ou à « paume glissée », devrait-on dire depuis l'apparition des souris) jusqu'aux programmes de création d'images de synthèse à trois dimensions (les générateurs de génériques télévisuels, par exemple), en passant par les palettes graphiques, type « graph 9 » ou « paint box », les programmes de création de dessins animés (psyché), ainsi que tout ce qui permet de digitaliser des images et de les mémoriser.

Ils possèdent en commun, à des degrés divers, la même base logique (génétique). Leur objectif est de mettre à la disposition du concepteur d'images une collection (une boîte) d'outils graphiques : crayon, feutre, aérographe, gomme, bibliothèque de formes géométriques (cercle, ligne brisée, cadre, etc.), fonctions diverses (déplacement, copie, inversion, etc.), palette de couleur et palette de textures (hachures, série de points, damier, etc.). L'écran est une page blanche sur laquelle le réalisateur construit son image à l'aide des outils disponibles, en les ayant lui-même adaptés à ses propres besoins. Mémorisé, le dessin peut être rappelé en mémoire centrale et faire l'objet de nouvelles modifications.

On peut s'interroger sur la nature de ces images éternellement modifiables et qui, pour être rentables, demandent à être souvent réutilisées. Il n'en reste pas moins que ces produits graphiques sont d'une grande utilité pour tout ce qui est esquisse et mise au point d'un graphisme : et par le gain de temps qu'ils apportent, et par la possibilité qu'ils offrent de garder trace des différentes phases de conception.

Stocker, transmettre

« Une image vaut bien des discours ». Si l'on ne peut faire systématiquement sienne cette formule galvaudée, il n'empêche qu'elle a le mérite, en informatique, de rendre compte de la disproportion qui existe entre la place occupée en mémoire par une image et celle qui est nécessaire à un texte. Une page écran remplie de texte représente 1920 caractères (24 lignes * 80 colonnes).

En informatique comme ailleurs, il faut disposer d'unité de mesure. On a adopté l'unité de base suivante : l'OCTET (équivalent d'un caractère alphabétique). Un octet se codait, jusqu'à un passé très récent, sur 8 positions appelées BITS. Lorsque l'on a beaucoup d'octets, on utilise les multiples bien connus que sont le KILO-octets et le MEGA-octets. Un kilo-octets (écrit Ko) devrait représenter mille octets. Mais, parce que tout est binaire dans les profondeurs de la machine et qu'il fallait coïncider avec une puissance de 2, un Ko vaut exactement 1024 octets.

La page écran de 1920 caractères « pèse » donc 1920 octets, soit près de deux Ko de mémoire. Qu'en est-il d'une image de même format et de moyenne résolution ? Elle est définie par une matrice de 512 points sur 512 points. Pouvoir accéder à l'un quelconque de ces points suppose que l'on puisse le repérer à partir de ses coordonnées. Chaque point d'image doit être décrit par son abscisse, par son ordonnée. Et il faut pouvoir également coder sa couleur dans une palette assez étendue. Nous vous ferons grâce du détail, sachez que cette image réclame 832 Ko de mémoire centrale (soit 400 fois plus qu'un texte).

Une telle disproportion devrait interdire aux micro-ordinateurs la moindre possibilité de traiter de l'image. Pourtant, le graphique envahit de plus en plus le monde de la micro-informatique. C'est que l'on a trouvé un moyen de condenser cette information sans la dénaturer. Comment s'y prend-on ? L'obligation de définir les coordonnées d'un point ne s'impose que si l'accès à l'un quelconque des points doit se faire directement (on parle alors de balayage cavalier). En revanche, si, comme c'est le cas pour l'image vidéo, l'accès aux points se fait par balayage d'une série de lignes et balayage successif de chacun des points d'une ligne, le rang occupé par le point recherché en donne nécessairement la position. Dans l'exemple que nous avons retenu, le point 513 est nécessairement le premier de la deuxième ligne. A considérer toute image comme une liste ordonnée de points, on économise 570 Ko. Cela réduit le poids mémoire de notre image à 262 Ko, mais pas encore suffisamment. A considérer l'image comme une suite de trains de pixels identiques (i.e. ayant même valeur de couleur), le codage de l'image prend l'allure suivante :

(2,20), (18,45), (12,20), (70,56), etc.

où le premier nombre de chaque couple indique le nombre de pixels affectés et le second la couleur qui leur est commune. Calculons la place occupée par l'image suivante :

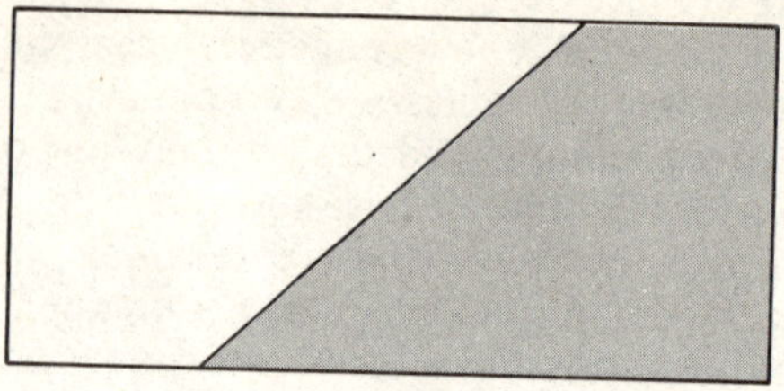

1re ligne	(420, gris)	(92, blanc)
2e ligne	(419, gris)	(93, blanc)
3e ligne	(418, gris)	(94, blanc)
512e ligne	(92, gris)	(420, blanc)

Voilà qui rend l'image parfaitement assimilable par la micro-informatique puisque, par de telles astuces, cette image (certes, très simple) n'occuperait que 2 Ko de mémoire. Certains raffinements sont encore possibles : on peut choisir de ne coder que les points qui n'appartiennent pas au fond de l'image ou ne garder que la différence entre deux pixels. On peut aussi restreindre la palette de couleur. Il est en effet très rare de trouver 256 valeurs au sein d'une même image. Par conséquent, on autorisera une sélection de « n » couleurs au sein d'une palette en comportant 256, 512 ou 4096 (« n » tournant généralement aux alentours de 8 ou de 16). D'autres méthodes existent encore qui décomposent l'image en suites d'algorithmes pour lesquels quelques données suffisent. Les unes comme les autres sont nées de l'impérieuse nécessité de compresser l'image pour la faire tenir dans des limites qui la rendent accessible, manipulable et traitable par l'ordinateur.

Cette compression de l'image est également liée aux problèmes de sa transmission. Le goulet d'étranglement de l'informatique, son talon d'Achille n'est rien moins que ses périphériques, ses « sens ». Une dactylo professionnelle peut mettre en difficulté un ordinateur au moment de la saisie de l'information. La célérité des doigts l'emporte, dans certains cas, sur le rythme rigoureux de la digitalisation de l'information. On imagine alors ce qui se passe lorsqu'on doit mettre sur les voies de communication (les lignes téléphoniques, par exemple) des objets qui n'ont plus les mesures adaptées.

Quelles solutions peut-on envisager ?

1 - réduire au maximum la marchandise à transporter ?
2 - augmenter la taille des bus ?
3 - accélérer le rythme du transport ?

Vraisemblablement les trois à la fois, car la nécessité de comprimer est encore plus impérative qu'on ne le pense !

Jusqu'à présent, nous n'avons évoqué que l'image fixe. Qu'en serait-il pour une image animée ? Pour un rythme d'animation de 25 images par seconde, on atteint très vite des quantités considérables, alors que les débits autorisés d'un ordinateur, et des meilleurs systèmes de télécommunication, sont de l'ordre de 9600 bits par seconde (unité de vitesse de transmission de l'information électronique que l'on appelle un « baud »).

Tels sont les problèmes liés au stockage et à la transmission des images informatisées. Ce serait toutefois un oubli grave si, concernant ce sujet, on omettait de présenter l'un des procédés les plus en vogue à l'heure actuelle : le vidéodisque. Nous l'évoquons ailleurs. Quant à « lire l'image », c'est une action qui nous met face à la reconnaissance des formes; nous la renvoyons donc aux chapitres traitant de la vision artificielle.

Langage formel et grammaire

Le « et » n'est pas ici qu'une coordination où les deux éléments qui l'entourent seraient partenaires égaux. Il est tout à fait circonstanciel, il faut entendre : l'informatique dans ses rapports avec la linguistique, ou bien encore, « comment l'informatique n'a pu prendre l'essor qu'on lui a connu qu'en resserrant ses liens avec l'univers linguistique ».

Rien de paradoxal, en fait. Dans les années quarante, on met au point le véritable premier ordinateur. Il y avait, s'afférant autour du monstre, ceux qui s'occupaient des lampes, de la tension du courant, des mémoires, des câbles. Mais il y avait également ceux qui devaient régler le problème de la communication avec la machine. A cette époque, on n'a pas fait appel à des spécialistes de la « communication », des « langages », ou de la « langue ». Ça n'en valait pas la peine : on ne demandait à la machine que d'effectuer des calculs (complexes, certes, mais, du point de vue de la communication, simples). C'étaient des ordres qui se ramenaient, en gros, à deux sortes d'injonctions mathématiques : additionne et soustrais. Constatons que même le langage mathématique n'y retrouvait pas ses petits. Il a toujours été habitué à un peu plus de confort. La machine ne disposait pas même des quatre opérations. Il est vrai que multiplier 2 par 4, revient à se livrer à une addition. De même, la division revient à soustraire, autant de fois qu'on peut le faire, le diviseur du dividende. De même n'importe quel autre problème algébrique devait-il se réduire à une succession d'opérations aussi simples que l'addition et la soustraction. Il convenait également de disposer d'au moins trois autres instructions : une pour entrer les données en mémoire, une pour les en faire sortir, et une, dite d'affectation, pour attribuer une valeur à une variable. Enfin, restaient les objets manipulés par ces instructions (qu'elles fussent de calcul ou de « transport ») : les nombres et quelques étiquettes aposées sur les fameuses variables.

Autrement dit, un langage informatique se réduisait à des nombres (exprimés dans le système de numération binaire, dont « l'alphabet » se ramenait à deux expressions : 0 et 1), des lettres isolées pour exprimer les variables (les 26 lettres de l'alphabet, par exemple), cinq ordres (du genre, additionne, soustrais, lis, sors et affecte). Mais assez rapidement il a fallu faire, dans ce domaine, des progrès sensibles. Et cela, pour au moins deux raisons : il fallait de toutes façons que la machine puisse faire plus de choses (il fallait donc qu'elle manipule plus d'objets différents, qu'elle dispose de plus d'instructions, etc.); en outre, il fallait qu'elle soit accessible à un plus grand nombre.

Il n'y a pas de miracle ! D'un côté, un langage électrique, de l'autre, une langue naturelle. La seule façon de porter remède au problème, consistait à trouver un compromis, à faire en sorte que les deux protagonistes se retrouvent sur un terrain intermédiaire. L'utilisateur fera l'effort d'apprendre un langage « formel » (encore appelé « langage de programmation »). L'informaticien (père de la machine) devra mettre au point des programmes qui permettent à l'ordinateur de « comprendre » ce langage intermédiaire. Il s'agit bien de doter une chose mécanique d'une compétence linguistique formelle. Alors, les linguistes entrèrent en piste. Pas tous, seulement ceux dont la préoccupation était justement de rendre compte formellement de la communication linguistique.

Dans les années cinquante, il y en avait un qui ne pensait qu'à ça. Non point pour faire plaisir aux informaticiens ! Mais parce qu'il voulait trouver les principes fondamentaux du langage et que pour ce faire il avait décidé de le domestiquer, en quelque sorte, en cherchant à le produire abstraitement. Qui peut générer formellement une phrase (et, à l'inverse, l'interpréter), peut apprendre à un ordinateur à le faire. Ce linguiste, c'est Noam Chomsky. Nous y reviendrons plus loin. Auparavant, afin de nous préparer à entrer dans une certaine complexité « formelle », considérons la surface des choses (les effets visibles).

Un dialogue finalement plus complexe qu'on ne l'imagine

Imaginons un programme, appelé NOISREVNI, qui, lorsque nous demandons son exécution, fasse la chose suivante,

Taper une phrase : **La terre est bleue comme une orange !** Elle est devenue : **! egnaro enu emmoc euelb tse erret aL**

Celui qui a écrit ce programme (autrement dit, celui qui, du point de vue qui nous intéresse ici, a été capable de se faire « comprendre » de la machine) a, en fait, demandé à l'ordinateur :

— d'afficher un 1er message,
— d'entrer une phrase,
— d'inverser cette phrase,
— d'afficher un 2e message,
— d'afficher la phrase inversée.

Nous savons qu'il s'agit là de l'analyse du problème, de sa vision algorithmique. Regardons maintenant sa traduction dans un langage de programmation donné (peu importe son nom). Nous allons considérer deux versions possibles du même programme :

version 1

```
 1  * programme d'inversion de phrase
10  CHAINE PHRA1, PHRA2
20  PHRA2 ← ''
30  LIRE ['Tapez une phrase :', U] PHRA1
40  FAIRE 50 POUR I = LGR (PHRA1) PAS –1 JUSQUA 1
50  PHRA2 ← PHRA2 ! SCH (PHRA1, I, 1)
60  AFFICHER [6/, 'Elle est devenue :', 2/, 10X, U] PHRA2
70  TERMINER
```

version 2

```
 1  * programme d'inversion de phrases
10  CHAINE PHRA1, PHRA2
30  LIRE ['Tapez une phrase :', U] PHRA1
40  PHRA2 ← ICH (PHRA1)
60  AFFICHER [6/, 'Elle est devenue :', 2/, 10X, U] PHRA2
70  TERMINER
```

Ces deux versions sont absolument identiques quant à leurs effets : toutes deux réalisent la même chose. Toutes deux représentent la traduction d'un même algorithme. Alors, en quoi diffèrent-elles ? Nous oserons dire qu'elles se distinguent « linguistiquement ». Cela mérite quelques explications.

La seconde version est plus courte que la première, plus économique, pourrait-on dire. En fait, c'est le processus d'inversion de la phrase qui, dans un cas, est entièrement programmé et qui, dans l'autre, se fait sur ordre simple. Le programmeur de la version 1 ne savait peut-être pas que le langage qu'il utilisait lui permettait d'exprimer les lignes 20, 40 et 50 en un ordre unique (la ligne 40 de la deuxième version). « ICH » (initiales d'inversion de chaîne) est un mot appartenant au vocabulaire du langage en question. Sa syntaxe est simple puisqu'elle consiste à mettre derrière cet ordre l'objet qui doit être affecté par l'action (cntre parenthèses) : ICH(PHRA1) signifie donc inverser la suite de caractères appelée PHRA1.

Il se trouve que les langages de programmation peuvent se distinguer de la sorte : fournir un stock d'actions plus ou moins étendu. D'un point de vue linguistique, on dira : présenter un lexique plus ou moins riche, une syntaxe plus ou moins complexe.

En passant, une autre remarque peut être faite. A supposer que le langage choisi ne dispose pas de l'instruction (terme que l'on utilise plus volontiers qu'ordre, en informatique) « ICH », on doit alors aller plus loin dans la description du problème. On dira : descendre à des opérations plus élémentaires. C'est ce qu'illustre la répétivité de la version 1 (lignes 40 et 50). Dans l'exemple adopté, pour « retourner la phrase », on a décidé de faire ce que fait la ligne 50 autant de fois qu'il y a de caractères dans la phrase. Ce nombre nous est donné par une autre instruction du langage qui calcule automatiquement la longueur de la chaîne en question (l'instruction « LGR »). L'astuce consiste à poser : soit un compteur I qui, au lieu de s'incrémenter de 1 à n, va se décrémenter de n à 1. Si la phrase comporte 50 caractères, l'instruction 40 a pour effet de faire marcher le compteur de 50 à 1, en se décrémentant, à chaque tour, de 1 (cf. « PAS −1 »). Alors, on range, les uns après les autres, les caractères de la phrase de départ (PHRA1), en partant donc de la fin, dans une autre chaîne que nous appellerons la phrase d'arrivée (PHRA2), en partant du début : la ligne 50 de la version 1 peut donc se ré-écrire « la phrase d'arrivée reçoit ce qu'elle contenait déjà (sachant qu'au tout début — cf. ligne 20 — PHRA2 a été mis à vide) au bout de quoi on ajoute le I^{e} caractère de la phrase de départ ».

Ce détour de programmation, cette nécessité d'aller plus loin dans l'explication a quelques analogies avec la situation très humaine dans laquelle nous nous trouvons souvent où, une notion importante pour que la conversation continue n'étant pas connue ou comprise par un quidam, on devra recourir à des périphrases. Ces bouts de programme sont donc des périphrases d'instructions qui ou bien n'existent pas, ou bien nous sont inconnues : les informaticiens parlent de routines, de procédures.

Un langage de programmation, c'est fondamentalement une grammaire

Mais nous n'avons pas encore donné d'éléments suffisants pour comprendre comment une machine peut exécuter des ordres tels que ceux qui sont décrits plus haut. Quand elle reçoit l'instruction suivante, « 10 A B * 2 », généralement, elle réagit immédiatement en affichant un message du genre « erreur de syntaxe n° . . ». En revanche, face à l'instruction, « 10 A = B * 2 », elle réagit tranquillement. Elle accepte, elle digère et elle sera donc en mesure d'exécuter la suite d'opérations suivante (suite cachée ou sous-entendue par la ligne 10 convenablement écrite) :

— prendre le contenu d'une case appelée B,
— l'envoyer au calculateur,
— le multiplier par deux,
— affecter le résultat à une case appelée A.

Mais si la machine est capable de repérer une erreur de syntaxe dans la première formulation, c'est bien évidemment qu'on a su lui donner les moyens de le faire, lui donner donc ce que nous avons appelé, plus haut, une forme de compétence linguistique formelle.

En 1957, Noam Chomsky avait déjà mis au point son premier modèle. On l'avait découvert dans un livre demeuré célèbre : *Syntactic Structures*. Y a-t-il eu, à cette époque, une révolution scientifique ? Nous ne le pensons pas. La grammaire générative et transformationnelle (désormais désignée GGT) va toujours considérer, comme les grammaires qui l'ont précédée, la phrase comme l'unité fondamentale de la langue. Ce n'est donc pas une grammaire du discours ou de la parole. Encore moins une théorie de l'énonciation. Rappelons que pour Chomsky le premier objet de la théorie linguistique était un « locuteur-auditeur idéal », qui appartenait à une communauté linguistique « complètement homogène », qui « connaissait parfaitement sa langue », et qui, lorsqu'il parlait, « n'était pas affecté par des conditions grammaticalement non pertinentes ». Ce sont des précisions qu'il a données dans *Aspects of the theory of syntax* (1965). On est donc bien loin d'une conception pragmatique de l'activité linguistique : il serait temps de reconnaître qu'une grammaire abstraite d'une langue pure parlée par un locuteur idéalisé ne cherchait pas à rendre compte de l'utilisation concrète de la langue par un locuteur réel. La critique de la théorie générative a longtemps considéré qu'il s'agissait là d'une forme d'infirmité accidentelle. Alors qu'il s'agissait plutôt d'une action délibérée de type théoriciste, cherchant à traquer l'universel derrière l'abstrait : « une grammaire générative doit être un système de règles qui peuvent être itérées pour engendrer un nombre indéfiniment grand de structures » (Chomsky, 1965).

La grande nouveauté d'un tel système est qu'il s'agit d'un générateur abstrait : formel. Tout le secret de la formule chomskyenne tient dans la primauté de la syntaxe. Le premier composant de sa grammaire, la « base », est un ensemble de règles de ré-écriture formelles ne rendant compte que de l'agencement des éléments : ce sont les règles syntagmatiques. Elles sont totalement et volontairement indépendantes du contexte. Elles ne cherchent pas à rendre compte d'énoncés réels. Elles produisent des structures profondes qui, par définition, sont des moules formels où les « mots » utilisés n'ont qu'une valeur d'étiquette.

Alors que le microcosme des « scientifiques humains » (entendre : œuvrant dans les sciences humaines), linguistes en tête, va remuer la théorie générative dans tous les sens (pour l'abattre, pour la défendre ou la prolonger), les informaticiens et les mathématiciens vont l'emprunter, comme un outil. Ces derniers y ont vu une théorie linguistique formelle exceptionnelle : une théorie qui faisait fi de tout ce qui d'ordinaire est la marque de l'activité linguistique. La langue naturelle était ramenée à une sorte de langage formel. Pour les informaticiens, il s'agit bien d'une vertu. Il n'est donc pas étonnant qu'ils aient adopté ce système, du moins, la partie qui les intéressait, la « base » syntaxique. La « Context Free Grammar » (la grammaire indépendante du contexte) voit donc ses heures de gloire, sans que le monde linguistique l'apprenne véritablement.

Un exemple d'adaptation informatique

La mise au point de la plupart des langages de programmation a donc été directement inspirée (au niveau des principes de génération) par le premier état de la théorie générative. C'est ce que nous allons illustrer en montrant une partie des règles d'un langage de programmation (LSE, langage symbolique d'enseignement).

0 PROGRAMME	⇒	LIGNE
	⇒	PROGRAMME + LIGNE
1 LIGNE	⇒	NUMERO + espace + * + COMMENTAIRE + CARACT. FIN
		NUMERO + espace + PHRASE
2 NUMERO	⇒	nombre entier
3 COMMENTAIRE	⇒	suite de caractères
4 CARACT. FIN	⇒	touches « x-off » ou « RC »
5 PHRASE	⇒	INSTRUCTION
		PHRASE + INSTRUCTION
6 INSTRUCTION	⇒	DECLARATION DE TABLEAU
		DECLARATION DE CHAINE
		DECLARATION DE TABLEAU CHAINE
		INSTRUCTION DE FIN
		INSTRUCTION DE BRANCHEMENT
		INSTRUCTION DE LECTURE
		INSTRUCTION D'AFFICHAGE
		INSTRUCTION DE RANGEMENT
		INSTRUCTION DE CHARGEMENT
		INSTRUCTION D'AFFECTATION
7 DECLAR. CHAINE	⇒	chaîne + VARIABLES SIMPLES
8 VAR. SIMPLES	⇒	IDENTIFICATEUR
		VARIABLES SIMPLES + , + IDENTIFICATEUR
9 IDENTIFICATEUR	⇒	LETTRE
		IDENTIFICATEUR + LETTRE
		IDENTIFICATEUR + CHIFFRE
10 LETTRE	⇒	A, B, C, D, E, F, G, H, I, J, K, L, M, N, O, P, Q, R, S, T, U, V, W, X, Y, Z
11 CHIFFRE	⇒	0, 1, 2, 3, 4, 5, 6, 7, 8, 9
12 AFFECTATION	⇒	VARIABLE + = + EXPRESSION
13 VARIABLE	⇒	VARIABLE SIMPLE ou VARIABLE INDICEE
14 VAR. SIMPLE	⇒	IDENTIFICATEUR
15 VAR. INDICEE	⇒	NOM DE TABLEAU + [+ INDICES +]
16 EXPRESSION	⇒	EXPRESSION BOOLEENNE ou EXPRESSION 1
17 EXPRESSION 1	⇒	EXPRESSION ARITHMETIQUE ou EXPRESSION CHAINE
18 EXP. ARITHMET.	⇒	TERME
		ou TERME + OPERATEUR + TERME

19 TERME ⇒ VARIABLE ou CONSTANTE
20 CONSTANTE ⇒ valeur numérique
21 OPERATEUR ⇒ +, −, *, /

Précisons tout d'abord que cette grammaire, ou l'échantillon que nous venons d'en donner (partie fondamentale du langage de programmation) n'est pas là pour « générer » à proprement parler des « énoncés ». Elle joue un rôle symétrique : elle interprète, elle vérifie les messages qu'on lui envoie.

La règle 0 spécifie que PROGRAMME se réécrit LIGNE ou PROGRAMME plus LIGNE. Autrement dit, un programme est constitué d'une ou plusieurs lignes. La règle 1 traduit le fait que, pour être correcte, une ligne de programme est constituée soit d'un numéro suivi d'un espace suivi d'un astérisque suivi d'un commentaire suivi d'un retour-chariot, soit d'un numéro suivi d'un espace suivi d'une phrase. A vous d'imaginer la suite des réécritures.

Recevant l'ordre « 10 A = B*2 », la grammaire va vérifier progressivement et de façon descendante la conformité de ce message. Le moindre dérapage syntaxique ou lexical (quel que soit son degré de « gravité ») empêchera l'interprétation et renverra le message à son émetteur : « erreur de syntaxe n° .. », ou bien encore « erreur de compilation n° .. ».

En l'occurrence, elle chercherait à vérifier la règle 1, « numéro » lancerait la règle 2; elle arriverait à la notion presque « terminale » du nombre entier (« 10 » étant un nombre entier); cette première sous-vérification serait terminée. Elle remonterait dans l'arbre syntagmatique au dernier endroit où elle a abandonné un élément. C'est à la règle 1. Autre élément terminal, l'espace : il est présent dans le message. Puis l'étoile. Celle-ci est absente du message. La première ligne de la règle 1 est donc abandonnée. S'il n'y avait pas d'alternative, le message serait rejeté.

La recherche reprend. « Numéro » et « espace » sont déjà vérifiés. On tombe maintenant sur un nouvel élément : « phrase ». Il nous envoie à la règle 5, où les deux lignes ne sont pas exclusives mais constituent une procédure récurrente (qui rend compte du cas où « phrase » se réécrit « instruction » ou suite « d'instructions ». Ici, « instruction » envoie à la règle 6. Après avoir testé les neuf premières lignes, la grammaire tombera sur « instruction d'affectation » qui branchera sur la règle 12, « variable » sur 13, « variable simple » sur 14, « identificateur » sur 9, « lettre » sur 10. Et là seulement, le « A » de notre exemple sera repéré comme un identificateur possible, constituant une variable simple, premier élément possible d'une instruction d'affectation. C'est la règle 12 que nous avions laissée en plan, la recherche doit reprendre sur le signe « = », puis sur « expression ». Nous vous en ferons grâce.

Au bout du processus, cette grammaire aura simplement vérifié que l'instruction « 10 A = B*2 » est conforme aux conventions du langage en question. En tout état de cause, elle n'aura encore rien exécuté.

Une chaîne de traduction

Nous venons de montrer que l'ordinateur a besoin d'une compétence grammaticale. Il nous faut maintenant étudier de plus près les différentes étapes qui le mènent d'un langage évolué (un langage de programmation ordinaire) à son « langage » profond (encore appelé langage machine). En même temps, si après ce que nous venons de voir, un ordre n'est toujours pas exécuté, c'est que le processus d'interprétation (pris dans un sens très général) n'est pas terminé. Rappelons trois maximes qui définissent les aptitudes de base de l'ordinateur :

a) il ne sait exécuter qu'une seule opération à la fois;

b) pour cela, tout ordre qu'il reçoit doit finalement avoir la structure suivante.

	AFFICHER		X
autrement dit,	mot-clé	+	objet
ou,	opérateur	+	opérande
finalement,	code opérateur	+	adresse opérande

c) tout ce que reçoit l'ordinateur, c'est une suite de 0 et de 1.

Le fait d'enfoncer une touche du clavier libère la configuration numérique binaire qui lui est associée. Il n'est, en effet, pas trop difficile d'imaginer que l'on puisse faire correspondre à chaque caractère, un code numérique. Mais celui-ci est donc exprimé en binaire et il ne peut en être autrement. Imaginons qu'il y ait, sous la touche, une mécanique du genre : un peigne à huit dents. Imaginons encore que deux peignes ne pourront être identiques : il faut pouvoir distinguer chaque lettre. On décide qu'une dent peut être intacte ou cassée. Tout cela est évidemment décidé arbitrairement. Et cela donne quelque chose comme,

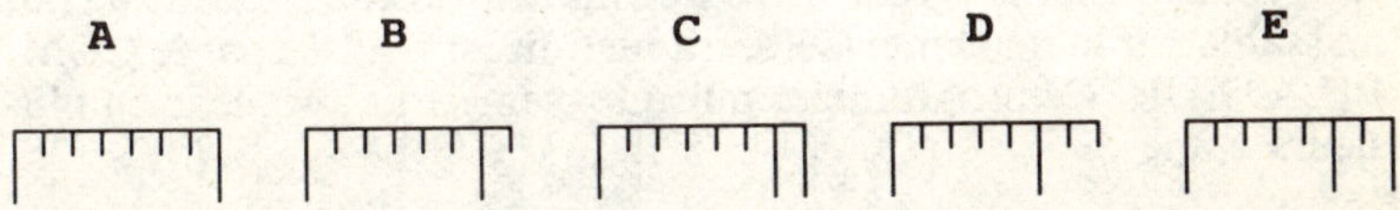

Il ne reste plus qu'à admettre qu'un tout petit peu plus loin, sous les peignes, passent des rails constitués de huit fils (dans le cas des ordinateurs dits « huit bits ») et que, lorsque l'on appuie sur une touche, son peigne provoque le départ d'impulsions électriques sur les fils qui ont reçu les dents longues. C'est donc par pure convention que nous représentons le « peigne » de A par la suite de chiffres 10000001. Ce A binaire, c'est ce qui va se ranger dans la mémoire centrale. Si ce caractère doit également être affiché à l'écran, sa configuration binaire doit être re-traduite en symboles graphiques (par ce que l'on appelle le « générateur de caractères »).

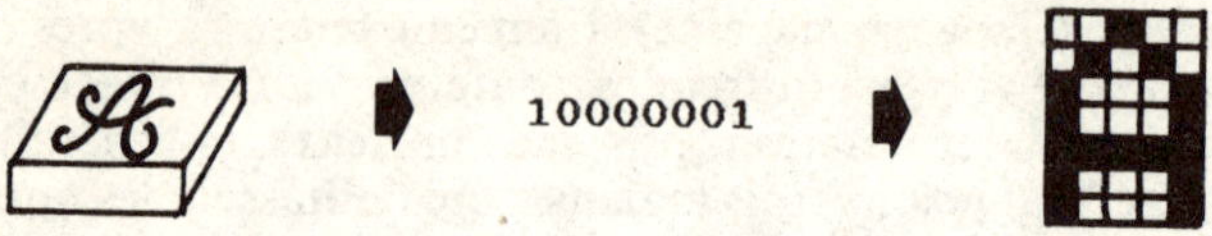

Taper une suite de caractères revient à créer une chaîne continue de 0 et de 1 (découpable, dans notre exemple, et interprétable par paquets de huit) :

10000011100010001000000110100010100011001000010110100011

Quand on tape une instruction au clavier, on peut la lire à l'écran. L'ordinateur, quant à lui, reçoit une chaîne de bits. Cette chaîne est incompréhensible pour la machine. Ainsi, sans autre forme de procès, elle ne peut distinguer les valeurs différentes du N dans les deux exemples qui suivent :

N = 1 7
" N O U S "

Dans un cas, c'est une variable numérique, dans l'autre, c'est un élément appartenant à une constante alphabétique (plutôt appelée « alphanumérique »). Or c'est au moins à ce type de significations que doit aboutir l'ordinateur.

Il faut donc lui fournir un système (un programme) qui va lui faire « lire » correctement la suite de 0 et de 1 qu'il reçoit et qui va la transformer progressivement en une expression formelle reconnaissable par la machine. Cette traduction est réalisée par le COMPILATEUR. Ce programme, puisque c'en est un, procède en plusieurs étapes.

L'analyse lexicographique

Au cours de cette phase, le COMPILATEUR va repérer la nature des caractères de l'instruction et constituer des unités morphologiques (des mots). Dans « N = 17 », « N » sera repéré comme identificateur de variable simple, « = » comme signe d'affectation, « 17 » comme nombre (et contenu). En même temps, il codera chaque instruction selon la structure suivante : nature de l'unité + adresse.

L'analyse syntaxique

Le repérage lexicographique est fait, comme nous l'avons montré plus haut, par la grammaire. C'est donc simultanément que le début de l'analyse syntaxique s'opère : la vérification de la structure syntaxique du message.

Mais cette étape va plus loin, le message étant repéré et vérifié, il est « réécrit » selon une structure syntaxique complètement différente. Les informaticiens qui ont créé ces systèmes ont fait appel au principe mathématique de la notation polonaise qui présente (selon eux) deux avantages : une plus grande efficacité informatique pour les étapes qui suivront et un bon principe de vérification syntaxique. La notation polonaise consiste, en gros, à organiser l'information en rangeant d'abord les opérandes et ensuite les opérateurs (en respectant les règles de chacun d'eux). Un opérateur à deux opérandes comme la multiplication se réécrira donc « x y * » au lieu de « x * y ». La rigueur terminologique nous oblige à préciser qu'en informatique le résultat de cette opération s'appelle une « chaîne post-fixée » (entre initiés, on dira la CHPF). Il paraît même que ce ne serait pas tout à fait la même chose que la notation polonaise (ce n'est pas notre problème ! encore fallait-il signaler nos incertitudes, à toutes fins utiles). Donc,

A = B * 2   est devenu   B 2 * A =

L'analyse sémantique

Au cours de cette phase, la chaîne va être à nouveau transcodée en une autre structure. Elle va être interprétée en une suite d'opérations véritablement élémentaires à exécuter : aller chercher B (LDA B), additionner B et 2 (ADD 2), mettre le résultat dans A (STA A). On dit que l'on passe de la CHPF à L'ASSEMBLEUR. Au fond, à l'entrée du compilateur, on avait une suite de 0 et de 1. A la sortie, on a toujours des 0 et des 1 (c'est, en effet, en ces « termes » que s'expriment les LDA, ADD ou STA). La différence, c'est qu'ils ne représentent plus les mêmes signes et que leur structure n'est plus la même. A l'entrée, les 0 et les 1 ne signifiaient rien. Alors que maintenant on est à deux digits de l'exécution.

Le programme assembleur

La dernière version de notre instruction (écrite en assembleur) va être traduite en LANGAGE MACHINE. Le code opérateur va agir sur certains circuits. C'est pour cette raison qu'un ordinateur ne peut faire trente-six choses à la fois. On est au niveau d'une correspondance mécanique entre un symbole et l'électronique : amener une donnée dans le calculateur consiste d'abord à la charger; mais la charger, c'est déjà repérer son adresse et faire le transfert.

Compte tenu du lecteur à qui nous nous adressons, nous pensons que beaucoup de choses peuvent être oubliées dans ce qui précède. Mais s'il convient d'avoir une modeste représentation de ce qu'est finalement le type de communication fondamental qu'on peut avoir avec un ordinateur, on essaiera de garder le schéma de synthèse suivant.

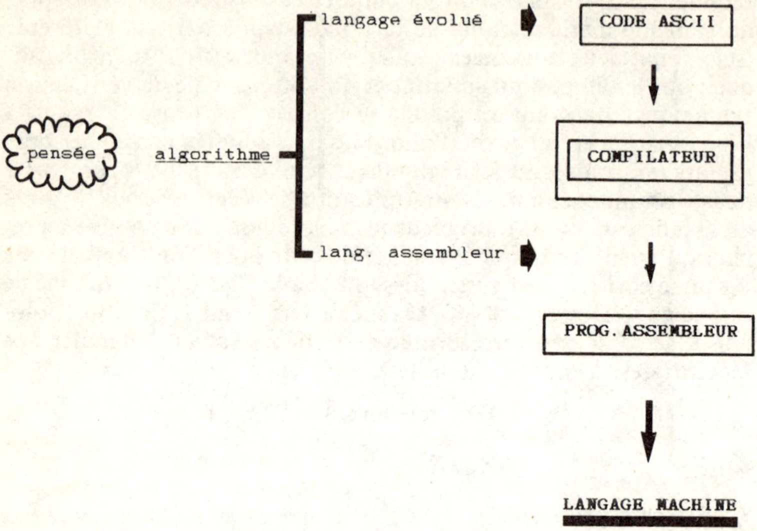

III. Logiques et applications

Classer, ranger, trier, en un mot, gérer

Il s'agit de maîtres-mots de l'informatique appliquée. Près de 80 % des utilisations de l'ordinateur (gros ou petit) ont trait à ce type d'activité. Aussi, avant de se livrer à l'analyse de quelques exemples d'application (cf. chapitre suivant « La pédagogie et le grand nombre »), n'est-il pas inutile de rappeler quelques notions de base concernant la gestion de données. Le langage de tous les jours fait côtoyer les expressions suivantes : « as-tu rapporté ton classeur de sciences naturelles ? », « il serait temps que je classe mes notes », « tu ne penses pas qu'on devrait trier l'armoire à pharmacie ? Mais, je l'ai rangée il y a une semaine ! », « à l'issue de cette étape, il se trouve en tête du classement ». Au-delà de cet air de famille, on peut trouver quelques traits distinctifs qui permettent de mieux cerner le sens de ces verbes.

CLASSER évoque au moins deux sens. Le premier renvoie à l'idée de réunir des éléments et de constituer ainsi des familles, des ensembles relativement homogènes. Dans l'exemple « classer ses notes », on imagine un résultat du type : mettre d'un côté, ses notes de français, de l'autre, celles des cours de maths, et ainsi de suite. Le deuxième sens laisse entendre que les éléments d'une collection sont ordonnés les uns par rapport aux autres. On retrouve explicitement ce sens dans des expressions comme, classement « alphabétique » et « par ordre de grandeur ». Alors, classer signifie définir la place d'un élément, lui affecter un rang, par rapport à un ordre donné et pré-établi. Notons que ces deux sèmes peuvent être simultanément présents et que certains des lieux auxquels nous avons fait allusion illustrent les deux aspects : dans un annuaire téléphonique par rues, les abonnés sont effectivement classés par leur adresse, et au sein de chaque rue, par ordre croissant des numéros, et à chaque numéro, par ordre alphabétique. Inversement, dans un grand magasin, si l'on a effectivement une distribution des rayons et des présentoires selon la nature des produits qu'on y trouve, il n'y a pas, pour autant, de classement reposant sur des ordres prédéfinis : il est bien difficile de repérer un ordre ou un circuit au sein du rayon jouets, par exemple.

L'emploi de TRIER recouvre, semble-t-il, l'idée de parcourir une collection d'objets avec une idée en tête : ici, dans « trier l'armoire à pharmacie », il s'agit d'éliminer certains produits pharmaceutiques parce qu'ils seraient périmés. Ce qui domine, c'est l'idée de sélection ou de constitution de sous-ensembles comme dans « gare de triage », où le tri a pour fonction de répartir les wagons selon leur destination et leur plus ou moins grande urgence à circuler.

RANGER est parfois utilisé dans le sens 1 de classer. Ranger l'armoire à pharmacie renvoie plutôt à l'idée de mettre les médicaments par familles : ce qui est pour le nez sera associé aux médicaments O.R.L. ; les produits de première urgence, etc. Un autre sens apparaît avec « ranger à sa place » : on retrouve ici l'idée qu'un élément est défini par un rang à l'intérieur d'un ordre, et qu'il occupe un espace physique donné et repérable. C'est ce même sens que l'on retrouve dans « ranger sa chambre », que l'on peut lire comme remettre à leur place les objets qui ont été dérangés. Il s'agit, en somme, de rétablir un ordre qui aurait été défait.

CLASSER, RANGER, TRIER ont un sème commun : réunir ce qui va ensemble. En revanche, ils se distinguent sur les autres sens qu'ils possèdent : ordonner, replacer ou sélectionner. Un gestionnaire de données, c'est donc un ensemble de programmes informatiques qui doit permettre,

— de créer des familles (fonction de saisie des données),
— de retrouver un ou plusieurs éléments d'une collection (fonction de recherche et de mise à jour),
— et d'ordonner une collection (faire un état).

C'est également un outil informatique qui permet de stocker de manière durable les ensembles de données, de les dupliquer et de les imprimer. Le terme de gestion de fichier, ou de gestionnaire, doit aussi être lu avec le sens même de gestion. En effet, on conçoit facilement que, pour atteindre les objectifs que nous avons mentionnés et permettre une utilisation effective des résultats, il est nécessaire de garder trace d'un grand nombre d'informations et de disposer de divers sous-programmes : les noms des différentes familles constituées, éventuellement ceux des sous-familles, le nombre d'individus appartenant à telle famille, l'ordre pré-établi retenu pour telle famille, etc. Le gestionnaire de fichier doit avoir accès à ces informations. Cela sous-entend qu'il les ait mémorisées et qu'il sache les interpréter. Il doit également être en mesure de modifier celles qui doivent l'être, au moment voulu (ou introduire un élément de plus). En somme, il doit tenir à jour un état des lieux grâce à un système d'exploitation : il gère les données.

Quels sont les objets susceptibles d'être pris en compte par un gestionnaire de fichier ? A consulter les applications possibles des gestionnaires de fichier, on doit pouvoir répondre : à peu près tout, des adresses, des factures, des stocks, des images, des textes. Dès lors que l'on est en mesure d'établir une certaine homogénéité entre des éléments, c'est-à-dire dès que l'on est en mesure de constituer un ensemble (au sens mathématique), une population, les éléments réunis peuvent donner naissance à un fichier. Tout est collectionnable, les enfants le savent bien. En d'autres termes, les données à traiter ne sauraient être une accumulation aléatoire d'objets, un fourre-tout, un pêle-mêle. Cela implique l'idée d'ANALYSE préalable des données.

Pour être comparable, tout élément doit être susceptible d'être décrit en termes de propriété; la comparaison des différents éléments entre eux se faisant à partir des propriétés qu'ils présentent. C'est parce que certains éléments présentent les mêmes propriétés, qu'il est alors possible de les réunir et de constituer ainsi une famille. Il faut insister ici sur l'importance des propriétés susceptibles de définir un objet. En effet, de la nature des propriétés retenues, il dépend que tel objet soit comparable avec un autre, et puisse alors constituer les bases d'une famille. Un autre regard descriptif peut très bien aboutir à l'exclusion de ces deux objets et, ainsi, malgré une analyse, mener à l'absence de famille. Pour répondre à la question « que peut-on trouver dans le fichier d'un gestionnaire de fichier ? », on peut dire qu'on y trouvera un ensemble de données susceptibles d'être décrites à partir d'une liste de propriétés qui les rend comparables. Il ne faudrait pas, cependant, se contenter de cette seule réponse. Il faut lui adjoindre ce corollaire : on ne doit comparer que ce qui mérite d'être comparé. La comparabilité ne suffit pas, encore faut-il qu'il soit intéressant de le faire ou, mieux, qu'il soit pertinent de le faire. Comme on vient de le voir, à quoi bon constituer des familles qui ne regrouperaient qu'un ou deux membres. Il ne serait pas plus intéressant d'aboutir à une ou plusieurs familles qui réuniraient l'ensemble des éléments de la collection. En d'autres termes, s'il faut pouvoir réunir, il faut aussi pouvoir discriminer, c'est-à-dire s'appuyer sur des propriétés qui mettent en évidence la spécificité de chaque individu au sein de la collection. Ce qui détermine peut-être plus encore la pertinence du classement c'est la quantité de données à traiter. Un gestionnaire de fichier n'a d'intérêt que s'il offre un avantage certain au niveau de la recherche d'une information, un gain de temps appréciable. Il y a donc un seuil quantitatif en-deçà duquel toute idée de classification automatisée devient superflue ou preuve d'un esprit maniaque.

Enfin cette pertinence découle particulièrement de l'usage que l'utilisateur entend faire des fichiers. Pour être opératoires, les propriétés qui seront retenues pour décrire le fichier, doivent être pensées à partir des besoins de l'utilisateur ou de ses pratiques. On peut classer une bibliothèque, pour des raisons d'économie de volume, par la taille des livres. Cela n'aide en rien la recherche d'un ouvrage donné. Une manière de rendre inopérant un annuaire téléphonique consisterait à le classer par ordre croissant des numéros de téléphone. Il faut donc avoir clairement à l'esprit qu'un fichier, par la sélection des données sur lesquelles il opère, et par la description qui en est faite, est nécessairement finalisé : il renvoie à une intention précise, à un besoin particulier.

La pédagogie et le grand nombre

Dans ses pratiques les plus habituelles, l'Ecole recourt généralement à une sélection, plutôt qu'à une accumulation, des matériaux sur lesquels elle ancre son enseignement. Elle préfère ainsi, par exemple, travailler sur des morceaux choisis, des extraits ne dépassant guère la double page, qu'affronter l'intégralité d'un texte long, l'ensemble d'une œuvre romanesque. Certes, les exceptions existent. « Le Cid », « Phèdre », tel roman de Balzac sont inscrits aux programmes mais n'en restent pas moins, dans la plupart des cas, des prélèvements dans une œuvre, un répertoire. En histoire, un événement sera présenté à partir d'un manuel, d'un petit dossier, plutôt qu'au contact de la diversité des sources dont l'historien dispose. Dans l'apprentissage des langues, la richesse et la prolixité de l'anglais ou de l'allemand seront condensées en de courts dialogues supposés exemplaires. Cette distillation constante de l'information est peut-être inévitable, compte tenu de la parcellisation du temps scolaire. L'Ecole, cependant, l'estime nécessaire au nom d'une efficacité qui doit pouvoir aussi vite que possible arriver à l'essentiel.

Il va de soi que les démarches pédagogiques s'en ressentent. Bon nombre d'entre elles, sinon la quasi-totalité, mettent en œuvre des procédures appropriées au petit nombre, à l'objet de petite taille. Le résumé de texte, le commentaire, l'exercice de traduction sont attachés à la manipulation d'un objet unique; les exercices de grammaire ne traitent généralement que d'une notion à la fois. Quant à celles qui ont tenté de rompre avec cette logique — les approches pluridisciplinaires, celles qui préconisent la notion de tâche à résoudre, ou celles qui s'ouvrent à une documentation élargie — elles se heurtent à la contrainte du temps scolaire, souvent à la critique des parents ou à la lourdeur de l'institution.

Autant dire que l'Ecole est mal armée pour s'aventurer dans un monde informatique dont la topographie se définit essentiellement par l'accumulation des données, leur constant accroissement et leur traitement systématique. Si aujourd'hui un enseignant sait utiliser, pour sa classe, une collection de diapositives de l'ordre de la trentaine de vues, il est parfaitement démuni devant les milliers d'images que l'on peut stocker sur un vidéodisque, tout comme il le sera si on lui propose de travailler non plus avec le « Lagarde et Michard » ou le « Petit Larousse », mais directement avec le « Trésor de la Langue française ».

Pourquoi, dès lors, vouloir s'encombrer d'outils informatiques ? Certainement pas pour ajouter une voix de plus au concert de ceux qui veulent à tout prix ouvrir les portes de l'Ecole aux technologies du grand nombre, du gros débit d'information. Leur discours fleure trop l'opportunisme. Sans vouloir prendre acte, sinon de l'échec de l'informatique à l'Ecole, du moins des grandes réserves qu'il faut y apporter, ils préconisent la télématique, le satellite, le câble. Ils ne font là, à notre sens, que préparer un échec de plus et contribuent à renforcer cette idée qui satisfait aujourd'hui : l'Ecole serait inadaptée au monde à venir. Des raisons moins claironnantes peuvent cependant être invoquées. Celles en particulier qui touchent à l'enrichissement de l'apprentissage et du savoir au contact du complexe et du multiple.

L'une des qualités pédagogiques de l'effet du plus grand nombre est à trouver dans le déplacement, la modification du regard qu'il opère. A ne plus considérer isolément une image, un texte, mais à les inscrire au cœur d'un ensemble, d'une collection, on en modifie la perception et donc la lecture. La politique religieuse de Louis XIV à l'égard des protestants a longtemps été réduite à cette seule image des dragonnades.

Ph. © BN - Arch. Hatier.

Le moins qu'on puisse dire est qu'elle n'est sans doute pas très parlante pour de jeunes esprits. En revanche, à l'intégrer dans l'iconographie dont on dispose, concernant cette période historique, elle perd cette opacité au profit d'une signification particulière. Perçue comme image, elle se met à informer. Dès lors, l'interrogation peut naître, qui cherche à élucider le pourquoi de cette représentation, les sources auxquelles elle trouve ses origines, les fins auxquelles vise sa construction. Voilà qui rend à l'image son poids et l'inscrit au cœur de l'apprentissage. Par le grand nombre l'image n'est plus seulement à regarder : elle est à comprendre. Ce qui est ici rapidement développé à propos de l'image, vaut tout autant pour le texte.

Il n'est pas moins important, pour en cerner le sens, d'en fouiller les parties que de l'éclairer par ses différences. Pour l'une comme pour l'autre, ce qui est visé n'est autre que la mise à profit des effets de sens créés par les relations de contiguïtés. Corollairement, cette diversification des questionnements possibles appelle une certaine systématisation afin de juger de la qualité et de l'originalité du regard porté sur l'ensemble documentaire. Se développe alors une réflexion qui cherche à transformer l'intuition première en critères d'analyse, permettant de soumettre l'ensemble des données au questionnement retenu. L'élaboration même de cette grille d'analyse n'est rien moins qu'une conceptualisation dont on sait que la pratique est une des pierres d'angle de l'apprentissage. Cette opération, souvent mise en œuvre artificiellement quand elle s'applique au petit nombre, trouve enfin sa raison : elle devient fonctionnelle. Sans elle, il ne saurait y avoir de vision d'ensemble; sans elle, il ne peut y avoir de consultation des données.

Ce bref rappel des vertus pédagogiques du grand nombre ne fournit pas pour autant les raisons pour lesquelles il convient d'utiliser des outils informatiques. La nécessité de saisir les données (opération souvent fastidieuse), les contraintes de l'informatique même (en place, en format...) seraient plutôt là pour dissuader de leur utilisation. Néanmoins, si l'on sait s'en tenir à des limites raisonnables, certains ensembles documentaires s'inscrivent parfaitement dans les limites d'une micro-informatique et permettent alors de mesurer le mérite essentiel de l'informatisation des données : pouvoir aussi bien opérer des sélections à partir de critères particuliers, que dresser des états, des représentations de la collection dans son ensemble. La rapidité de ces opérations, dès lors qu'elles sont informatisées, supprime toute rupture dans une démarche d'analyse, mieux encore elle est susceptible d'amorcer une véritable dynamique de la recherche.

L'exemple proposé ci-après voudrait donner un aperçu de la réflexion qui s'attache à l'élaboration d'une base de données et montrer le parti que l'on peut tirer des résultats apportés par une application informatique telle qu'un programme de gestion de base de données.

Imaginons qu'un enseignant en poste du côté de Nîmes veuille intéresser son jeune public à l'histoire de la région et que parmi les différents sujets qui s'y prêtent, il retienne celui des Camisards. Ce thème, estime-t-il, devrait séduire par une certaine modernité des problèmes qu'il pose : la guerilla, le terrorisme, le fanatisme, la tolérance, la marginalité. De quelle documentation peut-il disposer ? Sans recourir nécessairement à la somme d'Henri Bosc, en cours de publication, il peut s'appuyer sur un solide corpus constitué par les soins de Philippe Joutard (1976). S'y trouvent rassemblés une petite mine de témoignages provenant de sources diversifiées et d'une richesse remarquable, tant est grande la gamme des sujets abordés.

Quant à la taille de cet ensemble documentaire, elle correspond précisément à ce qu'il est sensé d'informatiser : il n'est ni caricatural, ni démesuré. De plus, il a l'énorme mérite d'exister.

En outre, cet enseignant dispose d'une iconographie non négligeable, concentrée dans un film, Les Camisards de René Allio. L'idée lui vient alors de proposer à ses élèves d'établir un pont entre ces documents d'archive et la transposition filmique de cette période de l'histoire. Il pressent dans cette mise en relation la possibilité de développer une réflexion sur la notion de source documentaire et sur les effets engendrés par le passage de l'écrit à l'image. Plus concrètement, il s'imagine que devant une séquence du film, un spectateur puisse formuler les questions suivantes :

— d'où l'auteur tire-t-il cette vision des événements ?
— est-elle réaliste ?
— de quelle authenticité peut-elle se prévaloir ?
— inversement, quel est le degré d'interprétation personnelle ?
— à quelle idéologie prend-elle sa source ?
— à quelle volonté correspond-elle ?

Parallèlement, concernant les archives, le lecteur est en droit de s'interroger sur le poids d'un document dans la représentation que l'on peut se faire de ces événements : les informations qu'il véhicule sont-elles corroborables ? quelle filiation peut-on leur trouver ?

Comme on le voit, cet enseignant souhaite amener les élèves à s'interroger sur la complexité de la relation des faits, sur les enjeux liés aux manières de raconter l'histoire. De façon réaliste, il se dit que cette réflexion doit s'appuyer avant tout sur la mise en relation et le regroupement d'informations qui, dispersées, ne font pas sens. Des rapprochements s'imposent, des listes sont à établir, des cartes à dresser, des chronologies à fixer, des opinions à reconstituer.

Le voici avec ses élèves au cœur de la difficulté même : définir les rubriques (le masque) qui permettront de décrire les données, et pour chacune d'entre elles, déterminer les valeurs (le lexique) qui pourront leur être attribuées. Ainsi, de quelles informations ce portrait de Jean Cavalier, fait par La Baume, est-il porteur et à quelles rubriques peuvent-elles être rattachées ?

« *Il pouvait alors avoir vingt-et-un ans; c'est le fils d'un paysan de Ribaute qui commença par lui faire garder les cochons; il servit ensuite de goujat chez Lacombe, bourgeois de Vézénobres lui ayant fait deux procès, l'un civil, l'autre criminel, pour fait de religion; il se retira à Genève où il resta deux ans; il revint ensuite en France où il se trouva à la plus grande partie des assemblées séditieuses qui se firent dans les Cévennes et dans la Vaunage. Son adresse et son audace l'élevèrent par degrés à la charge de général de l'armée des fanatiques dont il prit le titre dans ses lettres, ce qui, joint à la qualité de prédicant et de prophète dont il remplissait les fonctions dans toutes les assemblées, le faisait regarder par les nouveaux convertis non seulement comme un homme extraordinaire, mais encore comme un homme envoyé de Dieu pour rétablir en France la liberté de l'exercice de la religion calviniste.* »

Certaines appartiennent au genre du portrait : âge (21 ans), origine sociale (fils de paysan), profession (boulanger), traits de caractère (adresse, audace). Des lieux sont mentionnés : Ribaute, Vézénobres, La Vaunage, etc. D'autres informations rendent compte du rôle qu'il a pu jouer : statut militaire (général de l'armée des fanatiques), statut religieux (prédicant, prophète). D'autres enfin, laissent transparaître un point de vue de l'auteur : séditieuses, fanatiques, audace, etc.

La mise à plat de cette information disponible, pour intéressante qu'elle soit, ne servirait de rien si l'on n'essayait pas de voir à quel questionnement elle est susceptible de répondre. Sans doute, en l'occurrence, à des questions du type : quel âge avait Cavalier ? était-ce un bourgeois ou un paysan ? quel rang avait-il dans l'organisation militaire ?

Mais ce questionnement se double d'un autre : 21 ans, est-ce jeune en rapport aux autres acteurs protestants ou catholiques ? était-ce, finalement, un mouvement de jeunes ou d'hommes mûrs ? y avait-il d'autres généraux dans cette armée de fanatiques ? quels étaient les grades de cette hiérarchie ? était-elle réellement militaire, ou religieuse, ou les deux à la fois ?

Ce qui est difficile, mais passionnant, et particulièrement formateur dans la conception d'un masque (encore appelé « fiche type »), c'est cette obligation de débusquer, derrière une information, le ou les questionnements auxquels elle devra répondre. Et encore ne faut-il pas s'en tenir seulement à des inventaires de questions. Il est nécessaire de s'interroger sur les effets de croisements des rubriques entre elles afin d'analyser à quel type d'interrogations ils peuvent conduire. A ne décrire, par exemple, les références de ces documents que par leur auteur et leur date, on s'interdit toute réponse à la demande suivante : j'aimerais disposer des textes protestants faisant le portrait d'un adversaire. Demande elle-même inscrite dans une autre, plus large : comment se voyaient-ils ? Il est donc nécessaire de prévoir une rubrique repérant le camp auquel appartient l'auteur, ainsi que sa qualité. De même, on gagnera à préciser le destinataire du document pour autoriser un travail sur la notion d'écriture.

Comme on le devine, ce travail précède la saisie même des données et mérite que l'on y consacre un temps important, car on ne change pas si aisément son fusil d'épaule : on ne modifie pas fondamentalement un masque en cours de gestion. Toute nouvelle rubrique, et surtout toute modification du lexique d'interrogation, demande de réviser l'ensemble des données déjà entrées. Mais le jeu en vaut la chandelle, dès lors que l'on a pris soin de mettre ce travail et cette réflexion au service d'un projet stimulant et original.

Le beau jouet nouveau est arrivé : le vidéodisque

Le vidéodisque, c'est l'Arlésienne. Toujours sur le point de faire une entrée fracassante, mais jamais là. Précédé par la rumeur, à peine montre-t-il le bout de son sillon qu'il s'esquive. Coquetterie de star, ou incapacité à tenir le devant de la scène ? A la longue, on peut se le demander. Mais aujourd'hui, le décor a changé, tout est prêt; tout doit être prêt pour l'arrivée de cet enfant prodige, fils de la vidéo et de l'informatique. L'école elle-même est prête à délier les cordons de sa bourse : à plus ou moins long terme, les établissements secondaires doivent être dotés d'un lecteur de vidéodisque. Allons donc traîner du côté des coulisses, histoire de voir quel scénario se prépare. Mais un vidéodisque, c'est quoi au juste ?

Comment ça marche ?

Nous ne présenterons que le système « laservision », autrement dit le vidéodisque à lecture optique au moyen d'un rayon laser. Une autre technologie existe cependant, appelée vidéodisque capacitif, s'appuyant sur les vertus des charges électriques.

Un vidéodisque est, en taille, semblable à un microsillon longue durée (33 t 1/3). En apparence il s'en distingue car, au lieu d'être noir, il brille et semble irisé : en cela il rappelle le compact disk audio. On sait qu'un microsillon est constitué d'un seul sillon enroulé sur lui-même en spirale, dans lequel est gravée une emprunte analogique du signal électrique, produit par l'enregistrement de la suite de sons.

Dans le vidéodisque, le signal à enregistrer (signal composite qui réunit en un même signal le son et l'image) est transformé en une succession de micro-cuvettes d'environ 0,4 micron de large, 0,1 micron de profondeur, et dont la longueur varie de 0,5 à 1,5 micron.

Le signal reste donc analogique (à la différence du compact disk audio). La différence la plus importante entre le microsillon et le vidéodisque tient à la densité d'enroulement de la spirale. Avec le vidéodisque, elle est environ 50 fois plus compacte. Autrement dit, un microsillon construit selon cette technologie et tournant à 33 t 1/3 aurait une durée moyenne, par face, de 25 heures de musique. Pourquoi une telle densité est-elle nécessaire ? Pour la raison très simple que pour une même unité de temps (une seconde par exemple) occupée par du son, il faut, dans le cas de l'image animée, prévoir d'introduire l'enregistrement de 25 images. En outre, il se trouve que la technologie de la télévision enregistre les images par moitié. C'est donc 50 demi-images qu'il faut pouvoir graver, pour une même unité de temps.

Le principe du vidéodisque est relativement simple : on émet un rayon laser d'une extrême finesse vers la surface du disque. Il vient la heurter et il est affecté par son relief (les micro-reliefs créés par les cuvettes). Le rayon, ainsi perturbé ou modulé, est renvoyé (par une matière réfléchissante) vers une cellule qui le transforme en signal électrique. Si ce principe reste toujours le même, on peut néanmoins distinguer deux types de lecteurs : l'un, dit à vitesse angulaire constante (VAC, ou CAV en anglais); l'autre, à vitesse linéaire constante (VLC ou CLV). Il ne serait pas nécessaire d'entrer dans cette distinction si elle n'avait de grands effets sur les applications du vidéodisque. En CAV, la tête de lecture met le même temps pour lire un tour complet, qu'elle soit à l'extérieur du disque ou vers le centre. Comme sur une roue de bicyclette, un rayon met le même temps pour effectuer une révolution, qu'on le prenne du côté de la jante ou du moyeu. En revanche, en CLV (vitesse linéaire constante), si la tête de lecture met deux secondes pour lire un tour complet lorsqu'elle se trouve à l'extérieur du disque, elle lira un peu plus d'un tour en se rapprochant du centre du disque. Les spires (c'est ainsi que nous appellerons un tour complet de disque) du centre sont évidemment plus courtes que celles de la périphérie.

Quelles différences cela fait-il ? La CAV permet de prendre la spire comme unité de stockage. Mettre une image par spire (sachant que les cuvettes seront plus espacées sur une spire externe que sur une spire interne) revient à prévoir que le disque tourne à 1 500 t/min (1 spire = 1 image = 1/25 seconde). Il est donc possible de stocker 30 minutes, c'est-à-dire 45 000 images par face.

En CLV, si l'on décide de mettre une image par spire au centre du disque (les vidéodisques sont lus du centre vers l'extérieur), on pourra loger trois images sur les dernières spires (qui sont environ trois fois plus longues que les premières). Toutefois, si le vidéodisque doit tourner à une vitesse initiale de 1 500 t/min (au centre), il devra ralentir jusqu'à 500 t/min lorsqu'il lira les spires externes. Pour un même nombre de spires, la CLV permet néanmoins d'augmenter la durée d'une face du simple au double : soit 90 000 images. Elle semble donc mieux adaptée à des programmes longs. Elle permet le stockage de films de durée moyenne. C'est pourquoi cette technologie est généralement réservée aux vidéodisques grand public.

Un vidéodisque ne s'use pas, il ne s'abîme pas. Toutefois, le CLV n'offre qu'imparfaitement certains avantages qui doivent faire du vidéodisque un support particulièrement interactif. Il est, en effet, impossible de repérer une image précise. Tout au plus, peut-on prévoir de repérer des séquences d'images, des chapitres. Autant de choses que fait le CAV. Il suffit d'un compteur de spires pour repérer une image donnée, que l'on aura préalablement numérotée. De plus, en bloquant la tête de lecture sur la spire en question, on obtient un arrêt sur image. Lectures en ralenti ou en accéléré sont également possibles. Ces qualités font du vidéodisque CAV le support idéal des banques d'images (juxtaposition d'images fixes ou de petites séquences animées) en raison des facilités d'accès à l'image et des possibilités de consultation.

Au niveau du son, un vidéodisque offre deux canaux sonores que l'on peut utiliser indépendamment ou en stéréo. Ils ne sont toutefois utilisables qu'en lecture normale (certaines techniques nouvelles de son compressé visent à autoriser le son lors d'un arrêt sur image).

En conclusion de ces aspects techniques, une comparaison avec le magnétoscope s'impose. Même si aujourd'hui certains lecteurs de vidéodisques commencent à le permettre, seul le magnétoscope autorise effacement et ré-enregistrement. En revanche, la linéarité de la bande magnétique, et sa fragilité jouent contre lui, en tant qu'outil fonctionnel de consultation. Enfin la qualité de l'image et du son est nettement supérieure avec le vidéodisque. Si l'on en restait là, la supériorité de l'un ou l'autre support ne s'imposerait qu'en fonction de l'objectif d'utilisation : lecture ou écriture. Mais le vidéodisque se veut interactif et, avec cette qualité suprême, ses partisans pensent devoir l'emporter.

A quoi ça sert ?

On comprendra que ce sont en premier lieu les secteurs d'activités grands consommateurs d'images fixes, propriétaires d'importantes collections iconographiques qui s'intéressent à ce support : les entreprises de vente par correspondance (CAMIF); des agences photographiques (SYGMA); des musées (Metropolitan Museum of Art de New York); de gros services de maintenance... Les projets à venir confirment cette tendance : Club Méditerranée, catalogues d'éditeurs, etc. Autant dire que ce sont des institutions qui sont essentiellement concernées. Comment imaginer que le vidéodisque puisse toucher les productions individuelles ou personnelles ? Il faudrait y consacrer ses vacances entières pendant 50 ans, à raison d'une pellicule par jour de vacances. Parmi ces grosses institutions, on imagine l'armée (pour la télédétection), la médecine (pour l'imagerie médicale), la météorologie (pour la cartographie).

Et l'école ? On nous dit qu'elle veut faire partie du peloton de tête. Imaginer qu'elle puisse trouver dans ce support un outil répondant à ses besoins, c'est considérer que l'école est, ou se veut, grosse consommatrice d'images. L'est-elle effectivement ? Il est vrai qu'un cours de sciences naturelles ou de technologie fait aujourd'hui davantage appel à la diapositive, au film; qu'un cours de mathématiques sur la résolution des équations du second degré peut même être illustré. Mais de là à conclure que l'école consomme de l'image en grande quantité, le pas ne peut être franchi. Une école réellement iconophage serait une école où l'image aurait le même statut que l'écrit, que le nombre. Or, on en est loin. De plus, elle vit sur un contingent documentaire stable, qui se renouvelle peu; l'idée de consommation, au contraire, implique le changement, voire la boulimie.

Une autre raison invite à nuancer les discours enthousiastes et prometteurs. Elle tient au statut que l'école accorde à l'image. On ne peut nier que l'institution scolaire cantonne l'image dans un rôle d'illustration. Elle ne la prend que très rarement pour ce qu'elle est, une construction pour l'esprit, une possible source de raisonnement. C'est ce qui explique sans doute que le recours à l'image va s'estompant à mesure que l'on avance dans le cursus scolaire, quand l'abstraction doit l'emporter sur le concret.

Comme on le voit, il y a donc un formidable paradoxe de la part de l'école à vouloir investir dans une technologie qui s'applique à un objet, l'image, qu'elle méconnaît profondément, par ailleurs. C'est donc qu'à défaut d'être logique, ce choix est sans doute politique et idéologique : l'école française en deviendrait-elle l'une des plus modernes du monde ?

Observons à présent les vidéodisques élaborés dans le cadre de l'enseignement ou de la formation. Faute d'une expérience suffisamment large, il nous faut ici extrapoler à partir de ce qui se fait déjà aux Etats-Unis par exemple, ou encore à partir des prototypes actuellement en chantier en France. En schématisant, sans doute, on peut discerner trois modes de conception d'un vidéodisque éducatif :

- le premier se présente comme un ensemble de séquences d'images regroupées en chapitres, et qui se terminent par l'affichage d'un questionnement (généralement sous forme de QCM). Le système attend de l'utilisateur une réponse à partir de laquelle il l'aiguillera sur telle ou telle séquence appropriée;
- le second est illustré par le prototype « Peau d'âne » (produit par le Centre Mondial d'Informatique, aujourd'hui disparu). Ce vidéodisque permet l'exploitation d'un document audiovisuel à l'aide d'un certain nombre de fonctions : on peut ainsi obtenir la version française ou anglaise d'un film, couper le son, accélérer ou ralentir le défilement des images, faire afficher les dialogues, avoir recours à un dictionnaire, etc.
- on trouve, enfin, un exemple du dernier mode dans certaines séquences du vidéodisque « Basilic » (produit par l'Institut National de la Recherche Pédagogique) qui laisse l'utilisateur gérer, structurer un stock d'images.

Il est à noter que ces différents modes peuvent co-exister sur un même vidéodisque, voire au sein d'un même chapitre.

On reconnaît, dans la première voie, un usage très classique des documents visuels (commentaire pédagogique, questionnement sur la compréhension). En ce sens, le vidéodisque n'est pas d'une grande originalité. Peut-être risque-t-il même d'accentuer ce classicisme dans la mesure où il est gravé et qu'il n'a rien du prêt-à-jeter, vu son coût de fabrication. L'innovation viendrait-elle de la possibilité de gérer automatiquement des parcours ramifiés ? On retrouve ici la problématique connue de l'enseignement programmé et de l'interactivité.

La seconde voie a pour elle son économie ergonomique (« ergonomie », qui a trait à l'organisation du travail) : le regroupement de plusieurs services sur un même support. Les différentes fonctions offrent des avantages. Mais ces avantages sont-ils ceux qu'attend l'utilisateur ? Toute la question est là. En outre, qui va déterminer ces fonctions ? Or, on sait, par expérience, que ce sont rarement les pédagogues, mais bien plutôt les techniciens qui le font.

Le dernier mode se rapproche de l'utilisation de la banque d'images. C'est sans doute, de loin, celui qui est le plus riche du point de vue de l'image et qui correspond le mieux à l'idée même du vidéodisque. En premier lieu, celle de privilégier l'individu au détriment du groupe : le vidéodisque est fait pour être exploité par un ou, au maximum, deux individus. Tout y contribue : le format télévision, la logique du système. Or, c'est un choix déterminant pour le mode d'enseignement. Veut-on des outils favorisant le préceptorat ou, au contraire, des outils propices à l'échange ?

Dans la mesure où le stock d'images est déjà constitué et qu'il est impossible de venir y ajouter des éléments de son propre cru (en attendant le DON, le Disque Optique Numérique), le vidéodisque a quelque chose de contraignant et, finalement, de normatif. Pour échapper à ce risque de sclérose, il faudrait prévoir un renouvellement continu des images ; ce qui implique toute une politique de production d'images dans l'enseignement. Existe-t-elle ? La souhaite-t-on ? Pourrait-on l'assumer ?

Traduire, une application assistée

On parle maintenant de traduction assistée par ordinateur. Acronymement, c'est la TAO. C'est une formule bien plus raisonnable que celle qui fut utilisée auparavant : on parlait de TA, c'est-à-dire de traduction automatique. Nous verrons ce que cache ou révèle ce changement de noms.

Un peu d'histoire

Pourquoi voulait-on traduire automatiquement ? Il est probable qu'aujourd'hui on invoquera des raisons économiques : le développement du commerce international implique que l'on traduise, en des langues toujours plus nombreuses, toujours plus de textes. Cela va des notices techniques qui accompagnent les marchandises au courrier commercial, en passant par tout ce qui contribue à gérer des marchés internationaux. Face à cette demande, la population des traducteurs serait à la fois insuffisamment nombreuse, insuffisamment préparée (à de telles spécificités) et trop onéreuse. « Le texte d'un discours à une réunion du Comité ou de l'Assemblée des Communautés Européennes, par exemple, est traduit, corrigé et dactylographié avant d'être distribué aux participants [...] Deux chiffres illustrent bien l'importance des activités de traduction de la Communauté : le nombre de traducteurs (environ 1 800) et la part du budget communautaire (près de la moitié). Dans ce contexte, l'automatisation partielle ou complète des tâches de traduction est une idée qui s'est imposée d'elle-même » (M. Nagao, 1983, p. 1530).

Une autre raison consiste à dire que les textes que l'on veut traduire ne méritent pas une intervention humaine. Leur technicité, leur aspect monosémique et fermé ne justifient pas le travail d'un traducteur éclairé et formé, le plus souvent, à ce qui se fait de plus noble.

D'autres diront que toutes ces raisons économiques et sociales ne sont rien à côté de l'ambition grandiose d'atteindre une compréhension linguistique totale par l'intermédiaire de la machine. En effet, sur le papier du moins, si une machine parvenait à traduire correctement n'importe quel texte, ce serait parce que ceux qui auraient mis au point le programme seraient parvenus à formaliser de façon rigoureuse et définitive le problème de la compréhension automatique du langage naturel.

1946	Premières discussions sur les possibilités de la TA, Weaver et Booth
1949	Premières recherches en TA (univ. de Washington)
1956	Académie des sciences de l'URSS (TA)
1957	Le choc Spoutnik « Syntactic Structures », Noam Chomsky
1961	Centre d'Etudes pour la TA (Grenoble)
1964	Rapport ALPAC
1968	Mise au point de la théorie casuelle, Fillmore
1970	Présentation du système SYSTRAN
1971	SHRDLU, Terry Winograd
1977	Mise en service de TAUM METEO au Canada
1978	ARIANE 78 en France
1980	Systèmes WEIDNER et ALPS
1982	EUROTRA (projet CEE) projet TA de l'ADI projet japonais de 5e génération

L'idée de la traduction automatique a quarante ans. Depuis, elle a rencontré bien des obstacles. Elle a trébuché plus d'une fois. Elle a même échoué (temporairement, diront certains), puisqu'elle est devenue TAO. Certains événements ont marqué son histoire : ils ont été informatiques, politiques ou linguistiques. C'est ce que montre le tableau de synthèse.

En 1946, c'est W. Weaver et A. D. Booth qui lancent l'idée de la traduction automatique. Il n'y a pas grand-chose à en dire sinon qu'ils n'étaient probablement pas linguistes. Ils pensaient que pour traduire, il suffisait de remplacer les mots. C'est à partir d'une telle hypothèse qu'on a abouti à l'exemple tellement fameux qu'il en est à peine croyable : « LA CHAIR EST FAIBLE, MAIS L'ESPRIT EST FORT » devenu, en équivalent russe, « LA VIANDE EST AVARIÉE, MAIS LA LIQUEUR EST FORTE ». C'est d'autant plus incroyable que chaque fois que cet exemple est cité, il fait l'objet de variantes plus ou moins importantes. Néanmoins, il est tout à fait révélateur d'une certaine conception de la traduction. Mais nous ne voudrions pas tomber dans une critique un peu facile, en nous arrêtant sur des erreurs de ce type. Pour prouver notre bonne foi, nous proposons quelques exemples de traduction humaine qui ne manquent pas d'humour. Ils ont été trouvés dans des notices techniques de matériels informatiques (c'est un comble !) :

owner's manuel	notice d'utilisation du propriétaire
alternate routing	route secondaire
merge file	fichier immergé
disk memory	disque souvenir

matrix character	caractère maternel
in case of a crash	en cas de crachat

En 1957, la traduction automatique devient un thème de recherche prioritaire : c'est le choc Spoutnik. Les américains craignent que les soviétiques ne les devancent dans l'espace. Afin de veiller au grain, ils décident de surveiller tous les travaux venant d'URSS. Mais ils manquent de traducteurs. Ils engagent donc d'immenses dépenses afin de mettre au point des programmes de traduction unilatéraux : du russe vers l'anglais. C'est une période d'euphorie et de déclarations de visionnaires. Les principes adoptés sont plus que rudimentaires : on s'appuie essentiellement sur des procédures de traduction terme à terme, avec quelques petits principes d'analyse syntaxique pour lever les plus grosses ambiguïtés. Les résultats sont déplorables. Tellement déplorables que quelques années plus tard, en 1963-64, le rapport ALPAC met fin à cet engouement déraisonné. Le sénat américain veut être assuré que les dépenses qui ont été consacrées à ce type de recherche ont été fructueuses. Une commission fait donc une enquête. Elle conclut à l'inutilité de ce travail. Après six ans, il n'existe toujours aucun système de traduction automatique. Du jour au lendemain, les crédits sont coupés, aux USA. La France et le Japon vont bientôt les suivre et interrompre le financement de ces travaux.

Les recherches en intelligence artificielle (IA), d'une manière générale, vont pâtir des déboires de la traduction automatique. Il ne se passera rien de notable avant les années soixante-dix. C'est à cette époque qu'apparaît le système SYSTRAN. Il n'a pas de rival. Le redémarrage des recherches en IA a plutôt consacré la CALN (compréhension automatique des langues naturelles). La linguistique a fait d'importants progrès depuis la théorie générative de Noam Chomsky. Les sémanticiens générativistes ont comblé quelques lacunes de la théorie-mère. Mais surtout, le système fonctionnel de M. A. K. Halliday et la théorie casuelle de C. J. Fillmore ont inspiré des chercheurs comme Terry Winograd, ou ceux qui ont été à l'origine de SYSTRAN. On apprend progressivement à corriger certaines erreurs grossières du passé : un système ne doit pas être fermé, mais évolutif; il doit être clairement structuré et compartimenté (les algorithmes, la grammaire, les dictionnaires); il ne peut prétendre tout comprendre ou tout traduire. Les systèmes de traduction réapparaissent. Après SYSTRAN (1970), seront développés et rendus opérationnels des systèmes comme LOGOS (1971, pour l'US Air Force, anglais-vietnamien), TAUM-Météo (1976, anglais-français), GETA (1980, traduction technique, multilingue), WEIDNER (1979, anglais-français-allemand-portugais-espagnol).

SYSTRAN mérite qu'on s'y arrête. Créé pour l'US Air Force, toujours afin de traduire du russe vers l'anglais, il sera appelé à des développements importants. C'est ainsi que la Commission des Communautés Européennes en commandera une version anglais-français. Elle fonctionnera dès 1976. Plus récemment, on y adjoint l'italien. Partout dans le monde, actuellement, des équipes de spécialistes cherchent à développer, toujours plus, le système : afin, d'une part, qu'il soit plus performant, et, d'autre part, qu'il s'étende à de nouvelles langues (arabe, allemand, japonais). Il repose sur une succession d'étapes auxquelles correspondent divers types de réponses informatiques. En voici une synthèse :

ENTRÉE : saisie (texte en langue source)
tri alphabétique (dictionnaire des unitermes)

*

ANALYSE : résolution des homographies
repérage des noms composés (dictionnaire des pluritermes)
identification des phrases
relations syntaxiques primaires
structures de coordination
identification sujet/prédicat
structures de préposition

*

TRANSFERT : résolution de la polysémie
traduction des prépositions
résolution des ambiguïtés

*

GÉNÉRATION : traduction des mots
réarrangement
texte en langue cible

Un tel traitement n'empêche pas le recours à une rectification finale par un traducteur humain. Qu'on en juge sur l'exemple suivant : « About half a million people are employed in the water industry in the EEC countries », devenant par les seules vertus du logiciel « Environ des personnes de un demi-million sont employées dans l'industrie d'eau dans des pays de la CEE. »

Les techniques

Les systèmes de traduction les plus récents (comme EUROTRA, qui est encore en projet, ou les dernières versions de SYSTRAN) ont fait preuve de beaucoup plus de réalisme qu'aux premiers âges. Ils parlent de traduction, certes, mais elle est assistée par l'ordinateur : c'est la TAO. D'ailleurs, on ne sait plus très bien qui assiste qui, de la machine ou du traducteur humain. On n'envisage que des textes relativement techniques et homogènes. On ne prétend plus pouvoir traduire n'importe quel type de textes. En outre, on fait appel soit à la pré-édition, soit à la post-édition. La pré-édition consiste à rectifier ou retoucher, humainement, le texte avant de le livrer à la machine : on peut ainsi le calibrer, le plier à certaines normes, lever des ambiguïtés, etc. La post-édition intervient pour corriger la version de l'ordinateur, ou pour la compléter.

Il a fallu les échecs successifs de la traduction automatique pour en venir à ces solutions plus crédibles. On avait manifestement trop oublié la nature profonde des « lois » du langage, à commencer par l'extraordinaire imbrication de systèmes conceptuels aussi différents que : graphèmes, morphèmes, syntagmes, phrases, paragraphes, textes et intertextes. Chacun de ces niveaux a ses lois propres et ses pièges propres. De plus, les significations essentielles sont portées par les ordres d'organisation les plus élevés et, partant, les moins formalisables. Un texte peut présenter un caractère allitératif (au niveau syllabique ou graphémique, donc) important, un texte publicitaire par exemple, il n'en demeure pas moins que ses significations essentielles vont s'élaborer au niveau textuel et, éventuellement, intertextuel. Imaginons une publicité vantant les mérites d'un produit qui chasse les mauvaises odeurs : « Aï ! la claque ! » Ce message ne peut-il renvoyer au célèbre « I like Ike ».

Mais il est des exemples finalement plus banals et qui montrent mieux les difficultés qui nous attendent. Nous empruntons à Robert Sctrick (cf. Challe, Lehmann, Sctrick, 1985) les deux cas suivants :

> « *Comment faire dire à un ordinateur que "il y a une femme à la fenêtre avec un chapeau rouge" comporte un déterminant de femme, et que dans, "il y a une femme dans le bateau avec des voiles rouges", on ne sait pas ? Certainement, un jour ou l'autre, on verra affiché sur l'écran quelque chose comme : "La phrase comportant la préposition 'avec', pouvez-vous me dire si j'ai raison de faire l'hypothèse que le nom chapeau a plus de chances de se rapporter à femme qu'à fenêtre ?". Mais, aujourd'hui, nous sommes loin de pouvoir penser l'intelligence artificielle en ces termes, tout simplement parce que nous sommes loin d'avoir un modèle sémantique satisfaisant pour la préposition "avec"...* ».

Face à cette complexité, la traduction automatique ou assistée propose cinq modes d'intervention.

La translitération : il s'agit d'un pur transcodage, caractère à caractère. On cite souvent l'exemple, au Japon, de la « traduction » du Kanji au Kana. Il y a quelques autres cas analogues, comme celui de la Turquie, lorsqu'un pays décide de changer d'alphabet, et non pas de langue.

La traduction mot-à-mot : il suffit d'un dictionnaire de formes équivalentes. Cela n'est pas tout à fait vrai. On se passe difficilement d'un minimum d'analyse syntaxique (en fait, dans ce cas, d'une analyse pseudo-distributionnelle) pour lever les ambiguïtés les plus criantes. Cette technique est encore utilisée, quand on est peu exigeant (pour les notices techniques d'appareils ménagers, par exemple), ou quand la situation le permet (les machines à traduire pour enfants où le jeu ne consiste à traduire que des mots, la plupart du temps, isolés).

L'analyse syntaxique : elle manifeste un peu plus de rigueur. Le dictionnaire est toujours nécessaire. Mais il convient, d'abord, d'identifier la structure grammaticale de l'énoncé en langue source et d'y faire correspondre la structure appropriée, en langue cible. Cette méthode ne permet vraiment de régler que le problème de l'ordre des mots (et encore, très partiellement).

L'analyse syntaxico-sémantique : l'ordre des mots y est mieux réglé qu'avec l'analyse syntaxique dans la mesure où la notion de rôle sémantique des divers arguments de l'énoncé est, en partie, reconnue. C'est la théorie grammaticale casuelle de Fillmore qui a permis la mise au point de ce modèle.

L'analyse contextuelle, enfin : elle permettrait d'envisager avec un certain succès la question des procédés diaphoriques (ana- et cata-), des déictiques, et des cas d'homonymie. Contextuel ne signifie pas distributionnel. Il s'agit véritablement de disposer d'une sorte de grammaire de texte. Ce cinquième niveau n'est pas encore atteint. Cela sous-entendrait que de telles grammaires existent. D'autre part, cela repose sur la possibilité d'introduire dans les programmes de traduction une masse considérable de connaissances, non seulement sur la langue, mais aussi sur le monde. Une phrase comme « la pêche est bonne ? » dépend d'une analyse contextuelle : la question s'adresse-t-elle à un pêcheur ? a-t-il été question de fruits, auparavant ? en est-il question, ensuite ? en outre, un pêcheur peut-il manger une pêche, à défaut du fruit de sa pêche ? etc. Ces questions sont toutefois celles qui inspirent actuellement une partie de ce qu'il est convenu d'appeler le projet « 5e génération » des japonais (cf. Feigenbaum et McCorduck, 1984).

Les spécialistes de la traduction automatique avaient mis au point des systèmes relativement lourds. Pour traduire du français vers l'anglais et l'allemand, il fallait disposer de deux appareils (entendre « ensembles de programmes » ou « systèmes ») de traduction distincts : A1, français vers anglais, et A2, français vers allemand. Pour que la traduction se fasse dans l'autre sens, il fallait deux autres appareils : A3, anglais vers français, et A4, allemand vers français. Enfin, si l'on ne voulait pas porter atteinte aux relations germano-anglaises, on devait construire deux autres appareils supplémentaires : A5, anglais vers allemand, et A6, allemand vers anglais. Dès que l'on souhaitait traduire des textes dans plus de trois langues, le nombre d'appareils de traduction croissait rapidement : 2 langues (2 appareils), 3 langues (6 appareils), 4 langues (12 appareils), 5 langues (20 appareils), 6 langues (30 appareils).

On a alors imaginé la notion de langue pivot ou de pivot, tout court. Cette idée est venue du fait que lorsque l'on traduit, automatiquement, une langue L1 dans une langue L2, on est toujours amené à produire, à partir de L1, une structure intermédiaire avant de passer à L2. C'est cela que l'on appelle un pivot. En généralisant ce type de structure, traduire devient une activité qui s'opère en deux temps principaux : produire le pivot, à partir de L1, et passer du pivot à L2. En outre, cela peut se faire indépendamment de la ou des langues cibles. Pour chaque langue, donc, il suffit de mettre au point deux appareils : « français-pivot » et, inversement, « pivot-français », « anglais-pivot » et « pivot-anglais », « arabe-pivot » et « pivot-arabe », par exemple. Ainsi, si l'on désire traduire un texte anglais en arabe, on mobilisera l'appareil « anglais-pivot », puis l'appareil « pivot-arabe ». Pour un système à 6 langues, 12 programmes suffisent; pour un système à 5 langues, 10 programmes. On y voit une grande économie dès qu'il y a plus de trois langues. Le pivot est une reconstruction formelle et abstraite de l'énoncé de départ et ne constitue, en aucune manière, une autre langue, une langue intermédiaire, un espéranto. L'énoncé y est mis en formules, selon des règles communes à tous les pivots.

Nous n'entrerons pas plus avant dans les techniques de la traduction à caractère automatique. Nous préférons juger des performances de la traduction actuelle. Quoi que laisse transpirer notre discours, les techniques ont progressé. Fini le temps des erreurs gags (peut-être en reste-t-il quelques-unes !). En fait, la question est de savoir quel degré de qualité on peut atteindre, et, surtout, sur quel type de textes.

Résultats

Nous présentons deux exemples qui ont été fournis par une étudiante dont la recherche portait sur la qualité de la traduction machinale. L'expérience a été menée sur un terminal Systran. Dans le premier exemple, nous proposons le texte source (en anglais), sa traduction machinale (en français) et une traduction humaine de ce texte (toujours en français).

Texte source

Viewed from the outside, the clubs have an air of infinite mystery. Every lunch time, the taxis and government Humbers draw up outside the palazzi of Pall Mall, and bowlers and umbrellas disappear through the great stone doorways, acknowledged by reverrent porters. Through the big windows you see men reading The Times, hailing each other, exchanging surreptitious conversation with special clubman's gestures — the pat on the shoulder, the grip on the forearm, the steering from the back.

Traduction machinale

Regardé de l'extérieur, les clubs ont un air de mystère infini. Chaque temps de déjeuner, les taxis et Humbers gouvernemental élaborent en dehors du palazzi de Pall Mall, et les bowlers et les parapluies disparaissent à travers la grande pierre doorways, reconnu par les portiers reverent. A travers les grandes fenêtres vous voyez hommes lisant les temps, les uns les autres hailing, conversation surreptitious d'échange avec les gestes du clubman spécial — le tapotement sur l'épaule, la poignée sur l'avant-bras, l'orientation du dos.

Traduction humaine

Vus de l'extérieur, les clubs ont un air infiniment mystérieux. A l'heure de déjeuner, les taxis et les Humbers du gouvernement se rangent devant les palais de Pall Mall, et melons et parapluies disparaissent sous les grandes voûtes de pierre, salués au passage par des portiers respectueux. A travers les grandes fenêtres, vous voyez des hommes qui lisent le Times, se saluent et conversent sur le ton de la confidence avec les gestes caractéristiques des clubs : on se tape dans le dos, on s'étreint les bras, on se guide par les épaules.

Il s'agissait d'un texte à caractère fortement littéraire : une description minutieuse, faisant largement appel à divers procédés rhétoriques (pensez seulement à l'emploi métonymique de « melons et parapluies » qui « sont salués par des portiers respectueux »). Notre deuxième exemple doit être considéré comme plus banal : il s'agit d'un texte journalistique sans originalité particulière. Le texte source est en français. Puis nous en présentons la traduction machinale en anglais et, enfin, la troisième version est une re-traduction par la machine de l'anglais vers le français. En effet, il nous a paru amusant de pouvoir mesurer le chemin parcouru entre la source et une version française ayant subi deux traductions automatiques.

Texte source

Bientôt la carte de santé génétique

La génétique fait des progrès si foudroyants, aux conséquences si imprévisibles, qu'elle se fait peur à elle-même. Mais tandis que ses objecteurs de conscience tentent de limiter son pouvoir, les médecins, de leur côté, commencent à bénéficier réellement de ses découvertes. Que les progrès de la science fassent peur, cela n'est pas nouveau. Qu'ils effraient les scientifiques eux-mêmes, voilà qui est plus rare, mais qui est déjà arrivé.

Traduction machinale

On genetic health chart

The genetics done of progress is striking down, to the so unforeseable consequences, that fear with itself is made. But while its conscience objectors try to limit its power, the doctors, on their side, start really to profit by its discoveries. That progress of science makes fear, that is not new. That they frighten the scientists themselves, here are who are rarer, but who has already arrived.

Re-traduction machinale

Sur le diagramme génétique de santé

La génétique faite des progrès frappe en bas de, aux conséquences tellement imprévisibles, cette crainte avec elle-même est faite. Mais tandis que ses objectors de conscience essayent de limiter son pou-

voir, les médecins, de leur côté, commencent vraiment à profiter par ses découvertes. Ces progrès de la science font la crainte, cela ne sont pas nouveaux. Qu'ils effraient les scientifiques eux-mêmes, ici soyez qui sont plus rares, mais qui est déjà arrivé.

Ce dernier test montre avec netteté que traduire machinement ne saurait, en aucun cas, signifier comprendre. Dans les cas de doute, la machine doit choisir. Lui demande-t-on de re-traduire, on s'écarte toujours un peu plus de l'idée de départ.

Cela dit, la machine traduit ! ou trahit, comme on voudra. Ces exemples ne vous sont pas proposés pour vous rassurer. Nous ne cherchons pas à vous convaincre que l'homme reste le meilleur. A considérer le premier exemple de traduction, on constate que la traduction humaine est due à un traducteur de grande qualité et qu'à prendre le problème de cette manière, bien des traductions humaines (en particulier, dans les lycées ou les universités) ne tiendraient pas la comparaison. Ce qui nous importe, c'est d'arriver à désigner avec le plus de précision possible les lieux de résistance du langage. Ici, c'est certainement la polysémie et les tournures idiomatiques.

« Armorique » et « armoiries »

Avez-vous réfléchi à l'art et la manière de classer alphabétiquement deux mots ? Peut-être a-t-on le sentiment de faire spontanément ce genre d'opération, d'en saisir immédiatement le processus. Voyons le détail du traitement, en partant du résultat et en remontant aux opérations les plus élémentaires. Soit les mots « Armorique » et « armoiries ».

Armorique vient après armoiries..	pourquoi ?
parce que « r » vient après « i » ..	quel « r » ?
la 5e lettre d'Armorique	quel « i » ?
la 5e lettre d'armoiries	pourquoi la 5e ?
parce que c'est la 1re différence notable........................	expliquez-vous
les 4 premières lettres de chaque mot sont identiques	comment en êtes-vous sûr ?
j'ai comparé les 2e premières.....	et alors ?
elles sont identiques	A et a sont identiques ?
majuscule ou minuscule, c'est pareil	Ah bon !
j'ai comparé les 2 secondes	pourquoi ?
parce que tant que je ne trouve pas de différence, je dois continuer ..	entendu, et ensuite ?
ça continue comme ça jusqu'au 5e rang. Là, c'est différent, et je sais que « i » vient avant « r ».......	c'est écrit dessus ?
non, on me l'a appris. On m'a appris que l'ordre des lettres c'est a b c ..	explication satisfaisante.

Finalement, comparer alphabétiquement deux mots n'est pas une activité de tout repos ! c'est tout un processus, un traitement (un programme !). Et il convient d'avoir appris un certain nombre de choses. L'ordre immuable des lettres, par exemple. Mais aussi, l'art de traiter un problème, de le structurer. Pour un ordinateur, c'est la même chose... jusqu'à un certain point. On lui a effectivement appris tous les caractères possibles dont on peut avoir besoin (les lettres, minuscules et majuscules, les chiffres, les signes de ponctuation et quelques autres caractères, dits « spéciaux »). Appris ? En fait, on a fait correspondre à tous ces signes, des codes (finalement, des nombres). Il suffit que les constructeurs d'ordinateurs s'entendent sur la plupart de ces codes. Il existe un codage dit ASCII (acronyme de « American Standard Code for Information Interchange ») qui est le résultat d'un tel compromis, et que nous avons déjà rencontré. Ainsi, appuyant sur le « a » du clavier, c'est le code

97 qui part sous la touche vers la mémoire de l'ordinateur. Pour comparer alphabétiquement deux lettres, l'ordinateur n'a d'autre ressource que de comparer leur code. Un moyen astucieux consiste à les soustraire. Si le résultat de la soustraction est égal à zéro, c'est que les codes sont identiques. Nous pouvons donc en conclure qu'il s'agit de caractères identiques. Si le résultat est positif (i.e. supérieur à zéro), c'est que le premier caractère a un code supérieur au second. Et réciproquement.

	1	2	3	4	5	6	7	8	9e rang
armorique --------	97	114	109	111	114	105	113	117	101
— armoiries ---------	97	114	109	111	105	114	105	101	115
	00	000	000	000	009				

Dans cet exemple, l'ordinateur ne découvre donc la première différence qu'au cinquième rang. Le résultat étant alors positif (+9), il en déduit que « i » vient avant « r ». Et, parce que son constructeur lui en a enseigné un peu plus, il en infère que la suite de caractères à laquelle appartient « i » vient avant l'autre : et c'est pourquoi armoirie vient alphabétiquement avant armorique. Mais tout cela n'est possible que parce que, par ailleurs, on lui a transmis « l'art et la manière de traiter » ce problème. Quelque chose comme,

1. ACCEPTE un mot
2. APPELLE-le MOT1
3. ACCEPTE un autre mot
4. APPELLE-le MOT2
5. APPELLE N une case de ta mémoire
6. METS 1 dans la case N
7. COMPARE le caractère de rang N de MOT1 et le caractère de rang N de MOT2
8. Si le résultat = 0 ALORS METS +1 dans la case N ET RETOURNE EN 7 SINON VA EN 9
9. SI le résultat >0 ALORS AFFICHE « mot2 vient avant mot1 » SINON AFFICHE « mot1 vient avant mot2 »
10. FIN

Ceci s'appelle un ALGORITHME : le problème y est traité dans sa globalité, chacune des étapes y est décrite avec précision et ordre. Un algorithme peut s'exprimer sous une forme linguistique libre (« il faudra d'abord entrer un mot, l'appeler MOT1 ; puis, en entrer un second, et l'appeler MOT2 ; etc. »), ou bien d'une manière un peu plus formelle (cf. ci-dessus), ou bien encore sous forme d'ORGANIGRAMME.

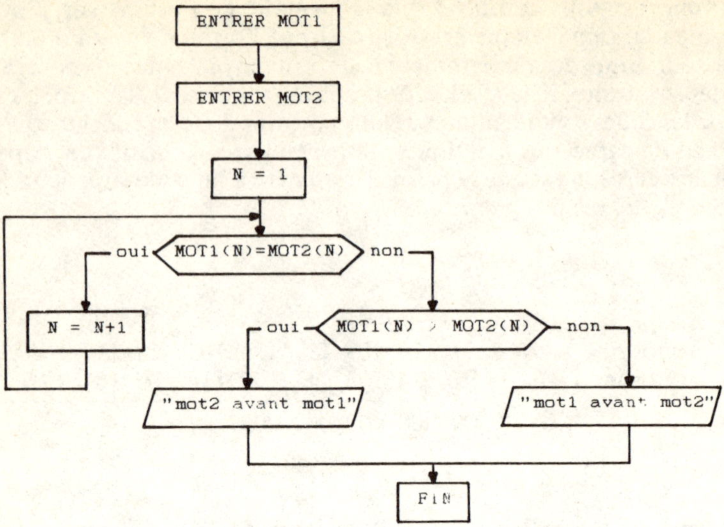

Pour la machine, le traitement est un peu plus complexe encore. Le programme tel que nous venons de le décrire est imparfait. Imaginez ce qui se passerait si on demandait de comparer deux mots identiques tels que « amer » et « amer » :

	N reçoit	N vaut	COMPARAISON du rang N de MOT1	et de MOT2	SUITE
1er passage	1	1	a	a	RETOUR
2e passage	+1	2	m	m	RETOUR
3e passage	+1	3	e	e	RETOUR
4e passage	+1	4	r	r	RETOUR
5e passage	+1	5	???	???	??????

L'ordinateur ne peut trouver la 5e lettre de « amer ». Ses automatismes nous obligent à lui apprendre les limites de sa recherche, alors que la notion de fin de mot semble tellement évidente pour nous. Par exemple, lui ayant fait calculer la longueur du mot « amer » (longueur exprimée en nombre de caractères), nous ajouterons le test suivant en ligne 6bis du programme :

6bis SI N > longueur de MOT1 ALORS AFFICHE
« les 2 mots sont identiques » ET VA EN 10 SINON VA EN ?

Et parce que rien n'est jamais trop simple, il conviendrait de prévoir le cas où l'un des deux mots est plus long que l'autre. Ou bien la différence alphabétique est du type « arme », « armada » et le programme, tel qu'il est, fonctionne; ou bien, l'un des deux mots est égal à l'autre à quelques lettres supplémentaires près : « ami » et « amitié », par exemple. Dans ce cas, il faudra améliorer le programme.

Nous voulions, en décortiquant cet exemple simple, démontrer que ce qui est « lettre » est *a priori* étranger à la machine. Certes, elle peut néanmoins traiter ce genre de problème, mais il faut toujours avoir à l'esprit cette extraordinaire gymnastique qu'elle accomplit. Nous aurions donc, d'un côté, un outil de communication tellement kaléidoscopique que nous en venons, parfois, à douter des significations entendues, et, de l'autre, une machine câblée transformant tout ce qu'elle touche en nombres et en opérations terriblement élémentaires ou primaires.

Qu'est-ce qu'une phrase ?

Voilà une de ces questions évidentes qu'il ne nous viendrait pas à l'esprit de réveiller. C'est un monstre qui sommeille. On nous a assez perturbés à l'école élémentaire. Après tout, c'est comme la prose, on en fait sans le savoir. Cela dit, la définition qui nous intéresse ici doit être compatible avec le fonctionnement d'une machine.

Selon une définition tout à fait classique, dans une phrase on trouve quelque chose qui est dit (le DICTUM) et quelque chose qui indique comment le dire (le MODUS). D'autres opposeront « proposition » et « modalité ». Selon une autre vision, aussi classique, faire une phrase c'est dire quelque chose (le PREDICAT) à propos de quelque chose (le THEME). La théorie générative combinait ces deux définitions : une phrase, c'était une proposition et un constituant modal; la proposition, c'était un syntagme nominal (sujet) et un syntagme verbal, obligatoires. D'autres encore (de Fillmore à Halliday) proposaient de considérer la phrase comme une unité de signification où trônait un PROCES (généralement exprimé par le verbe) entouré de PARTICIPANTS (ROLES ou CAS).

Toutes ces approches ont ceci de commun qu'elles font appel à des notions profondément synthétiques et abstraites. Même le syntagme nominal ne se laisse pas cerner avec évidence, dès que l'on cherche des repères formels. On comprendra que l'on préfère orienter nos recherches vers des marques plus distinctes. A l'écrit, par exemple, il existe des signes qui ne trompent pas trop : les ponctuations. Mais jusqu'où peut-on s'y fier ?

A priori, six signes de ponctuation nous intéressent : le point, le point-virgule, les deux points, les points de suspension, le point d'interrogation et le point d'exclamation. Il faudra les étudier tous si l'on prétend permettre à une machine de repérer les phrases. Ici, nous nous contenterons du point. Il convient de réfléchir à partir d'exemples. Le point est plus complexe qu'on ne l'imagine. Il est bien sûr séparateur de phrases. Mais il ne l'est pas toujours. C'est ce qu'illustrent les 16 exemples qui suivent (chacun présentant le contexte immédiat du point — gauche et droit) :

1. .... du bâtiment. Ils atteignent .... oui
2. ... tout à fait frappante. oui
3. ..... grande intensité ». oui
4. .... active à 164 M. Mais il .... oui
5. ...... des importations). Cela confirme .... oui
6. .... pendant 1984). En revanche .... oui
7. .... figure au tableau 4. Les conclusions .... oui
8. .... on trouvera p. 20 une illustration .... non

9. .... par ex. : « la mobilité .... non
10. ...... le rapport de l'O.C.D.E. révèle............. non
11. .... experts de l'O.N.U. Ils déclarent .... oui
12. .... l'économiste A. Smith .... non
13. .... d'autres voies..., la conception .... non
14. .... caoutchouc, etc., ne varient pas .... non
15. ...... niveau de vie (cf. la réalisation du .... non
16. .... des classes (cf. Marx dans .... non

Il faut, dans un tel ensemble, trouver une structure quelconque, construire un algorithme qui permette à un programme de statuer le plus fermement possible sur la fonction du point rencontré. Quand le point est suivi d'un blanc, on oriente la recherche vers une série de cas très fréquents. Il faut circonscrire le cas général le plus rapidement possible. C'est, à n'en pas douter, celui où le point est suivi d'un blanc, où il est précédé d'une minuscule et où le mot qui précède n'appartient pas à la liste d'abréviations.

L'algorithme, que nous reproduisons ci-après (algorithme 1), se lit de la manière suivante : test premier, si le caractère qui suit le point est un blanc alors se rendre au test 2, sinon voir le test 10; test 3, si le mot qui précède immédiatement le point appartient à la liste des abréviations, alors se rendre au test 4, sinon conclure que le point est bien un séparateur de phrases; ...

test	si	alors	sinon
T1	P + 1 = blanc	T2	T10
T2	P − 1 = minusc	T3	T5
T3	MOT − 1 = [ABR]	T4	SEPARAT (1)
T4	MOT − 1 = « ex »	AIDE (2)	NON-SEP (3)
T5	P − 1 = majusc	T6	T9
T6	P + 2 = majusc	T7	NON-SEP (4)
T7	P − 2 = «.»	AIDE (5)	T8
T8	P − 2 = blanc	NON-SEP (6)	SEPARAT (7)
T9	MOT − 1 = note	NON-SEP (8)	SEPARAT (9)
T10	P + 1 = (RC)	SEPARAT (10)	T11
T11	P + 1 = «.»	T12	NON-SEP (11)
T12	P + 3 = (RC)	SEPARAT (12)	T13
T13	P + 4 = majusc	SEPARAT (13)	NON-SEP (14)

algorithme 1

Et parce qu'il faut bien démontrer qu'en matière d'analyse de problème (d'algorithmique, autrement dit) ce n'est pas la forme graphique qui importe, mais bien le degré de formalisme des règles que l'on produit, nous proposons une autre version graphique du même algorithme en fin de chapitre (algorithme 2). Les numéros qui figurent entre parenthèses renvoient aux exemples présentés ci-dessous. Ils illustrent le cas traité :

(1) en voie de développement. En effet, le décollage
(2) le groupe Alcatel, par ex. On en reparlera
ou diverses sociétés : par ex. Peugeot,
(3) de notre tableau V (voir p. 34)
(4) investissement de 164 M. de francs
(5) de l'ouvrage de W. W. Rostow :
ou selon l'O.C.D.E. Mais il faut constater
(6) d'après les théories de K. Marx
(7) d'un pays comme l'ANGLETERRE. Il y a
(8) 1. La romanisation choisie est ici
(9) voit le jour en 1958. Elle se développe progressivement
(10) qui accélèrent la productivité de l'ensemble.
(11) de l'ouvrage de W. W. Rostow
(12) à Montbéliard plutôt qu'à Bastia...
(13) de questions analogues... Finalement, il est important
(14) de produits primaires (...), leur taux

Finalement, cela représente un nombre important de tests. Certains d'entre eux, ici exprimés en une seule condition, en cachent, en fait, plusieurs : « si le mot qui précède appartient à la liste [ABR] » équivaut à autant de tests qu'il y a d'éléments dans la liste (fig. cf. ste. i.e. ed. p.e. édit. p. ex. l. lig. chap. pp. st.). Bien des problèmes subsistent. Deux cas sont, pour l'instant, indécidables : ceux qui aboutissent aux exemples 2 et 5. Si l'on ne trouve pas d'autre solution, il faudra recourir à l'utilisateur. Le programme devra demander de l'aide : autrement dit, dès que l'exécution du programme aboutira à l'une de ces ramifications, elle s'interrompra. Le programmeur aura prévu, dans ce cas, de demander à l'utilisateur de décider lui-même. Ce procédé est de plus en plus utilisé. Il permet d'éviter deux risques aussi importants : le premier consiste à oublier purement et simplement les cas gênants (on dit souvent que l'on a mis au point un algorithme qui marche dans 90 % des cas); le second revient à normaliser les exceptions, à les faire entrer dans le moule général (c'est très pratique, souvent logique, mais erroné).

Par ailleurs, nous ne sommes pas assurés (dans le traitement du point) d'avoir fait le tour de tous les cas particuliers possibles. Du moins, avons-nous fait la démonstration d'un raisonnement formel appliqué à un problème linguistique. Cela dit, il ne s'agissait que d'une question de syntaxe à caractère graphique. Nous veillerons ailleurs à considérer des aspects de plus haut niveau linguistique.

algorithme 2

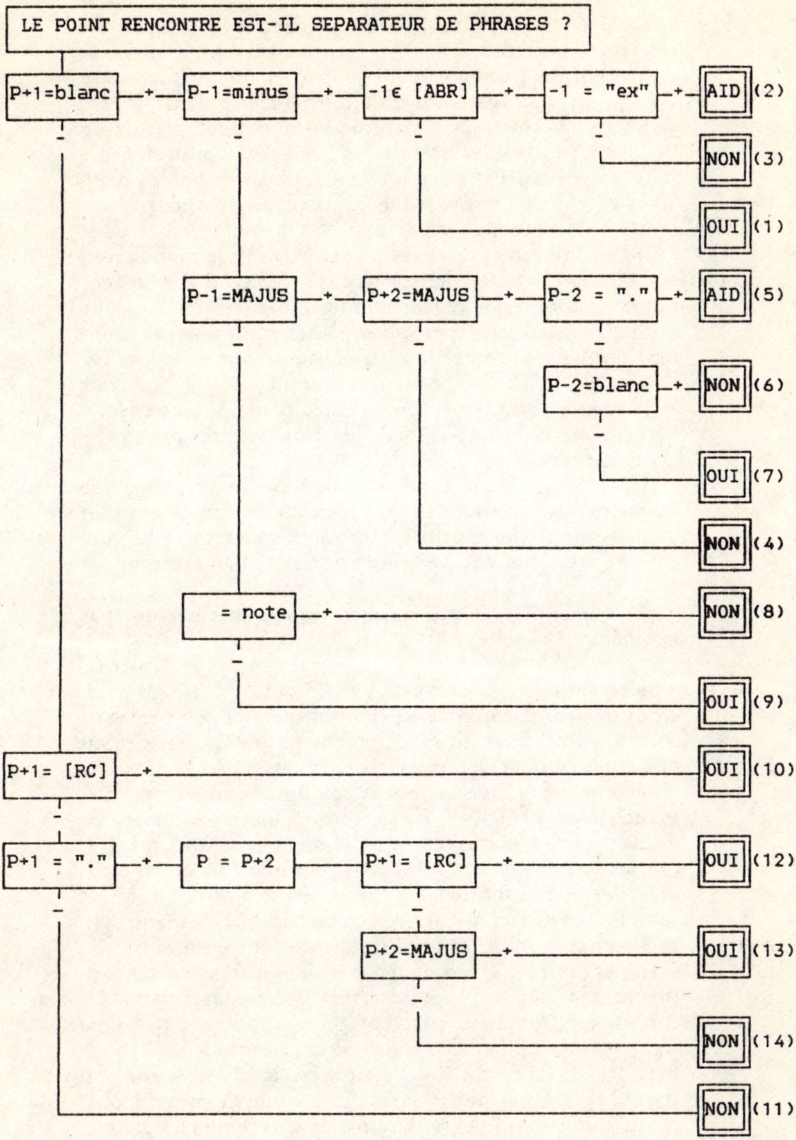

Géométrie et finesse
Hommage à Blaise Pascal

512 (1)

Différence entre l'esprit de géométrie et l'esprit de finesse.

En l'un les principes sont palpables mais éloignés de l'usage commun de sorte qu'on a peine à tourner la tête de ce côté-là, manque d'habitude : mais pour peu qu'on l'y tourne, on voit les principes à plein; et il faudrait avoir tout à fait l'esprit faux pour mal raisonner sur des principes si gros qu'il est presque impossible qu'ils échappent.

Mais dans l'esprit de finesse, les principes sont dans l'usage commun et devant les yeux de tout le monde. On n'a que faire de tourner la tête, ni de se faire violence; il n'est question que d'avoir bonne vue, mais il faut l'avoir bonne : car les principes sont si déliés et en si grand nombre, qu'il est presque impossible qu'il n'en échappe. Or l'omission d'un principe mène à l'erreur; ainsi il faut avoir la vue bien nette pour voir tous les principes, et ensuite l'esprit juste pour ne pas raisonner faussement sur des principes connus.

Tous les géomètres seraient donc fins s'ils avaient la vue bonne car ils ne raisonnent pas faux sur les principes qu'ils connaissent. Et les esprits fins seraient géomètres s'ils pouvaient plier leur vue vers les principes inaccoutumés de géométrie.

Ce qui fait donc que certains esprits fins ne sont pas géomètres.

Tournez.

C'est qu'ils ne peuvent du tout se tourner vers les principes de géométrie, mais ce qui fait que des géomètres ne sont pas fins, c'est qu'ils ne voient pas ce qui est devant eux et qu'étant accoutumés, aux principes nets et grossiers de géométrie et à ne raisonner, qu'après avoir bien vu et manié leurs principes, ils se perdent dans les choses de finesse, où les principes ne se laissent pas ainsi manier. On les voit à peine, on les sent plutôt qu'on ne les voit, on a des peines infinies à les faire sentir à ceux qui ne les sentent pas d'eux-mêmes. Ce sont choses tellement délicates, et si nombreuses, qu'il faut un sens bien délicat et bien net pour les sentir et juger droit et juste, selon ce sentiment, sans pouvoir le plus souvent le démontrer par ordre comme en géométrie, parce qu'on n'en possède pas ainsi les principes, et que ce serait une chose infinie de l'entreprendre. Il faut tout d'un coup voir la chose, d'un seul regard et non pas par progrès de raisonnement, au moins jusqu'à un certain degré. Et ainsi il est rare que les géomètres soient fins et que les fins soient géomètres, à cause que les géomètres veulent traiter géométriquement ces choses fines et se rendent ridicules, voulant commencer par les définitions et ensuite par les principes, ce qui n'est pas la manière d'agir en cette sorte de raisonnement. Ce n'est

> pas que l'esprit ne le fasse mais il le fait tacitement, naturellement et sans art. Car l'expression en passe tous les hommes, et le sentiment n'en appartient qu'à peu d'hommes. Et les esprits fins au contraire, ayant ainsi accoutumé à juger d'une seule vüe sont si étonnés quand on leur présente des propositions où ils ne comprennent rien et où pour entrer il faut passer par des définitions et des principes si stériles qu'ils n'ont point accoutumé de voir ainsi en détail, qu'ils s'en rebutent et s'en dégoûtent.
>
> Mais les esprits faux ne sont jamais ni fins, ni géomètres.
>
> Les géomètres, qui ne sont que géomètres ont donc l'esprit droit, mais pourvu qu'on leur explique bien toutes choses par définitions et principes; autrement ils sont faux et insupportables, car ils ne sont droits que sur les principes bien éclaircis.
>
> Et les fins qui ne sont que fins ne peuvent avoir la patience de descendre jusque dans les premiers principes des choses spéculatives et d'imagination qu'ils n'ont jamais vues dans le monde, et tout à fait hors d'usage.
>
> 513 (4)
>
> Géométrie. Finesse.
>
> La vraie éloquence se moque de l'éloquence, la vraie morale se moque de la morale. C'est-à-dire que la morale du jugement se moque de la morale de l'esprit qui est sans règles.
>
> Car le jugement est celui à qui appartient le sentiment, comme les sciences appartiennent à l'esprit. La finesse est la part du jugement, la géométrie est celle de l'esprit.
>
> Se moquer de la philosophie c'est vraiment philosopher.

Ce fragment des « Pensées » est certainement l'un des plus célèbres. Il nous semble, cependant, que peu des théoriciens actuels de l'intelligence artificielle l'ont médité. Il y a dans cette vision de la « géométrie » et de la « finesse », un souci, fin et géométrique à la fois, de désigner une complémentarité et une énorme différence qualitative, une sorte d'irréductibilité.

Eliza, l'incomprise

Considérons ce chapitre à la fois comme un moment de détente et comme une démonstration importante. On va chercher à découvrir les moyens mis en œuvre par J. Weizenbaum et son équipe dans le programme appelé ELIZA. On partira de la copie d'un dialogue réel que nous avons tenu avec la machine.

L'affaire

ELIZA est un programme intéressant à plus d'un titre. Joseph Weizenbaum (son inventeur) était professeur d'informatique au Massachusetts Institut of Technology. Il prétend que les raisons qui l'ont poussé à concevoir le programme ELIZA sont d'ordre « publicitaire ». La plupart des programmes que réalisait son équipe ne pouvaient, disait-il, démontrer de façon éclatante la puissance de traitement de l'ordinateur; ELIZA, simple à mettre en œuvre, allait s'en charger. De quoi s'agissait-il ? Le but était d'arriver à simuler une conversation en anglais avec une machine. L'utilisateur humain entrait un message (non précodé, ni contraint), la machine l'analysait et y « répondait ». Le terme est, bien sûr, inadapté. En fait de réponses, il s'agissait de relances. Pour répondre, il faut comprendre (ce nous semble !). Ce qui à aucun moment n'est le cas.

Le programme comprend deux parties principales : un analyseur de langage et un script. L'analyseur doit repérer des éléments dans le message de l'utilisateur. Le script est la condition *sine qua non* pour que l'illusion de conversation fonctionne. C'est un ensemble de règles analogues à celles que l'on donne à un acteur pour qu'il improvise sur un certain thème. C'est la définition proposée par J. Weizenbaum (1981). Le premier script (ce qui laisserait entendre qu'il y en a eu d'autres, dont nous n'avons jamais eu connaissance) s'appelait DOCTOR. ELIZA y jouait le rôle d'un psychothérapeute : « Un psychothérapeute rogerien est relativement facile à imiter car beaucoup de sa technique consiste à faire parler son patient en retournant à celui-ci ses propres paroles » (*op. cit.*, p. 5). L'honnêteté intellectuelle nous oblige à dire que nous n'avons jamais vu (ni de près, ni de loin) la version originale de DOCTOR. Nous n'en connaissons que des bouts de dialogue reproduits ici ou là. Dans son ouvrage, Weizenbaum nous en propose un (où les réponses de l'ordinateur sont en gras) :

— Les hommes sont tous les mêmes.
de quelle façon ?
— Ils sont toujours en train de nous embêter avec leurs histoires.
Pensez-vous à un exemple précis ?
— Eh bien, mon ami m'a fait venir ici.
Votre ami vous a fait venir ici.

— Il dit que je suis souvent déprimée.
Je suis navrée d'entendre que vous êtes déprimée.
— C'est vrai, je suis malheureuse.
Pensez-vous que venir ici vous aidera à ne pas être malheureuse ?
— J'ai besoin d'aide, c'est certain.
Que signifie pour vous obtenir de l'aide ?

L'illusion-simulation est saisissante. Et pour qui n'a pas d'hypothèse sérieuse sur les algorithmes qui permettent ce genre de dialogue ou sur le type de situation dont il s'agit, la surprise est réelle. DOCTOR a d'ailleurs été un événement aux Etats-Unis. C'est en 1965. Très peu de gens savent ce que l'on peut faire avec un ordinateur. Le climat général (bien entretenu par les informaticiens eux-mêmes) est à un optimisme béat. Les plus grands spécialistes de l'intelligence artificielle n'ont pas peur de déclarer que tout est ou sera possible avec la machine. N'a-t-on pas prétendu (certains Minsky ou Papert) qu'il ne faudrait pas dix ans avant qu'un ordinateur ne sache comprendre ou traduire. Au non-informaticien, au néophyte, il ne reste que la crainte ou la crédulité. Peut-être comprend-on mieux comment, alors, ont pu se développer certaines réactions réellement délirantes.

DOCTOR s'est répandu. De multiples copies ont été réalisées et diffusées un peu partout. Pour les plus clairvoyants, cela devint un jeu à la mode. Mais, pour d'autres, fort respectables au demeurant, cela prit une tournure tragi-comique. Il s'est trouvé des spécialistes pour voir dans ce programme une solution réelle au problème de la psychothérapie. J. Weizenbaum cite des psychiatres : « On doit travailler encore à ce programme avant qu'il ne soit prêt pour un usage clinique. (...) Les possibilités de temps partagé des ordinateurs actuels et à venir permettraient le traitement simultané de plusieurs centaines de patients par heure, grâce à un système spécialement conçu dans ce but » (*op. cit.*, p. 6). Mais il s'est aussi trouvé des linguistes, paraît-il, pour croire que ce programme pouvait être une solution au problème de la compréhension automatique du langage naturel. Qu'il nous soit permis de faire une longue citation de Weizenbaum. Citation éclairante à plus d'un titre : « Dans mon article, j'avais essayé de dire qu'il n'y a pas de solution générale à ce problème. C'est-à-dire que le langage n'est compris que dans des cadres contextuels, que même ceux-ci ne peuvent être partagés par les individus que dans une certaine mesure et qu'en conséquence même les humains ne constituent pas l'outil d'une telle solution générale. De toute façon, ELIZA était une si petite et modeste étape. Sa contribution a été, tout au plus, de souligner avec un certain éclat, ce que bien d'autres avaient découvert depuis longtemps, à savoir l'importance du contexte dans la compréhension du langage » (*op. cit.*, p. 8). L'article auquel Weizenbaum fait allusion date de janvier 1965. Il s'intitulait « ELIZA - A Computer Program For the Study of Natural Language Communication Between Man and

Machine » (cf. Weizenbaum, 1965). Cela signifie que, dans un climat de grande propagande informythique, les mises en garde ne sont pas entendues, la raison s'épuise.

Il s'est enfin trouvé nombre de gens ordinaires pour transférer dans la machine plus qu'un simple dialogue. C'est pratiquement une parole au bout d'un doigt entre deux coussins qui se libérait : « J'ai été ébahi de voir avec quelle rapidité et quelle profondeur les individus dialoguant avec DOCTOR se trouvaient émotionnellement impliqués dans leur relation avec l'ordinateur et combien peu équivoque était le processus d'anthropomorphisme » (*op. cit.*, p. 7).

Une telle mystification (en grande partie involontaire, de la part de J. Weizenbaum — au moins au titre près de l'article de 1965) pourrait-elle se reproduire de nos jours ? Il nous semble, malheureusement, assez raisonnable de penser qu'avec l'informatique, avec une large inculture du plus grand nombre (au moins dans ce domaine) et avec un discours triomphaliste, tout peut recommencer. Quand il est besoin, toute vessie devient lanterne. N'est-on pas, par exemple, en train de croire massivement aux vertus pédagogiques de l'enseignement assisté par ordinateur, jusqu'à voir des « révolutions » où, au mieux, on ne devrait voir que du rafistolage ! Nombre de gens (initiés, ceux-là) ne sont-ils pas en train de clamer les mérites de ces cohortes d'exercices programmés !

Revenons à ELIZA et à notre propos initial. Nous nous demandons si nous sommes le jouet d'une supercherie. Il semblerait que le programme de Weizenbaum ait eu des vertus que les copies ou remakes n'aient pu ou su intégrer. J. Weizenbaum a déclaré que l'un des intérêts du programme était qu'il pouvait améliorer progressivement son langage (référence à l'Eliza du « Pygmalion » de Bernard Shaw). Non seulement, ce n'est pas le cas des versions dont nous disposons, mais, en outre, on peut avancer que l'analyse de langage qui y est faite est des plus rudimentaires.

01 - Hi ! I'm Doctor Eliza. What's your problem ?
I feel very depressed.
02 - Tell me more about such feelings.
I can't say more.
03 - How do you know you can't say more ?
I've never been able to talk in front of others.
04 - Say, do you have any psychological problems ?
Maybe.
05 - You don't seem quite certain.
Indeed.
06 - What does that suggest to you ?
My parents are probably the cause.
07 - Is that the real reason ?
I can't see an other explanation.

08 - Have you tried ?
Yes.
09 - Are you sure ?
My friends say so.
10 - Why do you bring up the topic friends ?
Because I haven't got a lot.
11 - Don't any other reasons come to mind ?
Sorry, I can't see.
12 - Perhaps you can now see ?
I feel like believing you.
13 - Do you often feel ?
You are only a bloody computer.
14 - What makes you think I am only a bloody computer ?
You always repeat the same things.
15 - We were discussing you, not me.
You don't help me very much.
16 - Oh, I don't help you very much ?
You know, I have always the same dream.
17 - You're not really talking about me, are you ?
About MY dream.
18 - What does that dream suggest to you ?
You don't understand me !
19 - We were discussing you, not me.
Nobody understands me.
20 - I see...
Foutaises.
21 - I'm not sure I understand you fully.
I have a real love for a friend.
22 - Do your friends worry you ?
I have only one friend.
23 - Do your friends pick on you ?
What a machine !
24 - Why do you ask ?
That was not a question.
25 - Come, come elucidate your thoughts.
We have nothing to say to each other.
26 - Can you elaborate on that ?
Good bye...
Well... Good bye. I hope we shall meet again.

Nous nous proposons de réfléchir sur ce dialogue que nous avons obtenu sur l'une des versions du programme (la machine y parle la première). Imaginons à grands traits l'algorithme et les données qui sous-tendent un tel dialogue. Autrement dit, demandons-nous quel est le type de règles qui forment « l'analyseur » de réponses et comment peuvent bien être organisées les données pour que les relances soient telles que nous les constatons ?

Esquisse de réponse

En fait, l'algorithme est d'une simplicité déconcertante. Soit M le message de l'utilisateur. M va d'abord être comparé, au caractère près, au message précédent : s'il y a identité absolue, cela provoque l'affichage du message « Don't repeat yourself ! ». Si ce n'est pas le cas, le programme cherche ensuite la présence éventuelle de « good bye ». S'il est présent, cela entraînera l'arrêt du processus, après une dernière réplique : « Well... Good bye. I hope we shall meet again. » (cf. réplique 26). Sinon, on entre dans une analyse par mots-clés. Voici la liste exhaustive des mots recherchés :

1. can you
2. can I
3. you are
4. you're
5. I don't
6. I feel
7. why don't you
8. why can't I
9. are you
10. I can't
11. I am
12. I'm
13. you
14. I want
15. what
16. how
17. who
18. where
19. when
20. why
21. name
22. cause
23. sorry
24. dream
24. hello
26. hi
27. maybe
28. no
29. your
30. always
31. think
32. alike
33. yes
34. friend
35. computer

Ce qui frappe, *a priori*, c'est la quasi-inexistence de lexies pleines, de mots appartenant au champ présumé (des choses comme « mère, père, tuer, amour, haine, nombril, etc. »). La relance semble chercher l'objectivité et focaliser sur les modalités de phrase : on trouve néanmoins quelques mots comme « name, dream, friend, computer ». Cela semble conforme à la situation de psychothérapie de type rogerien (d'après ce que nous en savons). Par ailleurs, ça facilite bien les choses. Moins on en dit, moins on risque de se tromper. Point besoin de traiter d'ambiguïtés lexicales ou sémantiques. Le repérage de l'un de ces mots-clés va provoquer la sélection d'un énoncé pré-enregistré (dans une large mesure). Ces derniers sont rangés par listes. En voici quelques exemples :

I. Don't you believe that I can.
You want me to be able to ?

II. Perhaps you would like to be able to.
Perhaps you don't want to.
Do you want to be able to ?

III. What makes you think I am ?
Does it please you to believe I am ?
Perhaps you would like to be.

IV. Does that trouble you ?
Tell me more about such feelings.
Do you often feel ?

V. We were discussing you... not me.
Oh, I see
You're not really talking about me, are you.

On voit se dessiner les relations qui sont établies entre les mots-clés et les relances pré-enregistrées. L'ensemble I correspond au mot-clé « can you », le II à « can I », le III à « you are », le IV à « I feel », le V à « you ». Et ainsi de suite. Lorsqu'aucun mot-clé n'est reconnu, cela provoque le choix d'un élément d'une liste particulière et ô combien expressive :

— Say, do you have any psychological problems ?
— What does that suggest to you ?
— I see.
— I'm not sure I understand you fully.
— Come, come elucidate your thoughts.
— Can you elaborate on that ?

L'astuce suprême réside dans le fait qu'un mot-clé peut déclencher plusieurs relances. Il est donc possible d'éviter, largement, un dialogue de sourds. L'illusion peut peut-être fonctionner. Vient ensuite l'opération d'ajustement syntaxique et lexical. Ainsi, dans le dialogue que nous avons proposé, nous disions « I can't say more » (réplique 2). Le mot-clé « I can't » a été repéré. Cela a provoqué la sélection de la relance « How do you know you can't ». La fin de notre message a été conservée, puis ajoutée au bout de la relance, pour aboutir à : « How do you know you can't say more ». Cela peut aller jusqu'à une modification plus substantielle. Nous lui disions (tiens, tiens !) « You don't help me very much » (réplique 15). Il nous répondait, « Oh, I don't help you very much ». La relance « Oh, I... » correspond au repérage de « you ». Le reste de l'énoncé subit une transformation au niveau du système personnel.

Mais l'analyseur de langage (ainsi pompeusement baptisé par Weizenbaum lui-même) ne va pas plus loin, du moins en ce qui concerne (nous le répétons) la version dont nous disposons.

Anyway, voilà comment une chose plaisante a pu devenir un « événement » dans l'histoire de l'intelligentsia artificielle. Peut-être conviendrait-il de retenir la leçon, afin d'éviter de confondre performance et prestidigitation. En même temps, ayant pris la véritable mesure de ce genre d'artifice, peut-être pourrions-nous (pédagogues) nous re-pencher sur ce type d'application, l'améliorer sensiblement et en proposer une utilisation pédagogique et/ou ludique. Un jeu d'aventure linguistique consisterait, par exemple, à deviner, comme nous venons de le faire, les règles et les données de l'incomprise Eliza.

SHRDLU, la référence en CALN

L'exemple que nous allons traiter relève d'une branche particulière de l'intelligence artificielle. Il s'agit d'une application linguistique relevant de ce qu'il est convenu d'appeler la compréhension automatique des langues naturelles (la CALN). A illustrer cette notion, il convient de choisir un exemple à la fois relativement accessible et, en même temps, réellement opératoire ou probant. C'est le cas du système SHRDLU mis au point par Terry Winograd à l'époque où il préparait sa thèse au laboratoire d'Intelligence Artificielle du MIT. C'était en 1970.

— Pick up a big red block
Ok
— Grasp the pyramid
I don't understand which pyramid you mean
— Find a block which is taller than the one you are holding and put it onto the box
By "it", I assume you mean the block which is taller than the one I am holding
— What does the box contain ?
The blue pyramid and the blue box
— What is the pyramid supported by ?
The box
— How many blocks are not in the box ?
Four of them
— Is at least one of them narrower than the one which I told you to pick up ?
Yes, the red cube
— Is it supported ?
Yes, by the table ?
— Can the table pick up blocks ?
No
— Can a pyramid be supported by a block ?
Yes
— Can a pyramid support a pyramid ?
I don't know
— Stack up two pyramids
I can't
— The blue pyramid is mine
I understand
— I own blocks which are not red, but I don't own anything which supports a pyramid
I understand
— Do I own the box ?
No

— Do I own anything in the box ?
Yes, two things : the blue block and the blue pyramid
— Will you please stack up both of the red blocks and either a green cube or a pyramid ?
Ok

Ce bout de dialogue est l'illustration d'une conversation tenue par un utilisateur humain et le système. SHRDLU est un anti-sigle dont les lettres ne signifient absolument rien. Terry Winograd l'a relevé dans « Mad Magazine », une revue satirique américaine qui aime à utiliser cette « coquille » typographique pour baptiser divers types de monstruosités. Aujourd'hui, on s'accorde généralement à reconnaître que SHRDLU a constitué, et constitue encore, l'une des réalisations les plus étonnantes de l'IA appliquée au langage. Même Joseph Weizenbaum (l'auteur d'Eliza), que l'on peut considérer comme le plus féroce des détracteurs des recherches en IA (si l'on excepte Hubert Dreyfus), rend un hommage indirect aux travaux de Winograd : « Les travaux ultérieurs, bien plus élégants et sûrement plus importants, de Winograd (...) sont actuellement faussement interprétés, tout comme l'a été Eliza » (Weizenbaum, 1981, p. 8). L'extraordinaire gratuité des applications de SHRDLU renforce encore son exemplarité : comme nous le verrons, il ne s'agissait que de déplacer des objets n'ayant que de très lointains rapports avec la vie scientifique, économique ou sociale (des cubes, des pyramides). Aussi, à la différence de systèmes directement utilisables (fabriqués à des fins économiques particulières), comme le système LADDER pour la navigation maritime (d'ailleurs, fortement inspiré des structures de SHRDLU), SHRDLU n'est qu'un modèle théorique et ne pose que des questions théoriques sur la compréhension des langues naturelles.

Quelques généralités sur le système

Les recherches de Winograd ont abouti à un système physique : un ordinateur PDP 10 avec lequel l'utilisateur humain communique en langue naturelle standard par un clavier. L'ordinateur répond par l'écran, ou sous forme linguistique naturelle, ou sous forme d'image. « Appeler "abstrait" le système robotique de Winograd veut tout simplement dire que contrairement à la quincaillerie de Stanford, SHRDLU et son univers n'existent que sous forme d'une série d'images apparaissant sur un écran de visualisation relié à l'ordinateur » (W. Skyvington, 1976, p. 269-270). Autrement dit, le robot simule visuellement ce que serait l'activité d'un autre robot muni, celui-là, d'un bras pouvant (sur ordre ou par déduction) se déplacer et saisir des objets posés sur une table. Dans SHRDLU, point d'extension compliquée.

Présenté comme nous venons de le faire, SHRDLU apparaît comme une machine terriblement intellectuelle. Il se pourrait pourtant qu'une des principales raisons de son abstraction ait justement été l'épouvantable complexité qu'aurait représentée une réalisation physique : « Que de problèmes de construction mécanique il faudrait résoudre si l'on voulait mettre réellement au point une pince métallique capable d'attraper par son sommet, et de bien tenir, un vrai objet d'une forme si peu commode (une pyramide) » (W. Skyvington, *ibid.*, p. 343). Rappelons-le, l'objectif premier de Terry Winograd était de mettre au point un système automatique de compréhension de l'anglais. Ce système devait répondre à des questions (formulées de façon libre, dans la mesure où elles respectent les règles constitutives de l'anglais standard), et devait également exécuter des ordres ou accepter des informations. Soit, comprendre des énoncés tels que,

— pourquoi as-tu mis le cube bleu sur le cube rouge ?
— mets la pyramide bleue dans la boîte !
— une tour est un empilement de cubes.

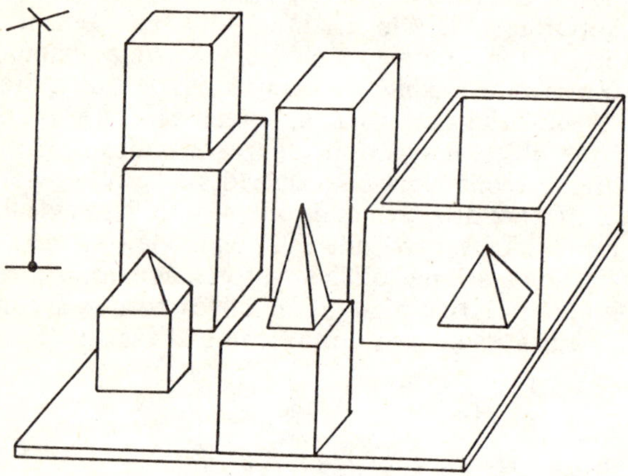

Un écran SHRDLU

Le dialogue que permet SHRDLU implique que le système connaisse, au départ, 200 mots. L'ensemble des programmes et des données occupe environ 80 Koctets, en mémoire centrale. Par ailleurs, le système met entre 5 et 20 secondes pour réagir à un message.

Un peu plus au cœur du système

Les commentaires qui suivent sont une traduction « adaptée » et commentée de ceux qu'a pu faire Terry Winograd, lui-même, dans sa thèse publiée sous le titre « Understanding Natural Language » (cf. Winograd, 1972). Ils renvoient aux premières répliques du dialogue que nous avons reproduit au début de ce chapitre.

Réplique 1 :

L'amorce était « prends un bloc rouge ». Le système répond « Ok » dès lors qu'il exécute un ordre. Il n'a pas besoin de répondre linguistiquement. La connaissance que le système a de son « monde géométrique » (Winograd parle de connaissance pragmatique) est assez fine pour que le robot simulé ait pu d'abord libérer le cube rouge (i.e. dégager le bloc vert qui était au-dessus) et le déplacer en conséquence.

Réplique 2 :

A l'ordre « saisis la pyramide », SHRDLU répond « je ne sais pas de quelle pyramide vous voulez parler ». L'article défini est ambigu. Il y a trois pyramides en scène. Le programme ne fait rien.

Réplique 3 :

Le message de l'utilisateur est assez complexe : « cherche un bloc de plus grande taille que celui que tu tiens, et mets-le dans la boîte ». Le véritable problème est celui du déictique « celui ». C'est pour cette raison que le système répond « par celui, je suppose que vous voulez parler du bloc de plus grande taille que celui que je tiens ». En fait, dès qu'il reconnaît des formes à valeur anaphorique ou déictique, il met en marche un système déductif. Le commentaire qu'il fait n'a d'intérêt que dans la mesure où il nous tient au courant de ses déductions. Pour le reste, il a simplement exécuté l'ordre. Il a déposé le cube rouge et saisi le cube bleu. Par ailleurs, SHRDLU sait que le cube bleu est plus grand que le rouge. Dans la base de connaissances du système, les objets sont rentrés avec des valeurs ayant trait à la couleur ou à la taille. Il y a cinq cubes : un petit, deux moyens et deux grands. Si les informations ont été entrées de la sorte (i.e. avec une échelle de grandeur aussi simpliste), cela renforce nettement l'idée que SHRDLU est attaché à ce petit univers (pas même à un univers des cubes, en général).

Réplique 4 :

La question (« que contient la boîte ») est repérée. En fait, la réponse qu'il propose traduit une connaissance réellement pragmatique : il sait, à ce moment-là, comment se présente son univers.

Réplique 5 :

Nous sommes en présence d'un article anaphorique « sur quoi *la* pyramide est-elle posée ? » Cette fois, le système n'hésite pas. Il peut donner une référence textuelle à ce « la ». Il a donc une mémoire à jour de la conversation. Il se souvient qu'il a déjà été question d'une pyramide (réplique 2).

Réplique 6 :

Rien de bien nouveau, sinon que la négation ne pose pas de problème au système d'analyse syntaxique. La connaissance de l'univers est vérifiée.

Réplique 7 :

Cette fois, le message est particulièrement complexe (« y en a-t-il au moins un qui soit plus étroit que celui que je t'ai dit de prendre »). L'expression « au moins l'un d'entre eux » a, à la fois, une dimension logique et une dimension anaphorique. Les deux sont repérées, par des structures de programmes différentes. Relative et subordonnée de comparaison sont interprétées. Dans ce cas, la réponse a dû se faire attendre, mais elle convenait tout à fait.

Réplique 8 :

Que le passif soit reconnu (« est-il supporté »), c'est bien normal. Notons quand même qu'il était sous une forme non orthodoxe ou non standard (absence de l'évocation de l'agent).

Réplique 9 :

« Est-ce que la table peut ramasser des blocs » est une question absurde. La réponse ne l'est pas. Il n'y a pas d'absurdité possible pour la machine. On lui a signifié qu'une table était un objet inerte et qu'un objet inerte ne pouvait rien ramasser. C'est une version possible. On a pu également lui apprendre que seul son bras pouvait ramasser. Dans ce cas, nous retrouvons l'idée d'un micro-micromonde. Il ne serait pas question d'introduire une grue dans l'univers en place.

Réplique 10 :

Le système déductif de SHRDLU lui permet de répondre à la question « est-ce qu'une pyramide peut être supportée par un cube ». Il en trouve un exemple dans la scène de départ, ça doit lui suffire.

De cette investigation, on commence à entrevoir les possibilités réelles du système : capacités de déduction, de mémoire des événements (des scènes successives) et des dialogues, de repérages sémantiques et, bien sûr, d'analyse morpho-syntaxique. A cela s'ajoute une idée des connaissances qui lui sont indispensables : lexicales, sémantiques et pragmatiques. Plus loin dans la « conversation » (que nous n'avons pas reproduite intégralement), l'utilisateur humain donne à la machine l'ordre suivant : « do a steeple ! » SHRDLU fait, alors, preuve de capacité d'apprentissage : il ne connaît pas le mot « steeple » (entendre, il ne fait pas partie de son dictionnaire de départ). Il peut l'acquérir si la définition qu'on lui donne se compose, à son tour, de mots connus. Dans le cas contraire, le processus continue jusqu'à ce que l'utilisateur propose un énoncé équivalent interprétable.

Quelles conclusions en tirer ?

Le dialogue que nous avons rapporté, ainsi que les remarques que nous avons faites, semblent montrer que pour l'anglais on peut mettre au point un algorithme général opératoire. Mais la communication linguistique que Terry Winograd a réussi à formaliser est malheureusement tout à fait « pasteurisée » : dialogue entre un être humain et un ordinateur à propos d'un petit univers composé de quelques objets (une table, une boîte et quelques volumes), autorisant quelques actions (de déplacement, essentiellement), et quelques qualités associées aux objets (couleur et taille). Si l'utilisateur sort de ce cadre très étroit, la communication ne durera pas. On en vient à des répliques répétitives qui montrent, alors, l'impasse du modèle : « sorry, I don't know the word X », « sorry, I don't know the word Y », etc. On n'a pas encore domestiqué la langue. Cela dit, Terry Winograd a quand même accompli un tour de force : s'il n'a évidemment pas su formaliser les dimensions sémantiques et sociales de l'activité linguistique, il a pu donner une compétence morphosyntaxique (essentiellement), et lexicale (secondairement), digne d'éloges. Si l'on admet les limites de la situation de communication, il faut reconnaître les performances du programme : il réagit convenablement aux divers messages qu'il reçoit, il apprend de nouveaux mots ou de nouvelles connaissances sur le monde (qui l'entoure), il est capable de rappeler des événements et des paroles antérieurs. En un mot, nous ne sommes plus du tout au niveau primaire des « trucs » d'Eliza.

Les grands critiques de l'IA ne s'y sont pas trompés. Hubert Dreyfus (1984), en tête, fait un sort particulier à SHRDLU. Comme d'autres, il admire l'art avec lequel Winograd a su résoudre nombre de questions épineuses. Il admet que les dialogues auxquels parvient le système sont « surprenants de naturel » (p. 117). Il se trouve, en outre, que Winograd n'a jamais compté parmi les triomphalistes béats de l'intelligence artificielle. Même à l'époque où il essayait de mettre au point des systèmes de compréhension (il ne s'est, en effet, pas arrêté à SHRDLU), il écrivait : « Notre propos est de trouver en quelque sorte une "représentation" formelle du savoir, un moyen de décrire les connaissances. Nous recherchons les "atomes" et les "particules élémentaires" dont il est constitué, ainsi que les "forces" qui le régissent » (Winograd, 1976, p. 9). On y voit bien l'ambition de découvrir les structures cognitives de base, on y voit aussi certaines précautions oratoires. Plus récemment, revenant sur ses travaux allant de la période 1970 à 1980, il déclarait : « On pouvait légèrement augmenter les performances des programmes existants, mais de là à comprendre le sens d'une conversation humaine qui est si étroitement liée au contexte, il y avait un grand pas » (extrait d'une interview reproduite dans « Science et vie », 1982, p. 78).

L'image en règles, la VAO

Les machines voyantes, disponibles à ce jour, sont loin d'atteindre les performances qu'on avait imaginées. Est-ce à dire que rien n'a été fait; ou que la vision artificielle (VA), ou la vision assistée par ordinateur (VAO), piétine ? Non. Même si les résultats sont encore limités et les solutions trop souvent *ad hoc*, l'ensemble des recherches a permis de prendre conscience que les progrès en VA passaient par une étroite collaboration entre informaticiens, psychologues, physiologues et sémiologues.

La littérature de vulgarisation découpe communément le domaine en trois types d'activités : l'analyse d'objets et l'extraction des contours, la reconnaissance des caractères imprimés ou manuscrits, l'analyse de scène. Il existe d'autres lignes de partage. Il en est une, en particulier, qui suggère mieux le véritable saut qualitatif qui existe dans la théorie visuelle à développer : selon qu'il s'agit d'un monde à deux ou trois dimensions. Le premier suffira à notre démonstration.

La reconnaissance des formes codées

Au début était le lecteur de caractères magnétiques. On en connaît le principe. Dans le système E13B (1958) chaque caractère a une forme stylisée très particulière. De plus, il est imprimé avec une encre

spéciale, magnétisable. Chaque caractère, après avoir été magnétisé, passe sur une tête de lecture qui envoie, selon la forme du caractère, un certain train de signaux électriques permettant de l'identifier.

Dans le système CMC7, on utilise toujours une encre magnétisable, mais la forme des caractères ne joue aucun rôle dans leur lecture. Chacun d'eux en réalité est figuré par une série de traits verticaux dont seul importe l'espacement (long ou court) : du morse visuel, en quelque sorte.

A l'impression, pour que le caractère soit également lisible pour l'œil humain, on n'utilise qu'une partie des traits verticaux de façon à garder au chiffre, *grosso modo*, son aspect familier (J.-P. Bouhot, 1977).

Entre ces deux systèmes la différence tient surtout dans le nombre de caractères ainsi reconnaissables : 14 pour E13B, contre 41 pour CMC7. Deux inconvénients majeurs sont attachés à ces lecteurs magnétiques : la nécessité de procéder à des impressions répondant à des techniques très spéciales, et surtout, les contraintes de forme ou de texture imposées aux caractères.

Lecture optique et reconnaissance des caractères

Aussi vint le lecteur optique (dès 1955). On espérait qu'il permettrait « d'éviter d'avoir à coder manuellement les informations destinées à un ordinateur » (P. Coueignoux, 1981). La mise au point de lecteurs optiques capables de repérer seulement les alphabets normalisés et *a fortiori* d'un seul type, ne constitue pas un progrès décisif sur la lecture magnétique. L'identification ne se fait plus selon l'analyse du train de signaux électriques, mais par adéquation ou non à l'un ou l'autre des 26 modèles de caractères qui lui auront été entrés en mémoire. Les mêmes inconvénients demeurent. Ce qui nous intéresse, en VA, au niveau de la reconnaisance des caractères, c'est la mise au point d'une méthode et d'une logique permettant à la machine d'identifier un quelconque caractère quels que soient sa police, son corps, sa chasse, sa disposition dans la page, etc.

Ce sera l'objectif du programme d'Uhr et Vossler (1961) : « Comment [...] apprendre à un ordinateur la distinction entre une lettre A et une lettre H tout en sachant en même temps que la lettre A et la lettre H peuvent se présenter chacune selon les circonstances, sous les aspects les plus divers ? Qu'est-ce qui constitue, sur le plan visuel, l'A-ité et la H-ité ? » (W. S. Skyvington, 1976). Uhr et Vossler ont mis au point le traitement suivant, pour résoudre ce genre de questions.

– *du caractère à son image binaire*

La première étape consiste à avoir du caractère une image traitable par l'ordinateur, en d'autres termes, digitalisée. Pour cela, on recueille l'image du caractère sur une matrice de cellules. Toute cellule partiellement ou entièrement remplie par le caractère est affectée de la valeur 1, les autres par la valeur 0. On obtient alors l'image digitalisée du caractère. On peut sans doute traiter cette nouvelle image, mais telle qu'elle est elle n'apporte aucun renseignement sur son identité.

– *les patterns*

Pour identifier le caractère entré, il faut donc pouvoir le comparer à un modèle (pattern) que l'on aurait préalablement introduit dans la mémoire de la machine et c'est de la plus ou moins grande ressemblance entre l'image digitalisée et l'un ou l'autre des patterns (eux aussi digitalisés) que l'on concluera à l'identification du caractère lu. A la différence de la lecture magnétique, où seule la totale adéquation conduisait à l'identification, ici c'est la mesure d'une ressemblance qui détermine l'identité du caractère.

– *le masquage*

« Mesurer une ressemblance, c'est superposer les deux matrices (l'inconnue et un pattern) et compter le nombre de points noirs de l'une qui correspondent à des points noirs de l'autre, ce qui revient à mesurer la surface de leurs parties encrées communes. On dit que l'on procède par masquage » (W. S. Skyvington, 1976). On en devine les limites : en cas de proximité de deux caractères **O** et **Q**, ou **I** et **L**, mais aussi la définition du seuil de ressemblance variant entre deux caractères.

– *les caractéristiques locales*

Plutôt que de prendre pour masque les patterns entiers il est logique de n'en retenir que les parties caractéristiques (features) qui distinguent cette lettre de toutes les autres et qui représentent en quelque sorte la « -ité » de la lettre. Ainsi le pattern n'est plus défini globalement, mais comme un ensemble de caractéristiques localisées.

Le principe du traitement est simple. Afin de reconnaître dans la forme inconnue l'une ou l'autre lettre de l'alphabet le programme dispose des 26 ensembles d'informations concernant chacune des lettres. La forme inconnue se présente elle aussi, à la suite de l'application des opérateurs — il y autant d'opérateurs que de caractéristiques locales spécifiques — sous l'aspect d'un ensemble d'informations.

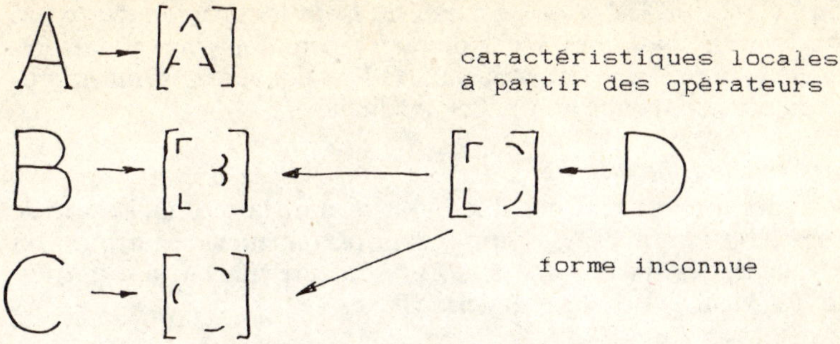

Ensemble des caractérisques locales

Le programme calcule la différence entre l'ensemble des caractéristiques de la forme inconnue et chaque ensemble en mémoire. C'est la lettre pour laquelle la différence sera la plus petite qui sera retenue comme lettre identificatrice du caractère inconnu.

On ne comprendrait pas la différence entre un programme comme celui d'Uhr et Vossler et la lecture optique avec des patterns globaux, si l'on ne disait qu'Uhr et Vossler prévoient que ce soit la machine elle-même qui extraie les « features » des caractères modèles qu'on lui proposera. Sans doute ne peut-elle traiter qu'un type d'alphabet à la fois, mais il est au moins possible, avec le même programme, de travailler successivement sur différents types d'alphabets. Très net progrès sur la lecture magnétique. Il reste à résoudre le problème des variations de polices au sein d'un même texte.

– *attributs et primitives*

La solution des attributs, conçue par Blesser, repose sur l'étude des ambiguïtés entre deux caractères : **O** et **D** seront confondus si précisément le **O** perd sa symétrie sur un axe vertical. Symétrie verticale est un attribut du **O**. Ainsi chaque caractère reçoit une description fonctionnelle sous forme d'une liste d'attributs telle que deux caractères diffèrent par un attribut au moins. L'attribut se rapproche davantage de la -ité d'un caractère que ne le font les « features ». On se rapproche d'une sémiologie de l'écriture : fermeture, symétrie verticale, addition, régularité, sont des termes qui semblent pouvoir rendre compte de caractères indépendamment de leur police. Mais le gros problème des attributs va être leur mesure physique de manière à les quantifier. Il faut donc revenir à la notion de caractéristiques, mais en tentant de les définir quelle que soit la police. C'est ce que recouvre la notion de primitives : le **O** est toujours une double panse, un **H** est toujours constitué de deux montants avec une barre horizontale. Un caractère est alors défini en termes d'arc «) », de tige « I », de bras « — », de nez, etc. L'intérêt de la primitive c'est que sa représentation physique dépend de la police et non du caractère. Un **O** est toujours fait d'une double panse quelle que soit la forme de la panse. Dans les programmes basés sur les primitives, il est facile de faire repérer, au cours d'une première lecture, les primitives, puis de leur donner la forme appropriée correspondant à la police inconnue.

– *l'écriture manuscrite*

Si des progrès sont possibles au niveau de la reconnaissance de caractères imprimés, c'est qu'ils sont parfaitement segmentés. En revanche, dès que l'on a affaire à une écriture cursive, la segmentation devient le problème crucial :

 est-ce Ar, An, Cn ?

Si donc on ne peut se fier au découpage en lettres, il faudra sans doute partir du mot (qui, lui, est généralement clairement segmenté) et se livrer au sein du mot à une série d'hypothèses concernant les différentes segmentations possibles. Ce qui est loin de simplifier la tâche.

– *le bruit*

Avant de décomposer un caractère imprimé en « features » ou en primitives, d'autres problèmes auront pu se poser, liés en particulier au bruit. On entend, par ce terme, tout phénomène susceptible de perturber la lecture : caractère mal imprimé, tâche, mauvaise disposition du caractère, manque d'alignement, etc.

– *le positionnement*

A la différence de l'œil humain (qui sait lire dans tous les sens), les opérateurs de reconnaissance de caractéristiques ne peuvent être efficaces qu'à la condition que les formes inconnues soient correctement positionnécs. Il faut donc positionner, dès le départ, la page à lire. Une solution est fournie par la technique de l'histogramme qui indique le nombre de cases noires par colonne perpendiculaire à une direction donnée :

Si la page est bien placée, l'histogramme des noires par ligne horizontale est nul au niveau des interlignes. Tant que ce ne sera pas le cas, le texte sera considéré comme mal placé.

– *la squelettisation*

Elle consiste à réduire l'épaisseur des tracés sans altérer les caractéristiques topologiques des formes à reconnaître. On en voit l'utilité : éliminer tout le bruit au niveau des bords d'un caractère. Le principe en est le suivant : à partir de l'image brute digitalisée, on affecte une valeur à chaque case noire (pixel) en fonction de sa distance au centre de tracé de la forme. Les valeurs les plus élevées correspondant aux pixels les plus éloignés du centre sont éliminées. On répète le processus jusqu'à l'élimination des points superflus et des redondances, et l'on obtient ainsi un tracé d'épaisseur 1. Ces différentes opérations préalables à toute extraction de caractéristiques constituent, avec d'autres éventuellement, la phase de prétraitement, phase que l'on retrouve dans toute méthode de reconnaissance des formes.

En conclusion

On peut donc résumer une démarche de reconnaissance selon le modèle suivant :

1. digitalisation de l'image
2. prétraitement
3. extraction des caractéristiques
4. classification/identification.

Chacune de ces étapes nécessite la mise au point d'algorithmes de traitement dont on attend impérativement qu'ils ne dénaturent pas l'information contenue dans le caractère à traiter. C'est là un problème qui rend la reconnaissance des formes particulièrement ardue. Et nous n'avons envisagé, ici, que les formes codées.

La reconnaissance des formes non codées pose bien d'autres problèmes. Nous regroupons sous cette expression la reconnaissance de formes arbitraires à deux dimensions, qu'elles le soient intrinsèquement ou par nature (dessins, figures géométriques, etc.), ou que ce soit le résultat d'un traitement préalable (projection d'un objet sur un plan, clichés météorologiques, photographies aériennes, coupes histologiques, etc.). Il est clair que dans ce domaine une méthode par « patterns » n'aurait aucune raison d'être. Seule une approche par caractéristiques peut autoriser une quelconque reconnaissance. Mais on devine que l'identification d'une forme qui peut être très éloignée de sa description théorique, risque de poser de sérieuses difficultés et donner lieu à bien des erreurs. Aussi, plutôt qu'à une identification stricte, est-on conduit à construire des hypothèses de reconnaissance qui se mesurent en termes de probabilité. Face à une forme non codée, l'ordinateur ne peut que « pencher sur la base de certains critères heuristiques en faveur de celle-ci ou de celle-là » (W. Skyvington, 1976, p. 91).

L'ordinateur à sa place

Le titre de ce chapitre est en fait le titre d'un texte signé par les frères Dreyfus. Hubert Dreyfus est un philosophe américain. Il travaille à l'université de Berkeley, en Californie. Sa réputation est mondiale. Il n'est pas aujourd'hui un informaticien, un peu tourné vers l'avenir, qui n'ait entendu parler de l'horrible Hubert. En général, c'est dans ces termes que le monde informatique l'accueille. Seymour Papert n'a-t-il pas un jour déclaré : « Je refuse absolument d'accorder à Dreyfus quelque crédit que ce soit. S'affirmer prêt à épouser l'une de ces conclusions, c'est manquer totalement de dignité » (9ᵉ symposium RAND, 1966, p. 116). Hubert Dreyfus avait fait tout ce qu'il fallait pour s'attirer ainsi les foudres informatiques. Il avait publié, en 1972, un ouvrage au vitriol sur l'intelligence artificielle, « What Computers can't do, the limits of Artificial Intelligence ». Il fut révisé en 1979 et, enfin, traduit en français, en 1984, sous le titre : « Intelligence artificielle, mythes et limites » (chez Flammarion). Depuis ce temps, il n'a cessé de contribuer à remettre à leur place les informaticiens et plus particulièrement, ceux qui travaillent du côté de l'IA.

Stuart, son frère, est, à l'origine, un mathématicien. Il s'est fait connaître par ses travaux à la RAND Corporation (groupe de recherche de l'aviation militaire). Depuis, il est devenu universitaire et travaille, comme son frère, à l'université de Berkeley, dans un département de recherche appliquée (spécialisé dans la conception de systèmes homme-machine).

« L'ordinateur à sa place » est un chapitre dans un ouvrage collectif (cf. H. et S. Dreyfus, 1985). Les auteurs y développent leur théorie du rôle pédagogique de l'ordinateur. Ils partent d'une description de ces rôles faite par R. Taylor (1980) et se demandent si devant le discours optimiste ambiant, il ne convient pas de faire preuve de mesure, en particulier, tant qu'il ne sera pas clairement et sérieusement répondu à certaines questions touchant aux types et niveaux de connaissances requis pour user de la machine; tant, également, que l'on n'aura pas élucidé la relation qui existe entre la pensée humaine et la « pensée de l'ordinateur ». C'est l'occasion de passer en revue les différents courants philosophiques et scientifiques qui ont conduit à voir la pensée humaine comme une capacité à formaliser. De Platon à Boole, on voit naître, se développer et se matérialiser l'idée que raisonner c'est calculer, c'est théoriser. Raisonnements humain et ordinatique seraient donc identiques et il serait possible d'appliquer à la pensée humaine, afin de la façonner, les modèles du traitement informatique. Ce parallélisme entre l'homme et l'ordinateur sert de base et d'argument à ceux qui voient dans l'ordinateur un tuteur (tutor) ou une machine à programmer (tutee).

Peut-on y opposer une autre conception ? Si oui, elle serait amenée à casser ce parallélisme et à remettre en cause l'idée selon laquelle acquérir une aptitude, c'est acquérir un programme : « Il se pourrait au contraire, disent les Dreyfus, que l'acquisition des connaissances aille dans la direction opposée : partir des règles abstraites pour arriver aux cas particuliers » (p. 201). A des fins de démonstration, les auteurs décrivent un modèle d'acquisition en cinq niveaux. On ne sait pas très bien d'où ils le tirent, sinon qu'ils font référence à deux cas précis : la conduite automobile et le jeu d'échecs.

— niveau 1 : débutant
— niveau 2 : débutant avancé
— niveau 3 : compétent
— niveau 4 : qualifié
— niveau 5 : expert

Quand il est débutant, en l'absence de toute expérience, l'apprenant s'appuie sur des règles qui doivent lui être fournies afin de résoudre une tâche. Il s'agit d'appliquer ces règles qui monopolisent toute son attention. Pour lui, seule compte l'application des règles, indépendamment du contexte.

Débutant avancé, il a acquis un peu d'expérience. Il peut, alors, outre les règles, disposer de principes empiriques qu'il a tirés de son expérience.

Plus l'expérience augmente, plus le nombre de règles et de principes empiriques croît. Au point que l'apprenant doit organiser la situation à laquelle il fait face. Il y a apparition de stratégies. Avec elles, naît le sentiment de responsabilité et d'implication. Cela jouera sur la mémorisation de la situation. Il y a passion, risque, satisfaction ou déception. C'est le niveau de la compétence.

Plus on est compétent, plus on est à même d'imaginer des plans adéquats pour faire face à de nouvelles situations. Il y a comme une compréhension intuitive, spontanée de la situation et du plan à mettre en œuvre. L'apprenant voit ce qu'il doit faire. Il est qualifié. Mais à ce stade, il doit encore y réfléchir ; il doit encore expliciter la stratégie à mettre en œuvre. Il doit décider.

Pour l'expert, ce n'est pas seulement la compréhension de la situation qui lui saute aux yeux, mais également les actions appropriées correspondantes. Pour lui, ce qu'il fait va de soi. Il y a du naturel chez l'expert. Et il n'y a plus la moindre trace d'une démarche analytique ou formelle. C'est le niveau de l'intuition généralisée.

Il semble donc qu'un débutant tire des conclusions à partir de règles et de faits et qu'alors on peut envisager un parallélisme avec l'ordinateur. L'expert, lui, se passe de règles, ce qui est impossible pour l'ordinateur. On peut alors mieux comprendre les limites de la machine et en voir les applications. Pour les auteurs, il est tout à fait justifié de recourir à l'ordinateur pour exercer le débutant à appliquer des règles.

Peut-on envisager de l'utiliser au-delà de ce niveau 1 ? Certains le pensent en affirmant qu'en le rendant plus intelligent on pourra dépasser le rôle de machine à exercices. Mais on feint d'ignorer la difficulté : la difficulté de construire un modèle de base du savoir et, la gageure suprême, un modèle de base du « sens commun » (de l'intuitif, du spontané, de l'ordinaire). C'est l'enjeu de nombreuses recherches actuelles en intelligence artificielle : s'attaquer à des univers qui ne soient plus des micromondes. D'autre part, la mémorisation de l'expérience quotidienne ne se fait pas en termes de faits et de règles, mais en termes de situations passées, affrontées avec succès ou non. Cela condamne l'ordinateur comme outil d'acquisition à des niveaux supérieurs à un : « Le danger réel de l'EAO... est de persister à lancer sur le marché des programmes d'enseignement inappropriés plutôt que d'admettre que l'élève débutant utilise des règles jusqu'à un certain point, au-delà duquel il doit dépasser le stade de l'analyse et parvenir à des niveaux plus élevés de l'acquisition des aptitudes, niveaux où les enseignants humains peuvent signaler des prototypes et où seuls l'apprentissage et la pratique permettent de devenir expert » (*op. cit.*, p. 214).

Dans la seconde partie du texte, les frères Dreyfus se penchent sur l'ordinateur machine à programmer (tutee) et discutent les positions de Seymour Papert. Pour eux, ce dernier a eu le mérite d'élaborer une théorie dont ils rappellent les grands traits (le modèle cognitiviste). Ils semblent en accord avec Papert sur l'idée de laisser découvrir les règles nécessaires au débutant par le biais d'une machine à programmer (cf. ici, le chapitre LOGO). De même, la notion de micromonde semble adéquate à ce niveau. Toutefois, ils reprochent à Papert de ne pas tenir compte de la nécessité de s'exercer à ce niveau. Au niveau 2, c'est le micromonde qui est mis en question. Il devient trop réducteur et trop irréel. Plus grave, il devient impossible de programmer ce qu'ils ont appelé les principes empiriques. Le niveau 3 renforce ces difficultés. Les deux derniers niveaux n'ont plus rien à voir avec une éventuelle programmation et laissent plutôt apparaître que l'ordinateur devient une entrave.

Au terme de cette analyse, deux questions résument le débat. La première, pédagogique, est de savoir si, en amenant les élèves à penser à la compétence comme des théories implicites, on facilite son apprentissage. La seconde, relevant de la psychologie cognitive, revient à se demander si le savoir expert est sous-tendu par des procédures. Pour y répondre, les auteurs s'appuient sur deux exemples. La formation des pilotes démontre que les instructeurs (experts) ne mettent pas en pratique les règles qu'ils enseignent aux débutants. Opposons alors à cette formation, une formation de type EAO. Que peut-on imaginer ? L'ordinateur contrôlera chez les pilotes la mise en œuvre de règles qui ne sont plus à mettre en œuvre. Le paradoxe est insoutenable.

Tout porte à croire que c'est la notion même de règle qui est à réviser et que certaines stratégies non analytiques permettraient de mieux s'en tirer. Il y aurait donc des risques dans certaines disciplines de réduire l'apprentissage à une simple recherche de procédures.

A l'inverse, Timothy Gallwey (cité par Seymour Papert, 1981) méprise le raisonnement analytique. Un apprenant doit juger lui-même de l'opportunité d'être « analytique et verbal » ou « intuitif et holiste » (équivalent approximatif de « synthétique »). C'est la théorie de l'enfant épistémologique. Il y a une telle hâte, chez Gallwey, à faire en sorte que l'enfant atteigne un niveau de compétence qualifiée, qu'il n'en est plus très crédible.

Finalement, ni Papert, ni Gallwey ! Pour les frères Dreyfus, suivre les thèses de Gallwey, c'est aboutir à un expert qui n'aurait pas les outils pour résoudre de nouveaux problèmes. Papert, c'est maintenir l'apprenant au stade d'un éternel débutant. Et Socrate, alors, dont on nous vante tant les mérites ? C'est l'expert, en lui, qui est admirable.

Interactivité et informatique pédagogique

En ce domaine, on avance que l'interactivité est ou doit être la qualité première d'un didacticiel, mieux encore, qu'en elle, réside l'originalité, voire la justification de l'informatisation de l'enseignement. Pareils propos, s'ils ne doivent pas être systématiquement suspectés méritent que l'on s'y attarde quelque peu. On peut convenir que les produits de l'informatique appliquée à l'enseignement se répartissent selon quatre grands types (cf. le chapitre « pédagogie et ordinateur, une mésalliance ? ») : l'enseignement programmé, la simulation, la programmation et l'informatique utilitaire. A chacune de ces familles, son interactivité !

L'enseignement programmé

Nul besoin de rappeler que cette voie regroupe à elle seule 80 à 90 % des didacticiels. Autant dire que les conclusions de l'analyse pèseront lourd dans l'évaluation générale. On sait aussi que cette production se partage entre le modèle linéaire de Skinner et le modèle crowdérien dit « ramifié ».

Les fruits de ces modèles sont-ils interactifs ? En surface, et si l'on s'en tient à une interprétation littérale de l'interactivité, on doit répondre affirmativement puisqu'il y a bien sollicitation du programme et action en retour de l'utilisateur. Mais d'où vient que la fréquentation de ces didacticiels laisse le sentiment d'une absence totale d'interactivité ?

C'est simple, du moins pour ce qui est du modèle linéaire. La réponse de l'utilisateur n'est pas une véritable action puisqu'elle n'agit pas sur le déroulement du programme. Elle s'apparente plutôt à une commande, genre de bouton qu'il faut nécessairement presser pour accéder à la suite du programme, l'équivalent du « TSVP » au bas d'un document. Dans ces conditions, parler d'interactivité est abusif ou bien, accordons-lui le degré zéro, celui qui caractérise l'interactivité de la touche dite de « validation » ou, plus généralement, le « retour-chariot ». La présence d'une analyse de réponse et la possibilité de déterminer la suite du programme, à partir du résultat de cette analyse, peut laisser croire à une interactivité plus forte dans le modèle crowdérien. On doit cependant nuancer cette impression première. En effet, quelle que soit la complexité de l'algorithme pédagogique (qui peut, en effet, autoriser un grand nombre de parcours), il demeure que chaque parcours ne fait que reproduire un même et unique modèle caractérisé par l'enchaînement systématique d'items qui relèvent tous de la structure de base suivante :

information
sollicitation
réponse
analyse de la réponse
commentaire
branchement

Jamais la réponse ne remet en cause ou ne vient modifier cet ordre immuable. A quoi sert-elle ? Elle agit sur le branchement, c'est-à-dire qu'elle vise à la sélection de l'item suivant parmi une liste plus ou moins longue de choix possibles. Mais à la différence de l'interactivité de sélection mise en œuvre dans les services télématiques, par exemple, où c'est l'utilisateur qui détermine de son plein gré son propre parcours, dans l'enseignement programmé ramifié, c'est le programme qui détermine le cap à suivre, interdisant de fait à l'utilisateur toute autonomie d'action. Il est inutile, pour l'élève, de mettre en œuvre dans l'exécution d'un tel programme une quelconque stratégie : il n'en sera pas tenu compte. Ici, rien ne se joue entre l'ordinateur et l'apprenant : tout est joué d'avance. Telle qu'elle est actuellement conçue dans l'enseignement ramifié, l'analyse de réponse relève plus de la reconnaissance de réponse que d'analyse, au sens où on l'entend dans l'analyse de problème. Il s'agit uniquement d'identifier les éléments qui permettront de réduire la réponse à une catégorie pour laquelle un traitement aura été prévu. L'analyse de réponse ne cherche nullement à donner sens à cette réponse, ni n'y voit des données susceptibles de lui servir dans la construction d'un savoir pédagogique concernant l'utilisateur. Nous accusera-t-on d'exigences démesurées ? Nous demandons la clarté des intentions : que les artisans de ce genre de programme aient la clairvoyance de ne parler ni d'interactivité, ni « d'analyse » de réponse, et surtout pas d'interprétation des messages.

Quant à l'idée que c'est en fouillant davantage les dites analyses (autrement dit que c'est en multipliant le nombre de cas prévus, à l'instar de ces immenses postes de triage) elle ne peut être tenue pour juste. Elle repose sur l'idée de correspondance univoque entre une réponse et un traitement. Or le propre d'une réponse est d'être pédagogiquement ambiguë : elle peut relever de tel traitement ET de tel autre ET d'un troisième; elle peut renvoyer à telle analyse OU à telle autre, sans que ce OU soit exclusif. La pédagogie ne semble pas fonctionner sur des enchaînements de SI... ALORS... SINON.

Et ce n'est pas en habillant ces didacticiels d'un certain nombre d'artifices étiquetés interactifs que l'on règle le problème. Ces déroulants qui laissent les mots traverser l'écran, sortes de missiles dont il faut, par fusées interposées, abattre les individus mal orthographiés, pas plus que les écrans tactiles ni que les crayons optiques et encore moins ces bariolages criards et pigalesques ne sauraient tromper longtemps. Le vice n'est pas de forme, il est de fond.

La simulation

Elle consiste à agir sur une situation donnée, générée par un ou des modèles théoriques préalablement entrés en machine. L'utilisateur agit sur la machine en faisant varier un certain nombre de paramètres ; la machine, à son tour, agit sur la situation en appliquant au modèle dont elle dispose les valeurs des paramètres qui lui ont été fournis par l'utilisateur. On peut ainsi, en s'appuyant sur un modèle chimique, laisser l'utilisateur se livrer à diverses expériences. Selon la même logique on peut transformer un ordinateur en partenaire d'une partie d'échecs.

Or, de la simulation on vante la haute interactivité au point qu'il est bon de glisser ce terme dans le descriptif d'un produit pour en assurer sinon la vente du moins le prestige. Sur quoi repose l'interactivité de la simulation ? Indubitablement sur le fait que c'est à l'utilisateur de déterminer les variables utiles et de fixer les valeurs qu'il compte attribuer. Est-ce cependant suffisant ? Cette initiative de l'utilisateur serait-elle perçue comme interactive si la machine n'était pas en mesure de donner à voir exactement et, dans certains cas, immédiatement l'effet de l'action engagée. Ce retour est d'importance car c'est à partir de lui que l'utilisateur peut analyser sa propre action, en juger, décider de la poursuivre, de l'interrompre ou de la modifier. Par cet écho la machine donne à l'utilisateur les moyens d'agir ; elle relance son action.

Mais l'interactivité ne consiste pas à renvoyer machinalement la balle. Elle dépend largement de la qualité de l'écho qu'elle retourne. Cette qualité, pour sa part, repose sur plusieurs facteurs. En premier lieu, la richesse du modèle théorique. De lui dépend, en effet, que la simulation soit crédible : crédibilité scientifique évitant l'approximation simpliste. Elle dépend également de l'originalité du modèle : originalité qui permet d'observer autrement la réalité ou qui laisse voir la face cachée de la réalité. Cette qualité de l'écho est tributaire encore de sa lisibilité : entendons par là sa plus ou moins grande facilité à être l'objet d'une interprétation puis d'une réaction de la part de l'utilisateur.

En réalité, l'interactivité de haut niveau est loin d'être aisée à obtenir dans la simulation. Elle demande énormément de travail en amont, et s'avère, par conséquent, très coûteuse. Aussi la tendance est-elle, dans le cadre de l'enseignement (où les gros investissements sont rares), d'avoir recours à une interactivité déjà rentabilisée, celles des déplacements d'objets, celle de l'animation des écrans. Mais cette interactivité reste alors pauvrement et purement manipulatoire. Une autre tendance consiste à se contenter de modèles approximatifs, simplistes. Ce faisant, la simulation perd de sa crédibilité et, avec elle, disparaît l'interactivité.

La programmation (type « Logo »)

Dans la simulation, l'utilisateur agit sur les données, il ne touche pas au modèle. La programmation Logo, c'est d'une certaine manière vouloir lui donner la maîtrise du modèle. Plus de sollicitations venant de la machine — ce qui devrait inquiéter ceux qui pensent que l'interactivité naît de la fréquence de telles sollicitations —, et pourtant, incontestablement une forme d'interactivité. Celle qui naît d'un miroir. Car c'est bien là le rôle de la programmation dans l'univers Logo.

Si l'on s'en tenait à ce seul effet miroir comme source d'interactivité, toute programmation (ou plus précisément, le moment où l'on entre en machine des lignes de programme) constituerait un instant de grande émotion interactive. Or quoi de moins interactif que le « pissage de lignes » de programme (expression désagréable, mais fort employée pour traduire l'activité frénétique et mécanique du programmeur : le « pisseur de lignes » tape au clavier les programmes conçus par d'autres et, en tout cas, antérieurement). C'est qu'il faut, sans doute, des conditions à cette programmation, qu'elle s'intègre dans le cadre d'un projet. Il ne s'agit pas de programmer pour programmer mais de le faire en se donnant une tâche à résoudre pour analyser, ensuite, comment le modèle que l'on cherche à mettre au point et que l'on transfère dans la machine atteint avec plus ou moins de succès l'objectif visé. D'autre part, le langage de programmation doit être simple et, en même temps, ouvert. Ces deux qualités, Seymour Papert les voit dans la notion de procédure : toute procédure nouvelle (ou tout sous-programme) peut devenir un élément nouveau du lexique du langage, ou entrer dans la définition d'une autre procédure. Ainsi se crée une dynamique du langage qui le conduit à être en perpétuelle expansion et de plus en plus fonctionnel. Ici encore, il faut savoir distinguer les principes de la réalité, la théorie de l'expérience. Harald Wertz (département d'informatique de l'université de Paris VIII), logoïste distingué et de la première heure, s'étant fait spécialité de développer le langage Logo, convient après plusieurs années d'expérience : « On est frappé par l'uniformité et par la pauvreté des programmes. Avec le langage Logo, il est rare de voir des programmes qui font autre chose que tracer des carrés ou une maison. Les capacités des élèves ne sont pas en cause; ce sont plutôt les langages informatiques mis à leur disposition qui sont trop limitatifs » (H. Wertz, 1984). Et quelques lignes plus loin, il constate l'écart qui peut exister entre la programmation de la solution d'un problème et la démarche prise manuellement, celle de notre pensée non informatique.

Tant que cet écart n'est pas flagrant l'interactivité peut subsister. Dès qu'il crée des tensions insolubles ou des contraintes insupportables, l'interactivité disparaît.

L'informatique utilitaire

Sous cette appellation nous regroupons ces logiciels issus de l'informatique appliquée professionnelle : tableurs, traitements de texte, logiciels de gestion de fichier, logiciels graphiques... qui ont pour fonction d'apporter dans des tâches relativement spécifiques (comptabilité, gestion, édition de manuscrit, réalisation de graphes ou de schémas) une part importante d'automatisation. Cette aide de la machine se traduit par la mise à la disposition de l'utilisateur d'un ensemble de fonctions dont il peut user à loisir.

Où se situe l'interactivité de ces produits ? Sans doute dans la richesse de la gamme de fonctions qu'ils sont susceptibles d'offrir à l'utilisateur. Plus la boîte à outils est pleine et variée, plus on peut « bricoler ». Toutefois, la quantité est-elle un gage absolu d'interactivité ? N'est-ce pas plutôt la fonctionnalité et la simplicité d'usage ? Est-ce simplement en introduisant ces outils dans la classe que l'on est assuré de déboucher sur une informatique pédagogique interactive ? Rien n'est moins sûr. Il y faut au moins trois conditions et, sans doute, une quatrième.

La première est qu'il y ait des données à traiter. Or, tendon d'Achille de l'Ecole, cette dernière n'est guère consommatrice et encore moins productrice de données nombreuses et variées. A-t-elle besoin d'images, elle se servira éternellement des mêmes séries de diapositives. Ce sont les mêmes textes et les mêmes situations d'écriture qui, invariablement, servent de base à l'apprentissage de l'écrit. Quant aux réserves documentaires, leur richesse et leur fréquentation justifient-elles réellement une automatisation ? Cette pénurie risque de provoquer une utilisation forcée de ces outils. L'interactivité en deviendra artificielle.

La seconde touche à la fréquentation de ces outils. L'interactivité, aussi souple et transparente soit-elle, demande à être entretenue. A défaut, elle pâtit des erreurs de manipulation, des lenteurs de misc en œuvre. Et à quoi bon vanter les mérites de l'interactivité d'une banque de données si elle ne doit être consultée que très épisodiquement. Satisfaire à cette seconde exigence repose donc sur l'aménagement institutionnel des modes de travail et, si l'on ne veut pas répondre trop facilement par un suréquipement à l'américaine (une machine par élève, dans certains établissements luxueux), cela suppose que l'on réponde à la question suivante : comment concevoir un usage collectif de l'ordinateur en classe ?

La troisième condition est liée à la précédente. Il faut, pour qu'une informatique pédagogique puisse prétendre à l'interactivité, que le recours à l'ordinateur modifie les démarches et les habitudes d'apprentissage, parce qu'il introduirait des données réellement innovantes. Trop de programmes ne font que reproduire des comportements anciens parce qu'ils ne font qu'exploiter des données anciennes. Ainsi, le traitement de texte perpétue l'étude de textes courts, on n'en voit pas réellement l'usage — il lui arrivera même de compliquer la tâche.

Quant à la dernière condition, elle postule qu'il ne peut s'agir de transférer purement et simplement ces logiciels dits utilitaires dans le monde pédagogique. La qualité de leur interactivité dépend largement de leur finalisation : les traitements de texte sont encore aujourd'hui dédiés à 90 % à la bureautique. Cette spécificité convient-elle à une situation d'apprentissage ? Il est par conséquent nécessaire qu'une informatique utilitaire intègre un certain nombre de besoins originaux de la situation pédagogique. Il demeure alors une question : est-on en mesure de les formuler, de les évaluer ?

Heuristique et algorithmique

Faire l'algorithme d'un problème n'est pas toujours chose aisée. Non point que l'algorithme serait compliqué, mais parce qu'on a le sentiment qu'on n'arrivera pas à le produire. Comme si les faits résistaient à ce genre de démarche où tout doit être prévu et légiféré. Nous convenons que lorsqu'il s'agit de résoudre une équation du type « $A = X + 2$ », il est évident de produire des inférences indubitables du genre « si $x = 4$ alors $A = 6$ ». Nous convenons encore aisément que lorsqu'on doit mettre au pluriel des substantifs français, on puisse rencontrer des règles telles que « si fin du mot = AL alors pluriel en AUX ». On essaiera, toutefois, de ne pas oublier quelques exceptions, afin que l'algorithme ne soit pas rayé d'un trait rouge par l'érudit local.

Mais en mathématiques, comme en langue, comme dans bien d'autres domaines, on ne peut produire, en permanence, des règles aussi simples ou simplistes. Dans l'univers grammatical, de quelle certitude disposons-nous ? Dans le meilleur des cas, on arrive à exprimer une sorte de règle commençant par : « en général, les mots qui... » Vous vous souvenez sûrement des mots en -eur qui s'écrivent e.u.r., sauf les éternelles exceptions.

Alors, que nous reste-t-il ? Marvin Minsky (l'un des fondateurs de l'intelligence artificielle), cité par William Skyvington (1976) déclare : « à long terme, nous devons nous préparer à exploiter certaines riches filières de la programmation heuristique qui n'imiteraient pas délibérément les processus spécifiques à l'homme » (p. 37).

Définitions

Le gros mot est lâché : HEURISTIQUE. C'est lui qui rend possible ce futur (dit-on). C'est lui qui, en fait, va opérer une ligne de démarcation entre les logiciels artificiellement intelligents. Et c'est effectivement un concept dont la maîtrise nous paraît essentielle. Pourtant, on va s'apercevoir qu'il s'agit de quelque chose d'aussi évident que la prose de Monsieur Jourdain.

> HEURISTIQUE ou EURISTIQUE. Adj. et n.f. (1959; du gr. heuriskein « trouver ») Didact. < > 1° Adj. Qui sert à la découverte. Hypothèse heuristique. - Pédag. Méthode heuristique, consistant à faire découvrir à l'élève ce qu'on veut lui enseigner. < > 2e n.f. Partie de la science qui a pour objet la découverte des faits.
>
> *Le Petit Robert*

On le voit, nous ne sommes pas très loin de la maïeutique de Socrate (qui accouche les esprits des pensées qu'ils contiennent sans le savoir).

HEURISTIQUE, n.f. (du gr. heuriskein, [art] de découvrir). Art d'inventer, de faire des découvertes. Branche de la science historique qui s'attache à la recherche des documents. A l'heuristique succède l'herméneutique, qui interprète les documents. = Adj. qualifie une méthode, une hypothèse utile pour la découverte de faits ou de théories.

Encyclopédie Quillet

Cette dernière définition nous met un peu plus sur la voie pour comprendre le sens particulier d'heuristique dans le contexte de l'intelligence artificielle. « Méthode ou hypothèse utile » est une formule qui nous écarte de la rigueur à laquelle l'informatique nous avait habitués. Voici maintenant trois citations qui contextualisent le terme « heuristique » dans le champ qui nous intéresse.

Première citation : « Saint-Mathieu (Evangile 7,7) ne se fiait qu'au rapport direct qui s'établit entre les actes et leurs conséquences : « Demandez et l'on vous donnera; cherchez et vous trouverez; frappez et l'on vous ouvrira ». A cette vision religieuse et optimiste des choses (...) s'oppose celle de l'artiste qui, lui, doit créer et son monde et les lois qui le régissent. Ainsi Picasso renverse-t-il la proposition : « Je ne cherche pas, je trouve. » Bien que, pour les applications banales de l'informatique, on utilise toujours l'approche dite algorithmique de Saint-Mathieu, il est indéniable que les experts en intelligence artificielle (...) ont délibérément opté en faveur de la démarche, dite heuristique, dont se réclame Picasso » (W. Skyvington, *op. cit.*, p. 37-38).

Deuxième citation : « La résolution de ce problème à l'aide d'une méthode algorithmique est vouée à l'échec car les chimistes eux-mêmes recourent à plus d'un "truc" ou ont des tactiques pour restreindre l'ensemble des solutions possibles » (H. Gallaire, 1982, p. 644).

Troisième citation : « Très variés, les domaines où nous agissons sans méthode absolument définie ont en commun deux caractéristiques. Ils concernent tout d'abord des informations symboliques (lettres, mots, signes, symptômes), de nature peu compatible avec les traitements numériques habituellement dévolus aux ordinateurs. Mais, plus, ils impliquent des choix : qu'il n'existe pas d'algorithme signifie en effet qu'il faut, à certaines étapes, choisir sans certitude entre plusieurs possibilités. C'est d'ailleurs là une des caractéristiques de l'intelligence humaine » (J.-L. Laurière, 1982, p. 60).

Manifestement, est heuristique ce qui n'est pas algorithmique. Rappelons qu'un algorithme est l'ensemble des règles opératoires propres à un calcul, selon Monsieur Robert le Petit. Définition qu'il veut bien étendre à : enchaînement des actions nécessaires à l'accomplissement d'une tâche. Demander à un ordinateur de résoudre un problème de façon algorithmique, c'est lui donner à exécuter un programme où l'objectif ne sera atteint qu'après examen de toutes les ramifications du problème. Certes, la solution adoptée sera nécessairement la meilleure. Mais, d'une part, cela aura pris un temps d'analyse considérable, mais, surtout, cela aura souvent consisté à faire des tests stupides ou aberrants. Cependant, il est important d'admettre que cette ligne de partage (comme dit Skyvington) entre les méthodes heuristique et algorithmique est relative. Un problème où il y aurait peu de données à traiter peut aisément être abordé de façon algorithmique sans gros préjudice de temps. A l'inverse, les questions les plus cruciales, les plus essentielles ne souffrent pas d'approximation : ainsi, est-il difficile d'imaginer que la NASA, par exemple, propose une démarche heuristique au niveau des lancements de ses engins. Ce n'est donc pas par hasard que l'un des champs d'application privilégiés de l'intelligence artificielle heuristique ait été le jeu d'échecs. Le droit à l'erreur et à l'errance y est reconnu.

Le début de partie aux échecs

Aux échecs, le joueur qui a le trait (celui qui joue avec les blancs) n'a pas moins de vingt possibilités différentes dès le premier coup :

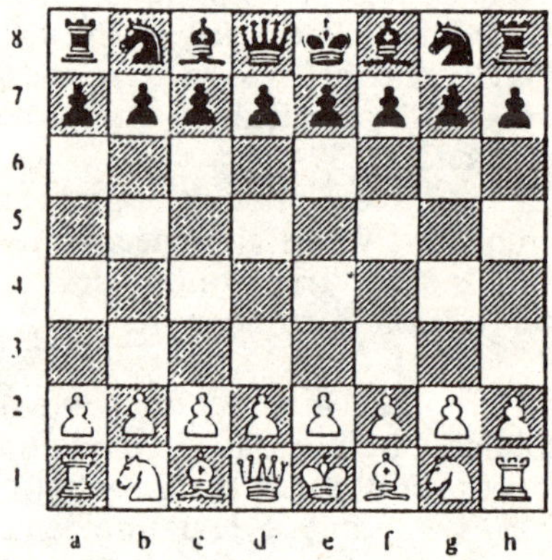

a2-a3 et a2-a4 (avancées possibles du pion a)
b2-b3 et b2-b4 (avancées possibles du pion b)
c2-c3 et c2-c4 (avancées possibles du pion c)
d2-d3 et d2-d4 (avancées possibles du pion d)
e2-e3 et e2-e4 (avancées possibles du pion e)
f2-f3 et f2-f4 (avancées possibles du pion f)
g2-g3 et g2-g4 (avancées possibles du pion g)
h2-h3 et h2-h4 (avancées possibles du pion h)
Cb1-a3 et Cb1-c3 (avancées possibles du cheval b)
Cg1-h3 et Cg1-f3 (avancées possibles du cheval g)

Le développement sur les trois premiers coups (blancs et noirs) donnerait à peu près :

COUP n° 1, blancs	=	20 possibilités
noirs	=	id., soit 400 (20*20) configurations possibles à l'issue du 1er coup
COUP n° 2, blancs	=	en moyenne, 23 possibilités, soit 400*23 = 9 200 cas possibles
noirs	=	en moyenne, 23 possibilités, soit 9 200*23 = 211 600 cas possibles
COUP n° 3, blancs	=	en moyenne 25 déplacements possibles, soit 211 600*25 = 5 290 000 cas différents
noirs	=	en moyenne 25 déplacements possibles, soit 5 290 000*25 = 132 250 000 configurations d'échiquier envisageables.

Une approche algorithmique devrait donc avoir prévu et détaillé, seulement au niveau du 4e coup des blancs, plus de 132 millions de branches différentes (chacune étant évaluée en fonction de « n » paramètres). Plus que le temps ou la place nécessaire (pour qu'un logiciel puisse se retrouver dans une telle jungle), c'est l'aberration de ce type de fonctionnement « méthodique » qui frappe. Le joueur humain (d'un certain niveau, certes) ne peut se permettre une telle débauche intellectuelle ! En gros, il SAIT qu'au nom de deux grands principes (vérifiés par l'histoire du jeu),

- la nécessaire mobilisation rapide des pièces mineures ou légères (pions, fous et cavaliers),
- et l'impérieuse nécessité de contrôler les cases du centre de l'échiquier,

un certain nombre des vingt cas théoriques d'ouverture deviennent absurdes. En voici une évaluation rapide faite grâce au talent des plus grands maîtres d'échecs :

coups aberrants	=	a3, a4, b4, c3, f4, f3, h3, h4, Ca3, Ch3
coups mauvais	=	d3, e3, Cc3
coups valables	=	b3, c4, g3
coups forts	=	d4, e4, Cf3

En fait, une longue pratique des échecs va petit à petit permettre de constituer un savoir tout à fait efficace. Nous pouvons dire qu'il existe, par exemple, deux grands types d'ouverture :

1er coup blanc = e4 : on parlera des jeux « ouverts » ou « semi-ouverts » selon que la réponse sera e5 (coup symétrique) ou autre.

1er coup blanc = d4 : jeux « fermés » ou « semi-fermés » selon que la réponse sera d5 ou autre.

Dans la « structure » qui est proposée ci-dessous (et qui ne concerne que les jeux dits ouverts), les appellations renvoient à des variantes qui vont se manifester tantôt au 2ᵉ coup des blancs (ou des noirs), tantôt dès le 1ᵉʳ coup des noirs et tantôt bien plus tard (aux 3ᵉ, voire 4ᵉ coup). Nous avons volontairement arrêté les ramifications aux alentours du 5ᵉ coup. La « théorie » des échecs a pourtant recensé et reconnu certaines sous-variantes, jusqu'aux 10ᵉ et 11ᵉ coups. En fait, plus on avance et moins les variantes sont codifiées. Les commentaires deviennent de plus en plus des « souvenirs » de parties, en général isolées : « joué par Botvinnik contre Pachman, à Moscou, en 1948... ».

Exemple des jeux dits « ouverts »

Cela montre assez bien que de cette histoire-théorie-pratique des échecs, on peut tirer des indications de jeu assez précises. Reconnaissons que plus qu'une théorie, de telles structures sont, en réalité, des heuristiques : il s'agit bien, plutôt, de stratégies non exclusives (non fermées) qui visent à adapter le joueur à des situations très variées.

B-1	N-1	B-2	N-2	B-3	N-3	B-4	N-4	
e4	e5	Cf3	Cc6	Cc3	Fb4	Cd5	Cf6	3 cavaliers
					Cf6	Fb5	Cd4	4 cavaliers
				Fc4	Fc5			Italienne (passive)
					Fe7	d4	d6	hongroise
					Cf6			2 cavaliers
				d4	exd4	Cxd4		Ecossaise
						Fxc4	Cf6	gambit écossais
						c3	d5	gambit Goring
				Fb5	d6	d4	Fd7	Espagnole (Steinitz)
					Cf6	0-0		berlinoise
					Cd4	Cxd4	exd4	Bird
					Fc5	c3		Cordel
					f5	d3	fxe4	défense de gambit
					a6			défense a7-a6
			Cf6	Cxe5	d6	Cf3		Défense russe
				d4	Cxe4	Fd3		Steinitz
			d6	d4				Défense Philidor
		Cc3	Cf6					Viennoise
		d4	exd4	Dxd4	Cc6	De3	Cf6	Gambit du centre
				c3	dxc3	Fc4	cxb2	gambit du nord
					d5	exd5	Cf6	gamb. du nord refusé
		f4	exf4	Cf3				Gamb. du roi accepté
				Fc4	Cf6	Cc3	c6	gambit du fou
			Fc5	Cf3	d6	c3	Cf6	gamb. du roi refusé
			d5	exd5	e4	d3	Cf6	contre gam. Falkbeer

En aucune façon, il ne peut être question de « méthode » au sens le plus strict (et le plus banal) : face à « e4 », aucun théorème, aucune règle ne nous dira ce qu'il convient de jouer. Mais il est très « utile » de savoir qu'à répondre « e5 » on oriente la partie (et le rapport des forces probable) de telle ou telle façon. Il est utile de savoir que, dans des circonstances analogues, tel grand joueur a poursuivi de telle manière et a gagné.

Tout ceci n'a de sens que dans une situation où l'on accorde aux échecs une certaine importance, où les joueurs présentent des qualités indéniables, où cette histoire des échecs est au moins partiellement connue. C'est une autre caractéristique des heuristiques que de faire intervenir autant de « mollesse », de valeurs symboliques. La plupart du temps l'être humain se comporte lui-même de façon heuristique. A une question posée, nous trouvons souvent une réponse immédiate, sans donner l'impression de consulter une base de données considérable, ou un système de règles particulièrement bien établies, « même si c'est une mauvaise réponse, ou un simple aveu d'ignorance » (W. Skyvington, 1976, p. 40). Voilà, bien sûr, les limites des heuristiques : la fiabilité relative de leurs résultats. Nous l'avons vu, il est des domaines où l'on ne peut se permettre de faux-pas : dans ce cas, aussi fastidieux que ce soit, nous sommes algorithmiques. Il nous reste les cas de moins grande implication sociale ou humaine. Les heuristiques feront l'affaire ! Mais à une condition essentielle près, qu'elles ne se satisfassent jamais de l'état qui les caractérise à un moment donné.

Vers une nouvelle conception de la compréhension

Ceux qui s'intéressent à l'informatique appliquée d'aujourd'hui, à ses espoirs, à ses débats, ainsi qu'à ses limites, doivent avoir entendu parler de Roger Schank. Il est actuellement le chef de file (du moins, l'un d'entre eux) de la dernière génération des spécialistes en intelligence artificielle. On peut dire qu'il a fondé une nouvelle école dans ce domaine.

Roger Schank faisait ses études au début des années soixante-dix. Etudes d'informatique, cela s'entend. C'était une période où le milieu informatique universitaire américain était de nouveau saisi par une sorte d'euphorie : c'était le redéblocage des recherches en intelligence artificielle. Aussi, après avoir largement pris la mesure de la machine, un jeune étudiant brillant se devait d'aller fréquenter des domaines étrangers à l'informatique. A cette époque, c'était la linguistique et, plus précisément, la linguistique Chomskyenne. Des gens comme Roger Schank ont très vite vu les limites de l'apport des théories linguistiques. La plupart du temps, elles n'étaient pas assez formelles pour produire quoi que ce soit de rigoureux. Et, quand elles l'étaient, elles faisaient illusion. Elles permettaient, par exemple, à un ordinateur de faire semblant de parler, elles ne permettaient jamais de comprendre. On pouvait appeler cette phase des recherches en intelligence artificielle : l'artifice du perroquet. De ce point de vue, Roger Schank fut intraitable. Il se fit un peu le guide d'une croisade anti-linguistique. Noam Chomsky, en particulier, fut sa cible. Aujourd'hui encore, il tient, à propos de la linguistique et des linguistes, des discours pourfendeurs : l'intelligence artificielle peut se passer de ces gens qui ne s'occupent que de l'inessentiel !

Comment oser affirmer une chose pareille, diront certains ? Il y a du scandale dans l'air. Les linguistes s'occupent du langage. Que l'on sache, la communication linguistique est l'une des activités essentielles de l'être humain. Disons d'emblée que nous pensons qu'une telle affirmation est légitime et qu'en même temps elle manifeste à la fois un peu d'intolérance et d'idéalisme. Nous avons lu plusieurs des ouvrages de Roger Schank. Si ses thèses s'affinent au fil du temps, elles varient peu. Les titres de sa bibliographie le montrent (ils sont ici traduits par nos soins) :

- « Identification des concepts sous-jacents des langues naturelles », 1973
- « Les processus de l'information conceptuelle », 1975
- « La structure des épisodes dans la mémoire », 1975
- « Scénarios, plans, buts et compréhension », 1977
- « Intérêt : le contrôle des inférences », 1978

— « Un compréhenseur intégré », 1980
— « Lire et comprendre, l'apprentissage du point de vue de l'intelligence artificielle », 1982.

Le modèle conceptuel

Ce modèle a été concrètement décrit dans R. Schank et R. Abelson (1977). Il avait été largement et théoriquement exposé, par Roger Schank, seul, en 1975, dans « Conceptual Information Processing ». Schank a cherché à développer ce qu'il a appelé la théorie de la dépendance conceptuelle. C'est une théorie « de la représentation » du sens des énoncés. Autrement dit, pas une théorie « du sens » des énoncés. L'aspect linguistique des choses n'intéresse pas Schank. Ce n'est pas le fait de savoir ce que signifie un énoncé qui l'anime, mais comment nous arrivons à « représenter » ce sens pour le loger dans notre mémoire, comment nous arrivons à rappeler cette représentation le moment venu, à la mettre en relation avec d'autres, etc.

Deux phrases peuvent avoir des formes différentes et présenter une signification linguistique identique (du moins, le croit-il). Dans ce cas, elles auront la même représentation. Que nous disions,

— je viendrai demain pour t'aider à trier les lentilles
— je vais venir demain pour t'aider à trier les lentilles
— je viens demain pour trier les lentilles
— je viens demain pour ôter les cailloux de ces maudites lentilles
— allez ! demain, on trie les lentilles

ne change pas le fait qu'il existe une sorte de structure profonde, de type sémantique, où l'on retrouve des éléments comme « quelqu'un », « se déplacer », « faire quelque chose ». On aura bien sûr tendance à considérer que ces diverses formulations sont sémantiquement différentes. Chacun admettra volontiers qu'elles se ressemblent, qu'elles partagent même beaucoup de choses. Mais, de là à admettre qu'elles sont équivalentes... Schank répond qu'à un certain niveau de profondeur d'analyse, ou d'abstraction, cela se confond. Face à de tels exemples, il ne cherchera pas les différences qui naissent des diverses formulations, au contraire, il cherchera à comprendre comment spontanément, on finit par les mettre en relation et par considérer que tous ces énoncés disent, en gros, la même chose à propos du même événement. Par exemple, dans une langue donnée, deux verbes peuvent partager un élément primitif semblable (comme « donner » et « recevoir » partagent l'élément primitif « transfert de possession »), et présenter des différences. La meilleure représentation d'un verbe sera l'élément primitif qu'il partage avec d'autres verbes, plus les concepts explicitement établis qui le rendent unique.

Dans les exemples que nous avons donnés, ne change pas non plus ce que l'on pourrait appeler la répartition des rôles dans la situation que représente un énoncé. Cette idée est loin d'être schankienne.

Disons qu'il la fait sienne sans aucun égard pour ses inventeurs (en particulier, Charles Fillmore, le promoteur de la grammaire casuelle). Dans un énoncé, en général, il y a un acteur, un procès, un objet, un instrument, une localisation, etc. Ce sont ces relations que Fillmore appelle des « cas ». C'est ce que Schank appelle les conceptualisations des énoncés. On pourrait parler de schémas profonds. A ce niveau, les énoncés se distinguent en deux catégories bien traditionnelles : les énoncés d'action et les énoncés d'état.

Jusqu'à présent, il n'y a pas de quoi en faire un chapitre. Finalement pour qui s'est un petit penché sur les débats de la linguistique depuis une cinquantaine d'années, ce sont des idées banales et connues. En fait, c'est ici que commence le travail de Roger Schank. Il admet les rôles. Ils gravitent autour du procès. C'est le procès qui l'intéresse. Pour qu'un ordinateur, un jour, comprenne un tant soit peu un dialogue, une brève nouvelle, etc., il doit être en mesure de mettre en relation des énoncés différents. Comment capter leurs significations autrement qu'en abstrayant de leur forme des concepts universels et distinctifs. Roger Schank en est venu à définir une liste précise de onze actions primitives, correspondant aux variantes conceptuelles que peut prendre le procès (c'est-à-dire, la plupart du temps, le verbe). Nous en donnons l'appellation anglaise (abrégée pour des besoins informatiques), un équivalent français et la définition dans des termes traduits de Schank.

ATRANS (= TRANSFÉRER)

Transfert de quelque chose, dans le cadre d'une relation abstraite telle que propriété, possession ou contrôle.

— Donner = ATRANS qqchose VERS qqun

— Prendre = ATRANS qqchose VERS soi

Il est des exemples plus complexes. C'est le cas du verbe « acheter » qui manifeste un double transfert : ATRANS d'argent et ATRANS de l'objet acheté.

PTRANS (= DÉPLACER)

Il y a PTRANS, lorsqu'il y a transfert de lieu, ou simplement changement de lieu.

— Aller = PTRANS soi VERS un endroit

— Mettre = PTRANS qqchose VERS un endroit.

PROPEL (= PROPULSER)

Application d'une force physique à un objet. Des verbes comme « pousser », « tirer », « jeter », « frapper » ont PROPEL comme constituant profond. Un énoncé comme « John pousse la table contre le mur » est un PROPEL qui cause un PTRANS.

MOVE (= REMUER)

Mouvement d'une partie du corps d'un animal par cet animal luimême. C'est une définition qu'il faut accepter. Cette catégorie est réservée aux mouvements « volontaires » des êtres animés. MOVE est une action presque toujours nécessaire dans les conceptualisations instrumentales : ainsi, afin de « lancer », il est nécessaire de REMUER son bras.

GRASP (= ÉTREINDRE)

Traduit le fait d'étreindre ou agripper un objet. On trouve cette action primitive dans des verbes comme « tenir », « empoigner », « lâcher », « lancer ». Les deux derniers traduisent, en fait, la fin d'un GRASP.

INGEST (= INGÉRER)

Introduction d'un objet par un être animé, à l'intérieur de cet être animé. La plupart du temps, les objets ingérés renvoient à la nourriture, au liquide ou au gaz. Ainsi, « boire », « fumer », « manger », bien sûr, et « respirer » sont-ils des exemples d'ingestion.

EXPEL (= EXPULSER)

C'est le mouvement physique opposé à l'ingestion que nous venons de définir. En général, ce qui est expulsé a, d'abord, été ingéré. L'excrétion et la sécrétion sont décrites par EXPEL. Parmi ces mots, on trouve « suer », « cracher », « pleurer ».

MTRANS (= INFORMER)

Il s'agit du transfert d'informations (d'objets mentaux) entre êtres animés ou bien, aussi bizarre que cela puisse paraître, à l'intérieur d'un même être animé. Pour mieux comprendre cette action, disons quelques mots de la conception que Schank a de la mémoire humaine. Pour lui, la mémoire se partage en deux parties, le PC (ou processeur conscient) où l'on pense à quelque chose, et la MLT (mémoire à long terme) où les choses sont stockées. Les processus d'information, les MTRANS vont s'ajuster à cette vision des choses.

— dire = MTRANS d'une personne VERS une autre
— voir = MTRANS des yeux VERS PC
— se souvenir = MTRANS de MLT VERS PC
— oublier = impossibilité (MTRANS de MLT vers PC)
— apprendre = MTRANS nouvelle information VERS MLT

MBUILD (= INFÉRER)

C'est la construction, par un être humain, d'une nouvelle information à partir d'une ancienne. Il n'y a pas eu transfert véritable, mais construction interne. C'est le cas de verbes comme « décider », « conclure », « imaginer », « considérer », etc.

SPEAK (= émettre)

Action de produire des sons. De nombreux objets peuvent réaliser cette action. Seuls, les êtres humains peuvent l'utiliser comme moyen de MTRANS. Les verbes « dire », « jouer de la musique », « crier » contiennent SPEAK.

ATTEND (= mobiliser)

Ce terme est particulièrement difficile à traduire. Littéralement, il s'agit de « porter attention ». Schank l'associe aux organes des sens, dès lors qu'ils sont « mobilisés » par une action de type MTRANS (transfert d'information). Ainsi, le verbe « voir » est-il décrit de la manière suivante,

— MTRANS qqchose vers PC depuis œil par ATTEND œil sur objet (autrement dit, par « mobilisation » de l'œil).

Nous nous sommes contentés de définir rapidement les onze « catégories » retenues par Roger Schank pour décrire les verbes-procès. Ce qu'il faut imaginer, c'est qu'avec une telle nomenclature, on est censé décrire l'ensemble des actions que l'on peut exprimer : « je dévore un lion » = INGERE un animal dans moi ; « j'ai rêvé de vous » = MTRANS vous depuis MLT jusqu'à PC. Comprenons que cela sert à reformuler la réalité linguistique. Cette dernière est trop multiforme. On la ramène donc à une formulation conceptuelle de ce genre et c'est à partir de cette forme de traduction, que l'on (des gens comme R. Schank) va concevoir des programmes « intelligents », capables de déduire, de mettre en relation, et de « comprendre ».

Un modèle de compréhension ?

Que signifie « comprendre » ? Qu'est-ce qu'une compréhension prise en défaut ? Ce sont des questions de ce genre qui hantent les recherches de R. Schank depuis plus de dix ans. On imagine assez bien que les « néo-informaticiens » aient pu se les poser. Leur problème, c'était (et c'est encore) de mettre une parcelle, une étincelle d'intelligence dans la machine. Certains ont compris que la clé du progrès était dans l'étude des processus de compréhension.

Il y a trente ans, on a cru un peu vite que l'on saurait doter l'ordinateur de facultés humaines simulées. On pensait, par exemple, pouvoir mettre au point des programmes qui sauraient lire. On avait même la prétention d'apprendre des choses sur l'homme. Les psychologues tardaient à appréhender les mécanismes humains de la compréhension. Les néo-informaticiens allaient permettre à une machine de comprendre. Conclusion : puisqu'on aurait réussi à simuler la compréhension, on l'aurait comprise *(sic)*. Si ce genre de raisonnement a été produit, il est demeuré une vue de l'esprit. On croyait que la mise au point d'un programme permettant à un ordinateur de jouer aux échecs constituait un problème de même nature. Il a fallu déchanter. Qu'y a-t-il de commun au monde clos des échecs et à l'univers ouvert de la compréhension ? Les néo-informaticiens se sont mis à travailler avec différents chercheurs en sciences très humaines. Schank, pour sa part, a refusé d'emblée la voie linguistique. Il donne l'exemple suivant. On demande à quelqu'un (monsieur X) de lire une phrase écrite : « Shakespeare a écrit Hamlet. » Quelques temps après, on lui pose la question suivante : « qui était l'auteur d'Hamlet ? » On peut aisément faire l'hypothèse que si monsieur X répond Shakespeare (ou quelque chose d'approchant), c'est qu'il a compris le message initial. Mais comment a-t-il été capable de le faire ? Par quel mécanisme interne peut-on répondre à la question « qui était l'auteur d'Hamlet » ? Que mobilise-t-on comme connaissances et comment le fait-on ? Il n'y a pas d'évidence en la matière.

Ce sont les questions de départ de Schank. Nous les reformulerons de la manière suivante : que font les individus lorsqu'ils comprennent ? Voyons ses réponses qui, ne l'oublions pas, s'appliquent à la lecture, à la compréhension de choses écrites.

Dès que les yeux ont capté physiquement la chose écrite, les individus encodent ce qu'ils lisent dans une représentation de la signification de ce qu'ils ont lu. Nous avons tous appris certaines règles par lesquelles nous pouvons extraire des significations des énoncés. Ces significations, nous les mémorisons sous une forme qui n'a rien à voir avec ce que nous avons lu. A ce stade, on n'est plus au niveau des mots. Comment s'en persuader ? C'est bien connu, il y a de nombreux moyens de décrire un événement et l'événement est le même. Peu importe la forme linguistique choisie pour exprimer une pensée, il n'y a qu'une représentation conceptuelle de la signification mémorisée. Autrement dit, à peine aurions-nous lu un énoncé que nous le traduirions vers une formule abstraite que nous mémoriserions : « Moi Atrans objet Vers Ami » (cf. plus haut, « le modèle conceptuel »).

Mais « comprendre », c'est certainement beaucoup plus complexe que cela. On peut aussi faire l'hypothèse qu'une grande part du processus consiste à rendre explicite ce qui ne l'est pas dans un énoncé, ou une situation, en général. Par le langage, nous faisons passer beaucoup d'informations, mais notre mémoire doit combler de gros vides. Si un ami me dit qu'il a aimé un certain livre, ce sont mes processus mnésiques (ma mémoire) qui déterminent que cet ami a dû lire ce livre et non pas, seulement, le tenir ou le goûter. Une chose est d'affirmer que l'expression « aimer un livre » sous-entende qu'on le lise, une autre est de constater que le verbe « aimer » ne le sous-entend pas : « j'ai aimé Georgette » ! Sauf peut-être dans les situations où l'on aime à bouleverser les connaissances linguistiques : les histoires, les jeux de mots, etc. Vous connaissez justement ce « mot » : « Tu l'aimais ta grand-mère ? Eh bien, reprends-en un morceau ! » Roger Schank en vient à proposer une sorte d'algorithme général des mécanismes de la compréhension. Il illustre sa démonstration par un exemple.

John « Je voudrais de l'aspirine pour mon rhume »
Mary « Pourquoi n'essaies-tu pas plutôt de la vitamine C ? »

La réponse de Mary manifeste à l'évidence une bonne compréhension de la remarque de john. Ce qui intéresse Schank, c'est d'établir la succession des étapes qui ont permis d'en arriver à cette manifestation de compréhension. Il en dégage cinq :

— l'interprétation lexicale
— l'identification de l'événement
— la fabrication d'inférences
— la mémorisation
— la connexion d'événements.

L'interprétation lexicale consiste à attribuer des significations individuelles aux mots de l'énoncé. Il ne s'agit en aucun cas de définition. Ce dictionnaire que nous avons pour agir de la sorte est un dictionnaire mental. Il ne ressemble pas du tout à un dictionnaire ordinaire. Ceux-là fonctionnent de façon circulaire : cherchez-vous la définition d'un mot, que vous la trouvez exprimée avec d'autres mots dont vous ignorez peut-être la définition; etc. Les mots y sont définis par des mots, qui sont définis par des mots. Dans notre dictionnaire mental, nous trouvons les fameux concepts et le moyen de s'en servir (quelques principes descriptifs et quelques fonctions). Evidemment, il s'enrichit par l'expérience... des énoncés nouveaux. Autrement dit, il nous indique ce que nous savons déjà de ce mot. Ce processus lexical ne saurait se dérouler totalement en successivité : analyse du premier mot, puis du second, du troisième, etc. Il passe très vite à une compréhension partielle de l'énoncé entier.

L'identification de l'événement est une sorte de mise en scène de l'énoncé à laquelle nous nous livrons. Fort de ce que l'analyse précédente nous a appris, nous organisons le petit monde que représente un énoncé. Quand John dit « je », « je » c'est bien lui, on lui donne le statut de locuteur et on reconnaît son désir d'être acteur dans le petit événement qu'est ce dialogue. L'aspirine est l'objet du discours. Etc. Identifier un événement, c'est attribuer aux divers éléments de l'énoncé des rôles connus et immuables, et c'est repérer l'action, le procès.

La fabrication d'inférences consiste à remplir les immenses trous que présente le dialogue. Le procès désigné n'est pas clair. « Avoir besoin » ne nous dit pas ce que John va faire. Et si Mary lui propose des vitamines, c'est qu'elle fait des hypothèses sur ce que John va faire. Elle se met alors à inférer. L'énoncé ne dit pas que John va mettre l'aspirine dans sa bouche et l'avaler, mais on peut le présumer. On remplit donc les trous et on détermine les buts des actions.

La mémorisation est, en fait, permanente. Cette « opération » ne peut pas être classée chronologiquement. La mémoire supporte tout. Elle est sollicitée au niveau de l'analyse lexicale, puisqu'elle intègre le dictionnaire mental. Elle contient les informations sur l'aspirine et ce qu'on fait avec. Roger Schank en a une vision « salle d'archives », « grenier ». Elle est un pourvoyeur d'informations plutôt qu'une activité. Tout y est engrangé : les croyances, dont nous allons parler, les faits, la connaissance des épisodes de sa propre vie, de l'histoire et des événements courants, etc.

La connexion d'événements soumet toute nouvelle entrée à un examen de compatibilité avec les croyances que l'on a. Pour que Mary comprenne l'énoncé de John, elle doit essayer d'établir une connexion entre le rhume et le fait de prendre de l'aspirine. Elle consulte sa mémoire pour trouver une croyance qui met en relation les deux faits (le terme « croyance » surprend peut-être, mais il rend mieux compte de la subjectivité qui envahit nos connaissances) : prendre de l'aspirine combat les symptômes du rhume. Tout se met alors en place :

— John a un rhume,
— il souhaite mettre une aspirine dans sa bouche et l'avaler,
— il croit que cela combat le rhume,
— il n'a pas d'aspirine.

C'était, à grands traits, la conception logique que Schank peut avoir des mécanismes de la compréhension. Conception étagée, de laquelle il ressort que la compréhension « linguistique », celle qui s'établit au niveau de l'énoncé lui-même, est bien pauvre. En même temps, plus on « monte » et plus on entre dans des endroits difficiles à explorer. C'est là que la tentation est forte de renverser la logique d'analyse. Dans l'étagement que nous avons vu, c'est le cinquième niveau qui pose le plus de problèmes : on infère quoi, à partir de quoi, jusqu'où peut-on inférer, y a-t-il des limites, basses ou hautes, à l'inférence ? La qualité de la compréhension se cache probablement derrière ces questions. Et, pour inférer, il faut avoir des connaissances. La véritable motivation de Schank, c'est d'essayer de voir comment on devrait apprendre à lire aux enfants. Il en vient, et c'est ce qui nous intéresse plutôt, à analyser avec plus de précision les dernières étapes de son algorithme : la fabrication d'inférences et la connexion d'événements.

Dans les travaux menés actuellement dans certains laboratoires d'intelligence artificielle comme celui que dirige Schank à Yale, ou Wilensky à Berkeley, on cherche à apprendre à des ordinateurs à comprendre des histoires ordinaires. Il faut leur apprendre à,

— faire des inférences simples,
— établir des liens de cause à effet,
— reconnaître des situations stéréotypées (des scripts),
— prévoir et générer des plans,
— découvrir les buts de celui qui raconte l'histoire,
— connaître les habitudes sociales qui y sont liées,
— utiliser les croyances qui sont impliquées
— utiliser les faits bruts.

Ce sont pratiquement les termes de Roger Schank. La tentation est grande de transposer ce modèle, développé, rappelons-le, pour des programmes d'ordinateur, à la compréhension humaine. Il l'illustre à partir d'un exemple précis : « John hait son patron. Il est allé à la banque chercher 20 $. Il a acheté un pistolet. Le jour suivant, au bureau, il a décidé de demander une augmentation. Mais il était tellement bouleversé par son propre plan, qu'il a dit à son patron qu'il était malade, et qu'il est rentré chez lui pour pleurer. »

Pour comprendre une telle histoire, il faut savoir faire des inférences, savoir qu'un achat implique une possession, qu'il requiert de l'argent, que l'achat d'un objet implique son usage ultérieur. Il faut établir des liens de cause à effet : aller à la banque permet de retirer de l'argent; « se rendre à » rend possible une action qui a lieu au point d'arrivée. Reconnaître des scripts, c'est connaître les habitudes de comportement à la banque, dans les magasins, au bureau : à la banque, on pénètre dans l'édifice, on cherche son guichet, on formule sa demande, etc. Il faut encore prévoir et générer des plans : plus les actions de John semblent entrer dans un plan d'action cohérent, plus l'histoire semble compréhensible. Ensuite, que va faire John et pourquoi ? Il veut être mieux traité, mieux considéré ou mieux payé. Autrement dit, quel est son but ? Mais il faut aussi savoir ce que peut ressentir un employé devant un patron et ce peut être la haine dans une telle situation, ce que c'est qu'être marginal, immoral ou criminel. Même si l'on avoue ne pas nécessairement « comprendre » (moralement) le désir de tuer son patron, il faut comprendre que d'autres peuvent se trouver dans une telle situation, au risque de considérer que cette histoire est un non-sens. On en arrive insensiblement au plan des croyances, de la perception du bien et du mal. Moi, lecteur de cette histoire, je la comprends en fonction d'une morale. Il reste les faits bruts : les banques renferment de l'argent; sont éventuellement prêtes à en transmettre; les patrons peuvent accorder des augmentations; certaines boutiques vendent des pistolets. Ce sont de simples connaissances que l'on a sur le monde, sans lesquelles on ne saurait comprendre cette histoire.

La notion de compréhension, même si elle demeure encore floue, prend une mesure incomparable. Les conceptions trop linguistiques sont remises à leur place. On ne devrait plus confondre « sens de l'énoncé » et « processus de compréhension d'un énoncé ». En ce qui concerne le sens de l'énoncé, on constate aussi qu'il ne faut pas se contenter d'un pauvre dictionnaire. Nous avons parlé, plus haut, de l'intolérance que Schank manifeste à l'égard des linguistes. Une fois remis à leur place, ils pourraient être utiles et faire leur part du travail (l'analyse lexicale, bien sûr, mais aussi l'identification de l'événement et, peut-être, en partie, la fabrication d'inférences). Nous avons également évoqué l'idéalisme de ces positions parce que ce type de théorie a toutes les allures d'une fuite en avant. Le message de Roger Schank est, en substance, le suivant : les recherches en intelligence artificielle se caractérisent par le fait que l'on n'entrevoit aucune solution informatique. Autrement dit, dès que l'on a réussi à simuler une certaine action par un ordinateur, c'est qu'il ne s'agissait pas d'un problème digne de l'intelligence artificielle. Pendant longtemps, faire en sorte qu'un ordinateur joue valablement aux échecs a été la recherche fétiche de l'IA. Puis certains sont arrivés à leurs fins. Actuellement, il existe des programmes suffisamment bien faits pour battre 90 joueurs sur 100 (voire 95). Est-ce un succès de l'intelligence artificielle ? Schank répond que c'est la preuve que jouer aux échecs n'est pas une activité intelligente. Il ne s'agit pas d'un goût prononcé pour le paradoxe, mais d'une certitude que les activités humaines sont d'une complexité telle, qu'espérer les simuler peut être un leurre. Alors, à quoi servent ces recherches ? Sûrement à nous aider à mieux nous comprendre.

Par ailleurs, nous respectons ces utopies de laboratoire qui guident le monde.

Comprendre, un traître mot

Dans le domaine des recherches en intelligence artificielle, l'ambiguïté repose sur le terme « compréhension ». Terry Winograd, par exemple, a toujours pensé qu'il existait plusieurs niveaux de compréhension. De nombreux linguistes sont de cet avis. C'est une notion qui ressemble, à première vue, à l'image des poupées russes. Cela s'emboîte et l'on ne voit que ce que l'on peut voir. Disons que c'est la conception de la compréhension comme continuum. Chaque fois que l'on ouvre la poupée extérieure, on fait un progrès. Un philosophe comme Hubert Dreyfus conteste ce point de vue (cf. Dreyfus, 1984). Mais arrêtons-nous un instant sur des positions notoirement plus criticables et répandues. C'est le cas de nombre d'informaticiens persuadés que les solutions relèvent plus du bon sens que de l'approche théorique.

S'agissant principalement des rapports qui peuvent exister entre les univers linguistique et informatique, on s'attend à des turbulences. Logiquement, deux corporations d'intellectuels devraient se retrouver à un même carrefour, et se « comprendre » : les informaticiens et les linguistes. Ils n'ont pas été habitués à travailler le même genre de concepts. Les uns se sont frottés aux dures dimensions de la logique la plus machinale : c'est oui ou c'est non; deux signes « – » s'annulent; faire x tant que y est vrai, etc. Les autres se sont vautrés dans la douceur et la mollesse des réflexions les plus diluées : s'il existe un mot particulièrement difficile à « comprendre », c'est bien « comprendre ».

Où voulons-nous en venir ? A cela : « Je dis qu'un programme a "compris" un texte s'il a construit une représentation du sens de ce texte indépendante de toute langue naturelle. Pour écarter les discussions philosophiques, nous pouvons considérer ceci comme une nouvelle acception du mot "comprendre" » (Pitrat, 1985, p. 1). C'est tiré d'un ouvrage qui s'intitule « Textes, ordinateurs et compréhension ». Nous n'avons pas de raison particulière de nous en prendre à J. Pitrat. Disons simplement qu'il représente bien un certain esprit informatique; que son livre est récent; qu'il porte sur la notion de compréhension et qu'il ne s'embarrasse d'aucun préjugé. La dernière phrase de la citation nous interdit purement et simplement de discuter. « Pour écarter les discussions philosophiques », on y sent ce mépris que l'on a souvent rencontré chez un certain nombre de chercheurs en intelligence artificielle. Cela sonne comme un rejet profond des débats de linguistes. Quant au sort fait au philosophe, nous n'en parlerons même pas.

Au regret de décevoir l'auteur, nous ne tiendrons pas compte de cet avertissement. D'abord, parce que toute sa pensée s'ouvre sur cette définition. Lui, croit seulement faire une précision terminologique. En fait, et peut-être sans le vouloir ou sans le savoir, il cherche à nous faire avaler la plus grosse couleuvre que l'on puisse imaginer. Si vous l'avalez, alors nombre de programmes « comprennent ». L'intelligence peut effectivement être artificielle. Et l'on peut interpréter automatiquement les langues naturelles. Dans ce cas, vous faites une confiance aveugle à tout un courant de recherches qui s'accompagne, le plus souvent, d'une idéologie aux accents avant-gardistes et triomphants. Vous pensez, comme le lecteur du « Coq libéré » (sorte de symbole de la bêtise naturelle), qu'on ne sait pas de quoi demain sera fait et où tout ça nous mènera. Vous participez d'un courant d'intoxication générale, sûrement moins concerté qu'un autre, mais dont l'effet peut être particulièrement pernicieux; parce que trop simpliste, naïf et stupide.

A l'inverse, si vous n'avalez pas la couleuvre, vous mettez en doute la notion de compréhension automatique. Vous soulignez les sept premières lettres du mot « artificielle », vous y ajoutez un e, et vous demandez que le mot « intelligence » soit remplacé, de toute urgence, par n'importe quoi, à l'exclusion de tout pseudo-nyme. La compréhension de J. Pitrat est à l'intelligence ce que la pétanque est au mouvement des astres. Voilà en tout cas une phrase dont nous aimerions voir la représentation du sens indépendante de toute langue naturelle.

Il nous reste à découvrir comment on représente le sens. C'est ce que nous propose J. Pitrat en évoquant un programme mis au point par Georges Sabbah. Ce programme reçoit des histoires, sous une forme pré-codée, et doit pouvoir répondre à des questions concernant ces histoires. Donnons-lui la fable du corbeau et du renard : « Un corbeau, perché sur un arbre, tient un fromage dans son bec. Un renard alléché par l'odeur du fromage lui parle. Il dit que le corbeau est très beau. Le corbeau ouvre le bec. Il lâche son fromage. Le renard prend alors le fromage. »

Une fois cette histoire comprise, nous posons des questions au programme : pourquoi le renard parle-t-il au corbeau ? Le programme répondra : « parce qu'il veut que le corbeau lâche son fromage. » Comme un tel lien de cause n'a pas été explicitement donné au programme, on est censé s'esbaudir devant une telle déduction. Voyons le principe d'une inférence de ce type. Le programme a appris des choses comme,

FROMAGE = objet de désir pour Renard
lieu : bec du corbeau
RENARD = Ruse vers Corbeau
désir : fromage, odeur
Etre beau = Renard vers Corbeau
But : obtenir objet X
Objet X : désiré
etc.

Il convient alors, partant de la question, d'enchaîner chacun des circonstants sémantiques un peu comme un « marabout de ficelle », et d'aboutir à une action du corbeau. Ce n'est pas simple. Il faut savoir donner au programme les connaissances nécessaires. Il faut donc savoir les organiser (et, accessoirement, les connaître).

« Il est manifeste au vu de telles réponses que la fable a bien été comprise » ! dixit J. Pitrat. Que la compréhension est alors un concept étriqué ! Et ce n'est pas parce qu'on postule que comprendre c'est construire une représentation du sens indépendante de toute langue, qu'on est obligatoirement pardonné. Un tel manque d'exigence (litote) permet la compréhension suivante :

Corbeau	tenir objet / position élevée
Renard	gueule réceptacle / position inférieure
Action	lâcher objet
Action	recevoir objet réceptacle
Corbeau	absence objet / position toujours élevée / queue entre les jambes
Renard	réceptacle rempli / position toujours inférieure / queue dressée

Ergo, le renard est un malotru puisqu'il parle la bouche pleine. Trêve de plaisanteries, enlevez l'ergo final et admettez que l'on peut répondre bien des choses à la question « pourquoi le renard parle-t-il au corbeau ? » Pour vérifier la chute des corps. Que l'on ne nous dise pas que nous avons mis n'importe quoi dans la base de données. Nous avons mis surtout des informations dénotatives et, à ce titre, moins contestables que celles qui ont été utilisées dans le programme en question. A l'inverse nous pouvons aller bien au-delà de l'interprétation de Sabbah, en notant que le corbeau est un courtisan minable et que le renard est un courtisan rusé. Et bien d'autres choses encore pour que le programme montre un peu plus « d'intelligence ». Expliquons-nous. Imaginez qu'un instituteur qui, ayant lu cette fable à tous ses élèves, leur demande :

— Alors, qu'avez-vous compris ?
— (en chœur) Que le corbeau s'est fait avoir !
— Mais encore ?

On pardonnerait à de jeunes enfants. Mais on n'en resterait pas là. On chercherait à leur montrer, d'une manière ou d'une autre, qu'il y a, chez La Fontaine, plus que de petites histoires drôles. Qu'il se pourrait bien que derrière ces animaux, certains humains soient visés. C'est un peu comme si, à propos de « Madame Bovary », vous déclariez « c'est l'histoire d'une pauvre femme qui s'ennuie à la campagne ». S'agit-il de compréhension, ou d'incompréhension. Si on ose dire que ce programme a compris quelque chose, c'est que ceux qui l'ont fait n'ont rien compris. On souhaiterait finalement plus d'humilité dans les positions théoriques, ce qui équivaudrait à plus de rigueur.

A avoir une conception emboîtée de la compréhension, à considérer qu'elle s'échelonne, on peut penser que le cœur des choses est réservé aux plus habiles et que la « grotassité » est la récompense des moins habiles. « On peut avoir l'impression que chaque nouveau programme comprend un peu plus de choses que le précédent, et que le progrès consiste à grignoter du terrain sur ce continuum qu'est la compréhension » (H. Dreyfus, 1984, p. 119-120). Nous l'avons dit, cette conception (que dénonce Dreyfus) est très répandue. Est-ce pour autant une hypothèse satisfaisante ? Nous nous demandons si derrière cette sorte de trop grande évidence (la notion de degré dans la compréhension), ne se cache pas un piège. Prenons un exemple ayant trait à la compréhension linguistique. Soit la situation suivante : dans un bureau quelconque, deux personnes sont en train de travailler; l'une est le supérieur hiérarchique de l'autre. L'une dit à l'autre : « Fermez la fenêtre, Démosthène ! » L'autre répond : « Beau temps, ne trouvez-vous pas ? » Que signifie la réponse de l'autre ? Selon la conception du continuum, on pourrait dire,

— qu'à un premier niveau, c'est une phrase courte, plutôt interrogative (à l'oral, ça ne serait pas si évident que cela) et qu'il y est question du temps qu'il fait;
— qu'à un second niveau, c'est précisément une quête d'information, de confirmation, pourrait-on dire, concernant le temps jugé, ici, particulièrement agréable;
— qu'à un troisième niveau, en réponse à une injonction, Démosthène pose une sorte de question, que ça ressemble à un refus d'obtempérer, et qu'il y a un début d'argumentation dans la mesure où la considération sur le temps a un rapport certain avec l'idée de fermer une fenêtre;
— qu'à un quatrième niveau, dans la situation telle qu'elle a été décrite, un refus d'obtempérer équivaut à un acte de rébellion, que la remarque « météorologique » est pratiquement synonyme de « allez vous faire voir » ou « faites-le vous-même », et que Démosthène peut commencer à ranger ses affaires.

Ces interprétations ne sont pas exhaustives, elles sont illustratives. Ce que nous voulons montrer, c'est que la notion de continuum n'a finalement pas grand sens. Il y a probablement progression, lorsque l'on passe du premier au quatrième niveau. Mais vous viendrait-il à l'idée de soutenir que le premier niveau manifeste une compréhension à 2/10, le second à 4/10, le troisième à 8/10, etc. N'est-il pas plus éclairant d'admettre qu'en l'occurrence la seule compréhension (c'est-à-dire production d'hypothèses manifestant une maîtrise efficace de la situation) de la réplique de Démosthène est celle du quatrième niveau, et que les autres niveaux traduisent non pas une sous-compréhension, mais une mécompréhension, dès lors qu'on en resterait là. S'agissant de la notion de progrès tangible, mais cela pourrait s'appliquer à la conception du continuum, H. Dreyfus déclare : « selon cette définition, le premier homme à être grimpé dans un arbre pouvait se targuer d'avoir réalisé un progrès décisif vers la conquête de la lune » (H. Dreyfus, 1984, p. 49).

En revanche, si la compréhension est typiquement un concept renvoyant à l'organisation de l'esprit humain, alors l'intelligence artificielle de Mrs Minsky, Papert, Bonnet et Pitrat (pour ne citer qu'eux) est une chimère. Derrière « comprendre », se développe un paradigme tel que « demander, répondre, savoir, expliquer ». Et si pour répondre, il faut au moins savoir, alors l'ordinateur ne peut répondre. « Pour qui est sensible au sens profond des termes cités plus haut, et qui tous impliquent une intention, il est clair qu'affirmer du programme SHRDLU qu'il fait preuve d'un petit début d'entendement est au mieux faire usage d'une métaphore poétique, et au pire, avancer une forfanterie » (H. Dreyfus, toujours dans le même ouvrage, p. 120).

Comme nous avons eu l'occasion de le préciser, nous sommes parfaitement conscients que SHRDLU ne trouvait son efficacité que dans l'extrême enfermement de son univers de référence : il s'agit d'un monde clos, restreint à quelques objets homogènes, à quelques actions pré-dictées. Bref, il s'agit d'un micromonde. C'est d'ailleurs à son propos que l'on utilisera pour la première fois cette notion, en informatique.

On peut, comme Dreyfus, mais aussi, paradoxalement comme Minsky et Papert, dénoncer ou concéder que ce type de modèle est particulièrement schématique, qu'il s'agit d'un univers imaginaire, en réduction, « dans lequel les choses sont tellement simplifiées que l'on ne peut pratiquement rien dire d'elles qui ne serait faux ou inexact une fois transposé dans le monde réel » (H. Dreyfus, p. 121). On peut, à l'inverse fonder les plus grands espoirs sur ce « trucage » expérimental en prétendant œuvrer à une généralisation des structures de ces modèles et à une élimination des caractères propres à l'expérimentation. Dans un cas, comme dans l'autre, on va bien au-delà de ce qui nous semble autorisé. Et c'est bien parce que les spécialistes ont inscrit leurs travaux dans un débat de ce type (imitation de l'intelligence humaine) que les critiques d'Hubert Dreyfus nous semblent justifiées et utiles. En même temps, imaginons qu'il n'y ait jamais eu prétention à ce genre de défi, mais simplement un souci d'améliorer les performances actuelles des ordinateurs, il est probable que ces critiques n'auraient pas été portées. Mais c'est certainement faire preuve d'idéalisme que de rêver d'une telle désidéologisation de la recherche.

Il n'y a pas intelligence chez SHRDLU (ni dans les autres systèmes), il y a artifice algorithmique et électronique. Mais il y a aussi simulation mécanique et machinale d'une activité linguistique, dans un cadre expérimental donné (objectivable et descriptible). Toute autre considération semble déplacée. Toute vision prophétique, tout espoir quasi religieux, tout optimisme béat est inutile, sans objet, sans intérêt. Si on l'admet, ne peut-on s'interroger, alors, sur l'utilité possible de tels micromondes. Nous pensons, bien sûr, au réinvestissement de l'univers SHRDLU en EAO. N'y a-t-il pas, dans les pédagogies, des occasions multiples de fonctionner utilement dans des micromondes. N'est-ce pas, d'ailleurs, ce qui se passe très souvent. Certains rêvent d'un tutorat informatique. Ils essaient de mettre au point des didacticiels (cf. le chapitre « L'enseignement programmé, un bien triste phénix »). La fermeture, la clôture, les limites du dialogue qu'ils proposent à l'élève sont telles que leurs produits en deviennent ridicules. Un cours sur une question donnée n'est-il pas un micromonde. Il convient de se poser sérieusement la question et de voir dans quelle mesure SHRDLU, par exemple, ne pourrait pas être cet interface adaptable entre le cours et l'utilisateur.

Cela dit, un micromonde doit être particulièrement « micro » pour être maîtrisable. Voici un exemple précis, développé par Papert et Minsky. Il porte sur le marchandage. Ils cherchent à imaginer tout ce qu'il faut raisonnablement savoir pour comprendre une petite phrase comme, « Janet, il n'est pas très bien ton ballon; donne-le moi et je te donnerai ma sucette. » Voici le début d'une description grossière des actions et concepts mobilisés à cette occasion :

PARLER : expliquer, demander, ordonner, persuader, faire semblant.
RELATIONS INTERPERSONNELLES : donner, acheter, marchander, quémander, offrir...
JOUER : vrai ou imaginaire, faire comme si...
POSSÉDER : appartenir à, propriétaire de, ravisseur de...
MANGER : comment comparer la valeur d'un jouet avec la valeur de quelque chose qui se mange ?
APPRÉCIER : bon, mauvais, utile, joli, conforme
VIVRE : fille, éveillée, manger, jouer
INTENTION : vouloir, plan, stratégie, objectif, cause, résultat, empêcher
EMOTIONS : humeur, disposition, expressions conventionnelles
ETATS : sommeil, colère, à la maison
CARACTÉRISTIQUES : grande rousse, nommée Janet
RÉCIT : narrateur, scénario, acteurs principaux
PERSONNES : enfants, passants
LIEUX : maisons, dehors
COLÈRE : état causé par insultes, privations, agression, frustration
RÉSULTATS : défaut de coopération, abattement, agressivité, voix forte, irritabilité, désir de revanche...

Et la liste n'est pas close. Elle constitue l'ébauche d'une base de connaissance pour un micromonde très particulier et très réduit. Il est vrai de dire que ce n'est pas le fait que la plupart de ces notions pourraient servir à d'autres actions que le marchandage (on pourrait imaginer que nombre d'entre elles puissent resservir dans une situation de séduction, par exemple), qui rend le problème plus simple. En effet, si les catégories terminales de ce schéma sont utilisées à divers titres, il faudra que les règles d'inférence (mises en action par le repérage d'une catégorie précise) soient parfaitement distinguées : autrement dit, « dehors » ne peut être une catégorie en soi. Sauf, bien sûr, si une fois de plus on considère un nano-monde abstrait (il faut 1 000 nano-mondes pour constituer 1 micromonde !).

En fait, nous nous serions contentés de décrire et d'analyser des systèmes concrets si personne dans le milieu de l'intelligence artificielle n'avait jamais donné d'autre définition que celle que propose Mario Borillo : « Parler d'intelligence artificielle est peut-être la meilleure façon d'obscurcir dès le départ un problème intrinsèquement complexe, celui de l'extension des capacités inférentielles des systèmes informatiques » (Borillo, 1984). La notion de « capacité inférentielle » est à coup sûr moins problématique. Elle inscrit les machines, et le développement de leurs programmes, dans le domaine de la logique et non point dans celui de l'intelligence. Enfin, à considérer les choses de cette manière, les progrès logiciels apparaissent comme autant de nécessités fonctionnelles : désir simple de disposer d'outils toujours plus efficaces. En quittant le domaine de la science-technique, le mythe de Frankenstein, celui de la créature technico-démoniaque (produite par un cerveau déséquilibré), rejoindrait son univers naturel, celui de la science-fiction.

Index des notions

Algorithme, 31, 84, 86, 90, 94, 119, 127, 131, 139, 146, 153, 158, 164-169, 175, 184.
American standard code for information interchange (ASCII), 49, 126.
Analogique, 13-14, 53, 79, 112.
Analyse, 94, 100-101, 105, 120, 131.
Analyse contextuelle, 122.
Analyse de réponse, 158-159.
Analyse syntaxico-sémantique, 122.
Analyse syntaxique, 101, 122, 146.
Analytique, 79, 155, 157.
Base de connaissances, 185.
Base de données, 18, 109.
Binaire, 92, 99, 149.
Business graphics, 87.
Caractère, 45-52, 84, 89, 99, 126, 148-152.
Cerveau, 27, 30, 36.
Classer/gérer, 57-62, 104-106.
Code, 8-12, 49-51, 99-100, 126-127.
Compréhension (comprendre), 9, 11, 76, 93, 136, 147, 155, 170-179, 180-186.
Compréhension automatique du langage naturel (CALN), 117, 119, 137, 142-147, 181.
Conception assistée par ordinateur (CAO), 15, 87-88.
Conceptualisation, 18, 79, 80, 109.
Didacticiel, 158-163.
Digitaliser, 53, 56, 90, 150.
Dur/mou, 8-12, 13-14, 169, 180.
Ecole, 107, 114.
Ecrit, 45.
Ecrit (chaîne de l'), 45.
Enseignement programmé, 19, 69-74, 116, 158-160.
Enseignement assisté par ordinateur (EAO), 71, 75, 138, 156, 184.
Ergonomie, 116.
Expert, 155-157.
Fichier, 105-106.
Formel(le) (formaliser), 12, 95-98, 130, 147, 154.
Gérer (cf. classer).
Gestion assistée par ordinateur (GAO), 87.
Gestion de données, 104-106, 109-111.
Gestionnaire de fichier, 105-106.
Grammaire, 92-98, 101.
Grammaire (ou théorie) casuelle, 119, 122, 130, 172.
Grammaire (ou théorie) générative, 10-11, 96, 119, 130.
Heuristique, 31, 153, 164-169.
Holiste (holistique), 79, 157.
Iconophile (-gène, -phage), 22-23, 114.
Image animée, 91, 113-114.
Image de synthèse, 88.
Image digitalisée, 150, 153.
Imiter (imitation), 136, 184.
Information, 8-12, 24, 36-39, 53, 90, 107, 182.
Information synthétique (échelle de l'), 8, 13, 45.
Informatique appliquée, 45, 104, 158.
Informatique pédagogique, 17-19, 154-157, 158-163.
Informatique utilitaire, 158, 162-163.
Intelligence artificielle, 16, 25-28, 29-32, 63, 119, 121, 137, 142-147, 154, 156, 170-179, 186.
Interactif, 63-68, 114, 158-163.
Interactivité, 63-68, 116, 158-163.
Langage auteur, 71-73.
Langage d'interrogation, 62.
Langage de programmation, 70-71, 76, 77, 86-87, 92-98.
Langage formel, 92-98.
Langage informatique, 92.
Langue naturelle, 9, 180.
Lecture optique, 149-153.
Lettre, 8-12, 45-48, 129, 165.
Logiciel, 162.
Logo, 75-81, 156-157, 161.
Masque (ou « fiche type »), 111.
Mémoire, 171, 175, 176-177.
Mémoire centrale, 36-39, 89.

Micro-monde, 78, 81, 156, 184, 185.
Modèle (modélisation), 80, 81, 88, 160, 161.
Numériser, 53-56, 82-91.
Octet, 89.
Pattern, 150, 153.
Primitive, 77, 81, 151-152, 172.
Procédure, 95, 157, 161.
Programmation pédagogique, 18, 19, 158, 161.
Programme, 38, 71, 72, 76, 98, 100-102, 105, 126-129, 132.
Programmer, 70-73, 76, 93-95, 161.
Reconnaissance des formes, 25, 148-153.
Règle, 96, 131, 139, 155-157.
Règle de réécriture, 96-98.
Simulation, 23, 30, 87, 136, 158, 160, 174, 184.
Structure de données, 57-62.
Synthétique, 79, 157.
Traduction, 99-102, 117-125.
Traduction assistée par ordinateur (TAO), 117-125.
Traduction automatique (TA), 117-119.
Traitement de données, 57-62, 82-84, 104-106, 162.
Translitération, 121.
Vidéodisque, 112-116.
Vidéodisque éducatif, 115.
Vision artificielle, 25-28, 148-153.
Vision assistée par ordinateur (VAO), 148-153.

Bibliographie

Althusser L. (1970), « Idéologie et appareils idéologiques d'Etat », in *La Pensée*, n° 151.

Arnheim R. (1976), *La pensée visuelle*, traduit de l'américain par C. Noël et M. Le Cannu (titre original : *Visual Thinking*, 1969), Nouvelle bibliothèque scientifique, Flammarion.

Barbey G. (1971), *L'enseignement assisté par ordinateur*, collection E3, Casterman Poche.

Berger J. (1976), *Voir le voir*, Edition Alain Moreau.

Bonin S. (1975), *Initiation à la graphique*, Editions EPI, Paris.

Bonnet A. (1984), *L'intelligence artificielle, promesses et réalités*, InterEditions.

Borillo M. (1984), « Limites de l'autonomie des machines », in Dreyfus (1984), p. 423-432.

Bouhot J. P. et Peju M. (1977), *Un fil d'ariane*, tome 1, « l'ordinateur à la portée de tous », Editions d'informatique, Boulogne.

Challe O., Lehmann D. et Sctrick R. (1985), « Un projet de logiciels d'assistance à la lecture en français langue étrangère », in *Le Français dans le Monde*, n° 195, sept.

Chomsky N. (1969), *Structures syntaxiques*, traduit de l'anglais par M. Braudeau (titre original : *Syntactic Structures*, 1957), L'ordre philosophique, Editions du Seuil, Paris.

Chomsky N. (1971), *Aspects de la théorie syntaxique*, traduit de l'anglais par J. C. Milner (titre original : *Aspects of the Theory of Syntax*, 1965), L'ordre philosophique, Editions du Seuil, Paris.

Coueignoux P. (1981), « La reconnaissance des caractères », in *La Recherche*, n° 126.

Dagognet F. (1973), *Ecriture et iconographie*, Librairie philosophique J. Vrin, Paris.

Dagognet F. (1984), *Philosophie de l'image*, Librairie philosophique J. Vrin, Paris.

Despin J. P. et Bartholy M. C. (1987), *Arsenic et jeunes cervelles*, collection 10/18, Union Générale d'Editions.

Dreyfus H. (1984), *Intelligence artificielle : mythes et limites*, traduit de l'anglais par R. M. Vassallo-Villaneau (titre original : *What Computers can't do, The Limits of Artificial Intelligence*, 1972), Flammarion.

Dreyfus H. et S. (1985), « L'ordinateur à sa place » (traduit de l'américain par E. Robson), in *Le passé et son avenir*, Gallimard, série « Le temps de la réflexion », p. 195-226.

Feigenbaum E. et McCorduck P. (1984), *La cinquième génération : le pari de l'intelligence artificielle à l'aube du 21e siècle*, traduit de l'américain par M. Garène (titre original : *The Fifth Generation*, 1983), InterEditions.

Fillmore C. J. (1968), « The Case for Case », in *Universals in Linguistic Theory*, Bach and Harms, New York, Londres.

Fillmore C. J. (1977), « The Case for Case Reopened », in *Syntax and Semantics* (vol. 8), Ed. by P. Cole and J. Sadock, Academic Press, New York.

Franquin (1973), *Gare aux gaffes du gars gonflé*, Dupuis.
Frisey J. (1981), *De l'œil à la vision*, traduit et adapté de l'anglais par P. Guilhon (titre original : *Seeing*, 1979), Nathan.
Gallaire H. (1982), « Les systèmes experts : une percée de l'intelligence artificielle », in *La Recherche*, n° 133, p. 644-645.
Gardner H. (1985), *The Mind's New Science, A history of the Cognitive Revolution*, Basic Books Inc. Publishers, New York.
Gregory R. L. (1966), *L'œil et le cerveau, la psychologie de la vision*, texte français de C. Vendrely, Hachette, L'univers des connaissances.
Halliday M. A. K. (1976), *System and Function in Language*, Oxford University Press.
Haugeland J. (1989), *L'esprit dans la machine (fondements de l'intelligence artificielle)*, traduit de l'américain par J. Henry (titre original : *Artificial Intelligence, the very Idea*, 1985), Editions Odile Jacob.
Holtz-Bonneau F. (1986), *L'image et l'ordinateur*, Editions Aubier INA.
Joutard P. (1976), *Les Camisards*, Gallimard-Julliard, collection Archives.
Laurière J. L. (1982), « L'apprentissage de la pensée », in *Science et Vie*, hors-série (« La science des robots »), mars.
Lussato B. (1981), *Le défi informatique*, Edition Fayard, Paris.
Lux A. (1982), « La vision artificielle », in *Science et Vie*, hors-série (« La science des robots »), mars.
Marchand M. (1986), « Produire de l'image interactive », in *Le Monde* du 3 janvier.
Margerie de C., Pelfrêne A. et al. (1983), « Pédagogie, informatique, linguistique », in *Etudes de Linguistique Appliquée*, n° 50, avril-juin.
Margerie de C. et Pelfrêne A. (1985), « Informatique pédagogique : prudence ! », in *Etudes de Linguistique Appliquée*, n° 60, oct.-déc.
Nagao M. (1983), « La traduction automatique », in *La Recherche*, n° 150, décembre, p. 1530-1541.
Papert S. (1981), *Le jaillissement de l'esprit, Ordinateurs et apprentissage*, traduit de l'américain par R. M. Vassalo-Villaneau (titre original : *Mindstorm*, 1980), Paris, Flammarion.
Petit J. P. (1981), *L'informagique ou les aventures d'Anselme Lanturlu*, Editions Belin.
Petit J. P. (1982), *A quoi rêvent les robots ?*, Editions Belin.
Pitrat J. (1984), « Quelques remarques sur *Intelligence artificielle : mythes et limites* », in Dreyfus (1984), p. 433-439.
Pitrat J. (1985), *Textes, ordinateurs et compréhension*, Editions Eyrolles.
Politis M. (1984), *Pour comprendre l'informatique, s'initier pour maîtriser*, INSEP Editions, 3e édition.
Queau P. (1986), *Eloge de la simulation : de la vie des langages à la synthèse des images*, collection Milieux, Edition Champvallon, INA.
Rose F. (1986), *L'intelligence artificielle : histoire d'une recherche scientifique*, traduit de l'américain par J. L. Peytavin (titre original, *Into the Heart of Mind*), coll. Espace des Sciences, Payot.
Rotenberg M. F. (1985), « Méthodologie de conception et de réalisation de produits audiovisuels interactifs », in *Bulletin de l'IDATE*, n° 20, p. 115-132.
Schank R. (1975), *Conceptual Information Processing*, North-Holland Publ. Company.
Schank R. (1982), *Reading and Understanding, Teaching from the Perspective of Artificial Intelligence*, Lawrence Erlbaum Associates, Hillsdale, New Jersey.

Schank R. et Abelson R. (1977), *Scripts, plans, Goals and Understanding. An inquiry into Human Knowledge Structure*, Hillsdale, New Jersey, éd. Lawrence Erlbaum.

Skyvington W. (1976), *Machina sapiens, Essai sur l'intelligence artificielle*, collection Science ouverte, Paris, Editions du Seuil.

Taylor R. (1980), *The Computer in the School : Tutor, Tool, Tutee*, New York, Teachers College Press.

Waltz D. (1984), « L'intelligence artificielle », in *L'intelligence de l'informatique*, Bibliothèque pour la science, diffusion Belin.

Weizenbaum J. (1985), « Eliza - A Computer Program for the Study of Natural Language Communication between Man and Machine », in *Communications of the Association for Computing Machinery*, vol. 9-1.

Weizenbaum J. (1981), *Puissance de l'ordinateur et raison de homme : du jugement au calcul*, traduit de l'américain par M. T. Margulici (titre original : *Computer Power and Human Reason*, 1976), Editions d'Informatique.

Wertz H. (1984), « Un chercheur sur le terrain », in *Science et vie Micro*, n° 6, mai, p. 64-65.

Winograd T. (1972), *Understanding Natural Language*, New York, Academic Press.

Winograd T. (1976), « Artificial Intelligence and Language Comprehension », in *Artificial Intelligence and Language Comprehension*, Washington, National Institute of Education.

Winograd T. (1982), « Des machines savantes, mais incultes », in *Science et vie*, hors-série (« La science des robots »), mars.

Winograd T. (1984), « Les logiciels de traitement des langues naturelles », in *Pour la science*, novembre, p. 90-103.

Winograd T. et Flores F. (1989), *L'intelligence artificielle en question*, traduit de l'américain par J.-L. Peytavin (titre original probable, non mentionné dans l'édition française : *Understanding Computers and Cognition, a new Foundation for Design*, 1986), coll. La politique éclatée, PUF.

Imprimerie Nouvelle, 45800 Saint-Jean-de-Braye
Dépôt légal n° 8387 - Juillet 1990
10871 - 06 - 1990